Bill Hybels

Aufbruch zum

*Von der Lebenskunst,
Gottes Weisheit
in die Tat umzusetzen*

GerthMedien

Titel der Originalausgabe:
Making Life Work

Published by InterVarsity Press, P. O. Box 1400,
Downers Grove, IL 60515, USA

Best.-Nr. 815 065
1. Taschenbuchausgabe 2005

ISBN ISBN 3-89437-065-3

Die Bibelzitate wurden der »Gute Nachricht Bibel« entnommen.

Übersetzung: Karoline Kuhn
Umschlaggestaltung und -illustration: Hanni Plato
Satz: Nicole Schol
Druck und Verarbeitung: Ebner & Spiegel, Ulm

Inhalt

Dank

Meine Frau Lynne hat den Begriff »Lektorin« neu definiert. Sie hat mit diesem Text gelebt, ihn »beknetet« und »bebetet«. Dass die vorliegenden Inhalte verständlich sind, geht auf ihr Konto.

Meine Assistentin Jean Blount macht mein tägliches Leben überhaupt erst lebbar. Ihr Dienst macht meinen möglich. Danke, Jean.

Dieses Buch hat in letzter Minute einige heldenhafte Einsätze von lieben Freunden notwendig gemacht: Greg und Corinne Ferguson, Laurie Pederson und Janice Yarosh. Ich schulde euch was, Leute!

Schließlich und endlich hat die Gemeinde von *Willow Creek* großen Enthusiasmus gezeigt, als sie dieses Material in Predigtform hörte. Ich kenne keinen anderen Pastor, der so tief in der Schuld seiner Gemeinde-Familie steht wie ich.

Einleitung

Manche Momente haben sich für immer in unsere Erinnerung eingebrannt. So ist es auch mit dem Augenblick, der zur Entstehung dieses Buches führte. Nach einem grausamen Vortrags-Marathon, der mich im Laufe von zehn Monaten in 15 verschiedene Länder und zu unzähligen Konferenzen geführt hatte – zusätzlich zu dem ganz normalen Abenteuer, die Gemeinde in *Willow Creek* zu leiten –, war ich endlich in unserem kleinen Häuschen am Ostufer des Michigan-Sees angekommen, wo wir jedes Jahr die Sommerpause verbringen. Dort, weit weg von den Herausforderungen und dem Druck des Pastorendaseins, kann ich meine Batterien aufladen und meinen inneren Kompass wieder richtig polen. Außerdem kann ich meiner Leidenschaft für Segelregatten frönen und habe Zeit für Familie und Freunde.

Eines frühen Morgens griff ich mir meine Bibel und mein Notizbuch und ging hinaus, um mir eine Dosis geistliche Erfrischung zu holen, wie ich das seit gut 15 Jahren fast jeden Morgen mache. Ich war begierig darauf, endlich einmal in der Bibel lesen zu können, ohne dass ständig die drohende Wolke der Predigtvorbereitung über meinem Kopf schwebte. So blätterte ich durch meine Bibel, bis ich auf die Sprichwörter Salomos stieß. *Hmmm. Für den Anfang vielleicht ganz nett …*, dachte ich.

Ich Ahnungsloser!

Ich begann zu lesen und hörte erst auf, als ich die gesamten 31 Kapitel des Buches studiert hatte. Und als ich meine Bibel wieder schloss, war mir klar, dass ich soeben Gott begegnet war.

Ich öffnete mein Notiz-Tagebuch und schrieb eine halbe Stunde lang, ohne auch nur einmal abzusetzen. Ich wusste plötzlich ganz genau, was ich in den nächsten Wochen besonders intensiv studieren sollte und dass die Weisheit der Sprichwörter meinen Kopf und mein Herz auf eine viel tiefere Weise berühren würde als je zuvor. Außerdem hatte ich das Gefühl, dass Gott wollte, dass die Erkenntnisse, die ich aus diesem unglaublichen alttestamentlichen Buch gewann, ein größeres Publikum berühren sollten.

Als ich mir meine Bibel und das Notizbuch wieder unter den Arm klemmte, war es Mittag; der Morgennebel hatte einem kristallklaren Tag Platz gemacht. Und genauso klar waren auch meine Gedanken über das Buch der Sprichwörter. Ich wusste, dass seine Weisheit in meinem Leben und in dem meiner Gemeinde Spuren hinterlassen würde. Und ich sollte Recht behalten.

Einige Monate später begann ich in den Wochenendgottesdiensten von *Willow Creek* eine Predigtreihe über die Sprichwörter. Als ich anfing, hätte ich nie gedacht, dass dieses Thema größeren Zuspruch finden würde als jedes andere in den 23 Jahren unserer Gemeinde. Hunderte von Menschen standen Schlange, um mir und den anderen Leitern zu berichten, welch immensen Einfluss die praktischen Ratschläge der Sprichwörter auf ihr Leben gehabt hatten. Andere bezeugten per Brief die Veränderungen und Entscheidungen, zu denen die Predigtreihe sie inspiriert hatte. Nach einer Weile wollte ich die Predigtreihe beenden, doch als das beinahe zu einer Meuterei in der Gemeinde führte, setzte ich sie noch einige Wochen fort.

Warum schlug dieses Buch der Bibel so ein? Warum schien es bei so vielen Menschen eine Saite in ihrem Inneren anzuschlagen? Ich glaube, es liegt an der praktischen Natur der Sprichwörter, die Menschen in ihren ganz alltäglichen Entscheidungen und Handlungen anspricht. Auf ganz verschiedene Arten verkündet dieses Buch eine lebenswichtige Botschaft, die keinen Christen unberührt lässt: »Wende Gottes Weisheit in deinem Alltag praktisch an!«

Die Homogenität des Buches ist umso erstaunlicher, als viele Experten davon ausgehen, dass es sich hierbei um eine Sammlung von Sprichwörtern verschiedener weiser Menschen handelt. Diese Sammlung wurde in einem Abschnitt der Geschichte zusammengestellt, in dem Israel von seinen eigenen Königen regiert wurde, also lange vor der Geburt Christi. Die meisten Sprüche werden König Salomo zugeschrieben, der von vielen bedeutenden Köpfen aller Jahrhunderte als der weiseste Mensch angesehen wird, der je gelebt hat. (Der Einfachheit halber werde ich im Verlauf dieses Buches von »dem Autor« der Sprichwörter reden, obwohl ich eigentlich eine ganze Gruppe von klugen Verfassern meine.)

Doch die Sprichwörter wurden nicht als leere Versprechungen oder starre Lebensregeln geschrieben. In der Einleitung zum Buch der Sprichwörter in der *Student Bible* steht:

»Jeder Mensch, der auch nur ein wenig Verstand besitzt, kann Ausnahmen zu den in den Sprichwörtern dokumentierten Regeln

nennen. Zum Beispiel wird in den Sprichwörtern, Kapitel 28, Vers 19 behauptet: ›Wer seine Felder bestellt, hat viel zu essen; wer sich mit windigen Geschäften abgibt, hat viel zu hungern.‹ Doch hart arbeitende Bauern geraten bei einer Trockenheit in Not und Träumer gewinnen 10 Millionen im Lotto. Die Sprichwörter berichten einfach davon, wie das Leben meistens läuft. Über die Ausnahmen kann man sich Gedanken machen, wenn man die Regel kennt. Versuche, dich nach den Ausnahmen zu richten, und es führt gewöhnlich zu einer Katastrophe. Die Regel ist, dass der Gottesfürchtige, der Anständige, der Fleißige und der Weise vielfältigen Lohn erhalten werden.«

Die Sprichwörter sind in der poetischen Tradition der damaligen hebräischen Kultur verfasst. Viele sind in Paarform geschrieben, wobei eine Aussage mit nur geringen Änderungen wiederholt wird. So zum Beispiel in den Sprichwörtern, Kapitel 8, Vers 10: »Sucht meine Unterweisung, nicht Silberschmuck! Strebt nach Erkenntnis statt nach Schmuck aus Gold!« Oder in Kapitel 9, Vers 9: »Belehre den Klugen, dann wird er noch klüger. Unterweise den, der nach Gott fragt, und sein Wissen wird zunehmen.«

Manchmal vermittelt der Autor seine Aussage auch mit Gegensatzpaaren, wie zum Beispiel: »Tadle keinen Eingebildeten, er wird dich hassen. Zeige dem Gebildeten seine Fehler, und er wird dich dafür lieben« (9,8) oder: »Freigiebige werden immer reicher, der Geizhals spart sich arm« (11,24).

Mit ihrer reichhaltigen und »farbigen« Sprache malen manche Sprichwörter wahre Wortkunstwerke: »Kohle hält die Glut in Gang und Holz das Feuer; so sorgt der Streithahn dafür, daß der Zank weitergeht« (26,21). Man sieht bildlich vor sich, wie leicht ein Mensch, der streitlustig ist, die Gefühle anderer in Brand stecken kann – es ist genauso einfach, wie trockenes Holz in ein Feuer zu werfen. Oder sehen Sie sich dies hier an: »Ein brüllender Löwe, ein raubgieriger Bär – so ist ein Tyrann, der über ein armes Volk herrscht« (28,15). Dieses Wortbild kann man gar nicht betrachten, ohne sofort zu wissen, was Gott über Starke denkt, die Schwache ausnutzen.

Andererseits sind manche Sprichwörter so klar und einfach formuliert, dass wir sie beinahe überlesen – aber das sollten wir nicht! Bedenken Sie zum Beispiel dieses: »Plage dich nicht damit ab, reich zu werden; du weißt es doch besser! Denn ehe du dich's versiehst, hat dein Reichtum Flügel bekommen und entschwindet deinen Augen wie ein Adler, der zum Himmel aufsteigt.« An diesem Vers ist nichts Großartiges; aber denken Sie daran, wie viele Menschen ihr Leben zerstören (ganz abgesehen von ihren Familien), weil sie diese einfache Weisheit missachtet haben. Oder wie wär's damit: »Ein ausgeglichener Sinn erhält den Körper gesund; aber Eifersucht ist wie eine Krebsgeschwulst« (14,30). »Eifersucht«, so ein scheinbar harmloses Wort – doch es hat die Macht, uns von innen heraus zu zerstören.

In den Sprichwörtern kommt auch ein feiner Sinn für Humor zum Tragen. »Wenn du deinen Nachbarn jeden Morgen mit lauten Glückwünschen grüßt, dann legt er es dir als Verwünschungen aus« (27,14). Stellen Sie sich vor, Sie lebten in einem Studentenwohnheim. Ihre Mitbewohner hatten am Freitagabend eine lebhafte Party. Glauben Sie wirklich, dass sie Ihre fröhliche Begrüßung um 6 Uhr am Samstagmorgen zu schätzen wissen?

Trotz ihrer oft eleganten Poesie reden die Sprichwörter Klartext: »Kann man Feuer in der Tasche seines Gewandes tragen, ohne das Gewand in Brand zu setzen? Kann man über glühende Kohlen laufen, ohne sich die Füße zu verbrennen? Ebensowenig kann man mit der Frau eines anderen schlafen, ohne die Strafe dafür zu bekommen« (6,27–29). Nun, das ist doch ziemlich klar formuliert, nicht wahr? Noch deutlicher ist dieses: »Ein goldener Ring im Rüssel einer Wildsau? So ist eine schöne Frau ohne Benehmen!« (11,22). Oder: »Wenn du deine Bekannten zu oft besuchst, fällst du ihnen auf die Nerven, und sie werden dich leid« (25,17). Auch dieser Vers spricht eine deutliche Sprache.

Manchmal greift der Autor ungewöhnliche Themen auf: »Ein Mensch, der mit Gott rechnet, kümmert sich um das Wohl seiner Tiere; wer Gott mißachtet, hat kein Herz für sie« (12,10). Wer hätte gedacht, dass die Art, wie wir unsere Haustiere behandeln, unangenehme Wahrheiten über unseren Charakter offenbaren kann?

Manche Sprichwörter bieten Trost in schweren Zeiten: »Wer Gott mißachtet, wird wegen seiner Bosheit verworfen; wer Gott gehorcht, wird durch seine Redlichkeit beschützt« (14,32). »Wenn der Sturm vorüber ist, ist der Unheilstifter nicht mehr da; aber wer nach Gott fragt, steht unerschütterlich auf festem Grund« (10,25).

Wieder andere machen nachdenklich, weil sie einen Blick unter die Oberfläche des Lebens werfen: »Hinter dem Lachen kann sich Traurigkeit verbergen; und wenn die Freude vorüber ist, ist der Schmerz noch da« (14,13) oder: »Guter Rat liegt tief im Herzen eines Menschen wie Wasser in einem Brunnen; wer Erfahrung hat, holt ihn herauf« (20,5).

In den Wochen, in denen ich über die Sprichwörter predigte, forderte die erstaunliche Weisheit dieser Gruppe von hebräischen Autoren, die vor über 2 500 Jahren gelebt hatte, unsere Gemeinde heraus. Tausende von Menschen verliebten sich geradezu in die lebensnahe Poesie dieses reichhaltigen und bunten Abschnittes von Gottes Wort. Ich kann das gemeinsame Gefühl, das unsere Gemeinde am letzten Sonntag der Predigtreihe ergriff, nur so beschreiben: Wir hatten die ganz bewusste Wahrnehmung, dass an diesem Tag eine von Gott persönlich eingeläutete Ära in der Lehre von *Willow Creek* endete. Wir verspürten eine seltsame Mischung aus Begeisterung und Traurigkeit.

Als die Idee aufkam, die Predigtreihe in Buchform herauszubringen, musste ich unwillkürlich an den Sommermorgen am See denken, an dem Gott mein Herz so deutlich angerührt hatte. Natürlich! Vielleicht hatte er schon die ganze Zeit ein Buch im Sinn gehabt – und ich war nur in meinem Glauben und meiner Sichtweite zu begrenzt gewesen.

Wenn Sie dieses Buch lesen, können Sie nun die Erfahrung teilen, die mich persönlich und unsere Gemeinde so stark geprägt hat. Ich bete, dass Sie beim Lesen ebenfalls eine echte Begegnung mit Gott haben werden – einen Moment, der die Zeit anhält, Ihr Herz verändert und den Sie lange als Wendepunkt auf Ihrer Reise mit unserem großartigen Gott in Erinnerung behalten und feiern werden.

Kapitel 1

Nach Weisheit streben

Wer hätte gedacht, dass sich eine Buchreihe mit dem Titel »... für Anfänger« millionenfach verkaufen würde? In Amerika ist das passiert. Es handelt sich um Selbsthilfe-Ratgeber für ganz normale Leute wie du und ich, die einfach mehr über ein bestimmtes Thema wissen wollen. Es gibt über hundert verschiedene Titel in dieser Reihe, die Expertenrat für so ziemlich alles anbieten, zum Beispiel »Vogelbeobachtung für Anfänger«, »Cocktailpartys für Anfänger«, »Desserts für Anfänger«, »Angeln für Anfänger«, »Anlagetips für Anfänger«, »Das Internet für Anfänger«, »Jura für Anfänger«, »Kindererziehung für Anfänger« und sogar »Sex für Anfänger«.

Warum hat diese Serie lernbegierige Menschen so angesprochen? Ein zufriedener Kunde sagte: »Ich kaufe die Bücher, weil sie dem Lernprozess die Peinlichkeit nehmen. Egal, um welches Thema es geht, es wird mit ganz einfachen Worten erklärt. Das macht auch komplexe Zusammenhänge verständlich, so dass sie auch ein ganz durchschnittlicher Typ wie ich kapiert.«

Dasselbe könnte man vom Buch der Sprichwörter sagen. Es greift die zeitlose, unschätzbar wertvolle Weisheit Gottes auf und macht sie für ganz normale Menschen begreiflich und zugänglich. Um diese Sprichwörter zu verstehen, muss man nicht studiert haben; es kommen nur wenige verwirrende theologische Begriffe darin vor. Als anschaulichstes Buch der Bibel stellen die Sprichwörter sozusagen lebenswichtige Wahrheiten in Augenhöhe ins Regal, wo jeder sie – egal, wie groß oder gebildet jemand ist – erreichen kann.

Nur wenige Sprichwörter fallen in die Kategorie der Verheißungen; stattdessen sagen uns die Verfasser, wie das Leben normalerweise funktioniert. Eines machen sie grundsätzlich ziemlich deutlich: Menschen, die gottesfürchtig, ehrlich, fleißig und weise sind, werden auf viele Arten belohnt werden. Woher wussten die Autoren das so genau? Sie hatten es in vielen Jahren persönlicher Erfahrung gelernt. Sie waren fehlerhafte, schwache Menschen wie Sie und ich, die ihren Weg mit Gott gingen, an seiner Weisheit teilhatten, versagten und ein paar unangenehme Lektionen lernten, ihre Erfolge und den Niedergang anderer beobachteten und dann ihre Entdeckungen aufschrieben, um sie mit anderen zu teilen.

Vor allem anderen ist das Buch der Sprichwörter praxisnah. »Im Herbst mag der Faulpelz nicht pflügen; später will er ernten und kann nichts finden« (20,4). Wenn du nicht pflügst, hast du nichts zu essen. Noch Fragen? »Falsche Waage kann Gott nicht ausstehen; nur richtiges Gewicht ist ihm recht« (11,1). Unser Herr hasst Betrug und liebt Aufrichtigkeit. Ist daran irgendetwas unklar?

Und wie ist es mit dem folgenden Abschnitt, wenn wir zu beweisen suchen, dass die uralte Weisheit der Sprichwörter sehr aktuell und realitätsnah ist:

> »Willst du wissen, wer ständig stöhnt und sich selbst bemitleidet? Wer immer Streit hat und sich über andere beklagt? Wer glasige Augen hat und Verletzungen, die er sich hätte ersparen können? Das sind die, die bis spät in der Nacht beim Wein sitzen und keine Gelegenheit auslassen, eine neue Mischung zu probieren. Laß dich nicht vom Wein verführen! Er funkelt so rot im Becher und gleitet so angenehm durch die Kehle; aber dann wird es dir schwindelig, als hätte dich eine giftige Schlange gebissen. Du siehst Dinge, die es gar nicht gibt, und redest dummes Zeug. Du fühlst dich wie auf stürmischer See, wie einer, der im Mastkorb eines Schiffes liegt. Wenn du wieder zu dir kommst, sagst du: ›Man muß mich verprügelt haben, und ich habe gar nichts gespürt! Jetzt muß ich wach werden! Wie kriege ich nur meinen Kopf klar? Ich brauche – einen Schluck Wein!‹« (23,29–35)

Die Sprichwörter sind faszinierend und eindringlich. Wo sonst kann man Verse finden, die zugleich poetisch und praktisch, humorvoll und hilfreich, direkt und tief gehend sind? Wo sonst können wir die Weisheit Gottes in wenige Sätze komprimiert finden, die unseren Ohren wohltun, unsere Gedanken erweitern und unsere Seelen nähren?

Was es Ihnen wert ist …

Was ist Weisheit? Weisheit ist, was wahr und richtig ist, kombiniert mit einem guten Urteilsvermögen. Andere Worte, die im biblischen Kontext des Wortes Weisheit zu finden sind, sind Erkenntnis, Unterscheidungsfähigkeit, Klugheit und Sensibilität. Vielleicht keine Eigenschaften, die auf der Wunschliste unserer Gesellschaft ganz oben stehen, aber welche, auf denen man ein ganzes Leben aufbauen kann.

Die ersten 9 Kapitel der Sprichwörter bilden die Einleitung zu den übrigen 22 Kapiteln des Buches und präsentieren die zentrale Botschaft, die man mit den folgenden Worten wiedergeben kann: »Strebt nach der Weisheit!« Die Einleitung ist in dem warmen Tonfall einer väterlichen Stimme verfasst, die ihren Kindern hilfreiche Ratschläge gibt und wortgewandt für das lebenslange Streben nach Weisheit plädiert: »Ihr jungen Männer, hört auf das, was ein Vater euch zu sagen hat. Achtet darauf … schiebt es nicht von euch weg … präge dir meine Worte ein … erwirb Klugheit und Einsicht … trenne dich nie von der Klugheit … Weisheit ist das Allerwichtigste; darum gib notfalls alles hin, um sie zu erwerben … achte genau auf das, was ich dir sage … ich will dich auf den Weg der Lebensklugheit bringen …« (4,1–11).

Vers für Vers ruft der Vater seine Kinder dazu auf, nach der Weisheit zu streben – und dann sagt er ihnen, warum: weil es sich auszahlt. »Wie glücklich ist, der die Weisheit gefunden und Erkenntnis erlangt hat. Weisheit besitzen ist besser als Silber, wertvoller als das reinste Gold. Sie ist kostbarer als Edelsteine: nichts, was man sich wünschen könnte, ist mit ihr vergleichbar. Sie bringt ihrem Besitzer langes Leben, Wohlstand und Ansehen. Sie erfüllt sein Leben mit Glück und Sicherheit. Sie ist der wahre ›Baum des Lebens‹; wer sie erlangt und festhält, kann sich glücklich preisen!« (3,15–18).

Nach Aussage dieses weisen Vaters werden diejenigen, die ihr Leben auf das Ziel ausrichten, nämlich Weisheit zu erwerben, eine Belohnung erhalten, die ihre kühnsten Träume bei weitem übersteigt. Sie streben nach Reichtum? Weisheit ist besser. Sie wollen Ruhm, Vermögen, Ansehen und Macht? Weisheit ist wertvoller. Nichts, was Sie sich wünschen, kann es mit ihr aufnehmen!

Denken Sie an die Menschen in Ihrer Umgebung. Kennen Sie Eltern, die ein gesundes Urteilsvermögen darin beweisen, wie sie ihr Leben führen und ihre Kinder erziehen? Kennen Sie Väter, die wissen, wann sie ihre Kinder ermutigen und wann bremsen sollten, wann sie zärtlich sein und wann sie korrigierend eingreifen sollten? Kennen Sie Mütter, die wissen, wann sie einen Rat geben und wann sie nur zuhören sollten, wann sie lehren und wann sie ihre Kinder die Konsequenzen ihres Handelns spüren lassen sollten? Dann versuchen Sie jetzt doch einmal einzuschätzen, wie viel diese Eigenschaften wert sind. Wie kostbar sind sie für Söhne und Töchter, die den Herausforderungen des 21. Jahrhunderts gegenüber stehen?

Ich kenne eine Menge kluger und hart arbeitender Menschen, die zahlreiche Probleme haben, weil sie von Eltern aufgezogen wurden, die ihnen nicht beigebracht haben, wie das Leben ist. Das muss nicht immer so sein, und zweifelsohne sind auch viele Menschen erfolgreich, die dem Rat der Sprichwörter nicht folgen. Dennoch denke ich, dass die Erziehung von Eltern unbezahlbar ist, die ihre Kinder nach den Grundlagen erzogen haben, die wir in den Sprichwörtern finden. Kinder, die bei solchen Eltern aufgewachsen sind, stimmen dem folgenden Vers von ganzem Herzen zu, in dem es heißt: »Kinder sind stolz auf ihre Eltern« (17,6).

Drehen wir den Spieß um: Wie viel ist es Eltern wohl wert, Kinder zu haben, die den Weg der Weisheit einschlagen, die wissen, wie sie mit Konflikten umgehen können, die reife Beziehungen haben und klug mit Geld umgehen? In den Sprichwörtern, Kapitel 15, Vers 20 heißt es: »Ein verständiger Sohn macht seinen Eltern Freude.«

Oder denken Sie an Ihren Arbeitsplatz. Immer und immer wieder habe ich den positiven Einfluss beobachtet, den die Suche nach Weisheit auch hier hat. Ich kenne eine ganze Reihe von Leuten, die weder herausragende Fähigkeiten noch umwerfende Zeugnisse oder eine besonders charismatische Persönlichkeit haben – aber nichtsdestostrotz haben sie es auf einflussreiche Posten in der Wirtschaft, in der Regierung, der Wissenschaft oder auch im ehrenamtlichen Bereich und in der Kirche gebracht. Diese Leute haben sich ihre Verantwortung und den Respekt anderer Menschen verdient, indem sie sich über einen langen Zeitraum an ihrem Arbeitsplatz klug verhalten haben. Sie haben (vielleicht ganz unbewusst) die Weisheit aus dem Buch der Sprichwörter auf ihre Arbeit und die Beziehungen zu den Menschen dort angewendet – Dinge wie: aktiv zu werden, Disziplin zu entwickeln, die Wahrheit zu sagen, mit Ärger richtig umzugehen und anderen Gutes zu tun. Die Menschen um sie herum, die diese Prinzipien missachtet haben, sind vielleicht nach und nach am Wegesrand zurück geblieben, doch die Weisen sind immer noch im Rennen – und sie bekommen immer noch Lohn und Ehre.

So sollte es nach Aussage der Sprichwörter auch sein. »Wenn du einen siehst, der in seinem Beruf tüchtig ist, kannst du sicher sein: Er wird Königen dienen, nicht gewöhnlichen Leuten« (22,29). Wieder wird hier gesagt, dass Menschen, die über lange Zeit weise und gut arbeiten, die Anerkennung ihrer Mitarbeiter und Vorgesetzten erlangen und reichen Lohn erhalten werden. Und wieder ist das keine Garantie und kein Versprechen, sondern das Leben ist im Allgemeinen eben so.

Unglücklicherweise werden solche Menschen immer seltener. Ein Geschäftsmann erzählte mir neulich, dass seine Firma so gut liefe, dass er gar nicht schnell genug Mitarbeiter einstellen könne. »Das Dumme ist nur«, sagte er, »dass so viele meiner neuen Angestellten sich so seltsam verhalten.«

»Was heißt denn ›seltsam‹?«, hakte ich nach.

»Ich meine, sie tun dumme Dinge und bringen sich damit selbst in Schwierigkeiten. Sie schießen Eigentore. Ständig kommen sie zu spät zur Arbeit; sie rufen nicht zurück, wenn jemand ihnen eine Nachricht hinterlassen hat. Sie machen keine fairen Preise. Sie behandeln die Kunden nicht höflich. Sie können keine Fehler zugeben, auch wenn sie sie ganz offensichtlich gemacht haben. Sie arbeiten nicht mit den anderen Mitarbeitern zusammen. Ihnen unterlaufen pausenlos Fehler und schließlich muss ich sie entlassen. Dabei hätten sie alle Chancen, Karriere zu machen. Sie könnten finanzielle Sicherheit erlangen und sich ein Polster für die Zukunft schaffen. Stattdessen zwingen sie mich dazu, sie zu feuern. Ich verlange nichts Außergewöhnliches, aber ich kann all das doch nicht einfach tolerieren!«

Was war die Grundaussage hinter dieser Beschwerde? »Ich kann keine weisen Menschen mehr finden!« Der Geschäftsmann war frustriert und verwirrt. Dabei wusste er, wie wichtig kluge Angestellte sind, und wünschte sich mehr davon.

Einer der unvergleichlichen Vorteile von Weisheit ist, dass sie uns ein »Navigationssystem« anbietet, das uns moralische Sumpfgebiete und Sandbänke sicher umschiffen hilft. »Einsicht und Besonnenheit beschützen dich, sie bewahren dich davor, etwas Falsches zu tun. Sie halten dich fern von denen, die die Wahrheit verdrehen, die den geraden Weg verlassen haben und auf finsteren Abwegen sind« (2,11–13).

Nach Weisheit zu streben ist auch eine kluge Art, in die Zukunft zu investieren. »Weisheit aber ist gut für dein ganzes Leben. Wenn du sie erwirbst, dann kannst du hoffnungsvoll in die Zukunft blicken, und deinem Glück steht nichts mehr im Weg« (24,14). Bei dieser Hoffnung für die Zukunft geht es sicherlich auch um den Ort, an dem wir die Ewigkeit verbringen werden, aber ich glaube, dass es auch um ein erfülltes, glückliches Leben geht … hier und heute, in dieser Welt.

Aus diesem Grund habe ich dieses Buch geschrieben. Ich glaube ganz fest, dass wir mit Hilfe der Weisheit der Sprichwörter ein besseres Leben führen können. Sie bietet uns unschätzbar wertvollen Rat in Bezug auf Selbstdisziplin, die Wahl des Freundeskreises, ein funktionierendes Familienleben, den Umgang mit Geld und mit dem eigenen Körper, geistliches Wachstum, Verantwortung für andere Menschen, den Umgang mit Gefühlen und fast jedes andere wichtige Thema im Leben.

Schlechte Entscheidungen

Die Verfasser der Sprichwörter hätten meinen Freund mit den »seltsamen« Angestellten gut verstanden. Sie selbst waren ebenfalls schockiert von der großen Anzahl von Menschen in ihrer Umgebung, die unkluge Entscheidungen trafen und ihr Leben damit ruinierten. Und sie hielten sich nicht zurück mit dem, was sie über diese Leute zu sagen hatten. In den Sprichwörtern heißt es unverblümt, dass das Gegenteil von Weisheit Dummheit ist und das Gegenteil eines weisen Menschen ein Idiot.

Heutzutage bezeichnet das Wort »Idiot« oder »Dummkopf« jemanden, der nicht so viel Verstand besitzt, doch in der biblischen Verwendung des Wortes konnte jemand, der als Dummkopf oder Narr bezeichnet wurde, durchaus einen hohen IQ haben und erfolgreich sein. Was einen solchen Menschen zum Narren macht, ist die Tatsache, dass er Gottes Weisheit ignoriert und lieber den wechselnden Botschaften seiner Mitmenschen oder seiner eigenen Ideen gehorcht. Obwohl Narren sich oft für clever halten – schlau genug sind, um das System zu unterlaufen –, führt ihre Cleverness sie oft in den Ruin. Unehrlichkeit und der Mangel an Fleiß, Disziplin und Selbstbeherrschung führen zu oft ins Desaster.

»Dummheiten« nennt die Bibel das Tun eines Narren, und sie nimmt kein Blatt vor den Mund, um beide – die Dummköpfe und ihr Handeln – zu entlarven und zu tadeln. Immer wieder warnt uns die Bibel, dass der Weg eines Narren eine Abwärtsspirale ist, an deren Ende Zerstörung wartet. Ein Dummkopf, so heißt es in den Sprichwörtern, »kommt um. Seine bodenlose Dummheit bringt ihn ins Grab« (5,23). Er »geht mit seiner Unwissenheit hausieren« (12,23). Sein Mund »hat nur auf Dummheit Appetit« (15,14). »Einsicht schenkt denen, die sie haben, das Leben. Dummköpfe werden durch ihre eigene Dummheit bestraft« (16,22).

In einigen der eher bildlich zu verstehenden Sprichwörtern lesen wir, wie gefährlich es ist, sich mit Dummköpfen einzulassen: »Lieber mit einer Bärin zusammentreffen, der man die Jungen geraubt hat, als mit einem unverbesserlichen Narren in seiner Verbohrtheit«

(17,12). Wir lesen von den Gewohnheiten, die die Dummheit nach sich zieht: »Ein Hund frißt noch einmal, was er erbricht; so wiederholt ein Dummkopf seinen Unsinn« (26,11). Wir lesen von der Schwierigkeit, einen Dummkopf von seinen Dummheiten zu trennen: »Einen unverbesserlichen Narren kannst du in einem Mörser mit dem Stößel stampfen, mitten zwischen den Körnern. Die Körner verlieren dabei ihre Hülsen, aber der Narr nicht seine Dummheit« (27,22).

Viele der Sprichwörter vergleichen in parallelen Versen eine weise und eine dumme Person. Zum Beispiel heißt es in den Sprichwörtern, Kapitel 12, Vers 15: »Ein Narr hält alles, was er tut, für richtig; Weise hören auf klugen Rat.« Oder Kapitel 14, Vers 16: »Der Kluge ist vorsichtig und meidet das Böse; der Dumme handelt unbeherrscht und überschätzt sich.« Noch eines: »Der Dummkopf gibt jedem Ärger freien Lauf; der Weise kann sich beherrschen« (29,11).

Ich wünschte, die Bibel würde nettere Ausdrücke benutzen, denn mir gefällt es ganz sicher nicht, mich selbst als Dummkopf zu betrachten – aber manchmal bin ich einer. Das sind wir alle von Zeit zu Zeit. In den Sprichwörtern, Kapitel 22, Vers 15 stellt der Verfasser nüchtern fest: »Kinder neigen zu Dummheiten.« Nach Aussage der Bibel werden Menschen nicht mit weißer Weste geboren. Ganz im Gegenteil – wir kommen bereits mit einem deutlichen Hang zur Rebellion auf die Welt.

Denken Sie nur an einen Zweijährigen, der im Sandkasten sitzt. Ein Kleinkind kennt nur eines: seinen Impulsen zu gehorchen. Was tut der kleine Kerl also, wenn er plötzlich Hunger verspürt? Er nimmt sich eine Handvoll Sand und steckt sie sich in den Mund. Er fragt sich nicht vorher, ob Sand eine geeignete Mittagsmahlzeit ist. Er greift sich einfach, was vor ihm liegt, um sein Hungerbedürfnis so schnell wie möglich zu beseitigen, ganz egal, wie dumm die möglichen Alternativen auch sind. Wenn er im Garten gesessen hätte, hätte er sich Gras in den Mund gesteckt. Und wenig später muss er – und seine Eltern – dann mit den unangenehmen Konsequenzen leben, die Sand im Bauch eines Babys mit sich bringt.

Derselbe Trieb, Impulsen sofort zu gehorchen, setzt ein, wenn kleine Kinder etwas sehen, das sie haben wollen. Was tun sie? Sie greifen danach. Ich ließ einmal meine kleine Tochter auf meinem Schoß sitzen, während ich Auto fuhr (das ist sehr gefährlich und außerdem verboten, ich weiß). Dummerweise fand sie plötzlich meine Brille unglaublich faszinierend und riss sie mir von der Nase. Sie hatte keine Ahnung, wie dumm das war. Sie wusste nur, das ein Impuls in ihr sagte: »Nimm!« und wie jedes Kind der Welt folgte sie diesem Impuls sofort.

Die Sprichwörter machen uns deutlich, was wir mit solch kindlichem Verhalten anfangen sollten: »Kinder neigen zu Dummheiten; strenge Erziehung wird sie davon heilen« (22,15). Ich glaube nicht, dass »strenge Erziehung« bedeutet, dass man die Dummheiten aus einem Kind herausprügeln sollte. Der Punkt ist, dass einem Kind die Dummheit langsam, konsequent und methodisch abgewöhnt und durch Weisheit ersetzt werden muss – Schritt für Schritt, Monat für Monat, Jahr für Jahr. Das ist die einzige Art, wie wir unseren kindischen Dummheiten entwachsen können und reife Menschen werden, die mit ihren Wünschen und Impulsen auf göttliche, konstruktive Art umgehen.

Ein sehr deutliches und tragisches Beispiel für die zerstörerische Kraft ungelenkter Impulsivität ist folgendes Ereignis: In Jonesboro im Bundesstaat Arkansas brachen zwei Jungen im Alter von 11 und 13 Jahren in das Haus eines Verwandten ein und stahlen diverse Schusswaffen. Sie postierten sich auf einem Hügel gegenüber ihrer Schule, luden fachmännisch die Waffen und maßen die Entfernung zur Eingangstür der Schule.

Dann ging einer von ihnen hinüber und löste Feueralarm aus. Als die Schüler nach draußen strömten und auf dem Parkplatz warteten, zielten die beiden Jungen und eröffneten das Feuer. Vier Minuten später waren vier Schüler und ein Lehrer tot und zehn andere Personen lagen schwer verletzt in ihrem Blut.

Das ganze Land war entsetzt. Wochenlang beschäftigte nur eine Frage die Medien: Warum? Warum taten zwei Kinder so etwas? In was für einer Gesellschaft leben wir? Was ist mit unserer Kultur und unseren Werten passiert? Welche Gedankengänge führen zu einem solchen Verhalten?

Den Sprichwörtern zufolge ist ein solches Verhalten das unausweichliche Ergebnis davon, dass wir in einer Welt voller Menschen leben, die ihren Impulsen so unreflektiert nachgeben wie das Kleinkind im Sandkasten. Der einzige Unterschied zwischen diesem und den Jungen aus Jonesboro besteht darin, dass ihr Alter, die Umstände und schlechte Einflüsse die Bedürfnisbefriedigung bei den älteren Jungen zu einer tödlichen Gefahr gemacht hatten.

Wenn sich je eine Aussage der Bibel als wahr erwiesen hat, dann ist es die, dass die unreflektierte Befriedigung von Impulsen zu einer Beeinträchtigung der Gesellschaft führt. Wir sehen Menschen, die ihre sexuellen Bedürfnisse oftmals mit außerehelichem Sex befriedigen; wir sehen, wie Machtgelüste durch Vergewaltigungen, Kindesmissbrauch und Gewalt ausgelebt werden. Wir sehen, wie Menschen etwas haben wollen, das nicht ihnen gehört, und es sich mit Hilfe von Unterschlagung, Diebstahl und Betrug nehmen. Wir sehen Spontankäufe, die zu hohen Verschuldungen und finanziellem Ruin führen. Wir sehen Menschen, die aus einer augenblicklichen Laune heraus Versprechungen machen, die sie nicht halten … und die Folge sind zerrüttete Beziehungen.

In den Sprichwörtern heißt es, dass all das nichts anderes als kindische Dummheiten sind und dass es höchste Zeit ist, erwachsen zu werden und dem Pfad der Weisheit zu folgen.

Die Wahrheit und die Konsequenzen

Eines Tages lernte ich am Flughafen einen Mann kennen, der sich wie ich über die Schwierigkeiten ärgerte, die man hat, wenn man häufig mit dem Flugzeug verreist. Den größten Teil des Tages hatten wir damit verbracht, auf Flieger zu warten, die nicht kamen, und so hatten wir jede Menge Zeit, ins Gespräch zu kommen. Interessanterweise war der Mann wütend auf Gott, weil dieser zugelassen hatte, dass er, wie er fand, eine unzumutbare Dosis Leid ertragen musste. Da ich es ja nicht eilig hatte, sagte ich: »Möchten Sie mir nicht alles von Anfang an erzählen?« Das tat er nur zu gern und so lud er seine ganze selbstmitleidige Geschichte auf mich ab. Womit er nicht gerechnet hatte, war, dass ich sehr genau zuhören würde.

Als er damit fertig war, sich zu beklagen und Gott für alles verantwortlich zu machen, was in seinem Leben schief gelaufen war, meinte ich: »Puh, das ist ja eine ganz schöne Geschichte! Darf ich Ihnen ein paar Fragen stellen? Sie sagten, dass Ihre Exfrau eine schreckliche, bösartige Person gewesen sei. Ich frage mich nun, wie Ihre Beziehung gewesen ist, bevor sie so wurde. Denn sie kann ja nicht von Anfang an so gewesen sein, sonst hätten Sie sie sicher nicht geheiratet. Wie haben Sie sie behandelt? Waren Sie gut zu ihr? Waren Sie ihr treu? Oder haben Sie vielleicht ein paar schlechte Entscheidungen getroffen, die zum Zerbrechen Ihrer Ehe beigetragen haben?«

Er gab zu, dass er ein paar dumme Sachen gemacht hatte.

Dann sagte ich: »Und was Ihre Schulden und die Probleme mit der Steuer angeht … eine ganz einfache Frage: Haben Sie je über Ihre Verhältnisse gelebt? Haben Sie manchmal mehr ausgegeben, als

Sie verdient haben? Haben Sie je etwas aus einem Impuls heraus gekauft, das Sie sich eigentlich nicht leisten konnten?«

Er gab zu, dass ihm das ein paar Mal passiert war.

Ich fuhr fort: »Und jetzt sind Sie frustriert, weil niemand Sie einstellen will. Auch hier eine Frage: Waren Sie ein guter Angestellter? Wenn ich Ihre drei letzten Chefs anrufen würde, wären diese traurig, weil sie einen so guten Angestellten wie Sie verloren haben?« Nun ja, er war bei seinem letzten Job gefeuert worden, weil er ein paar Mal ein bisschen die Beherrschung verloren und seinem Chef gesagt hatte, was dieser ihn konnte …

Schließlich erzählte ich ihm, dass ich Pastor sei und nicht glaubte, dass Gott ihn zu besonderen Leiden auserkoren hatte. »Ich denke nicht, dass Sie Gott für all die Probleme verantwortlich machen können, die Sie ihm gern in die Schuhe schieben wollen. Die Bibel sagt, dass man erntet, was man sät: Wenn Sie Dummheiten säen, werden Sie Schmerz und Leid ernten. Mir scheint, Sie haben eine ganze Menge dummes Zeug ausgesät und nun bekommen Sie die Quittung. Vielleicht sollten Sie bei sich selbst nach den Fehlern suchen und dann Veränderungen herbeiführen!«

Die Schule der Weisheit

Ich weiß nicht, ob dieser Mann meinem Rat gefolgt ist. Ich wünsche mir aber, dass er am Ende dieses langen Tages in seinem Hotelzimmer in den Spiegel geschaut und sich gesagt hat: »Ich habe jetzt lange genug den falschen Weg eingeschlagen. Ich habe zu viele Beziehungen beschädigt, zu viel Zeit und Energie verschwendet, zu viel Geld ausgegeben, zu viel dummes Zeug geredet und zu viele unnötige Tränen vergossen. Ich habe bewiesen, dass die Schuld für mein Versagen bei mir liegt. Jetzt wird es Zeit, mein Leben zu verändern und die Weisheit Gottes zu suchen.«

Sprichwörter, Kapitel 1, Vers 7 zeigt ihm und uns allen, mit welcher Unterrichtseinheit die »Schule der Weisheit« anfängt: »Den Herrn ernst nehmen ist der Anfang aller Erkenntnis.«

Möchten Sie damit anfangen, etwas zu erwerben, das wertvoller ist als Gold? Dann fangen Sie mit dem an, was das Wichtigste ist, mit dem tiefsten menschlichen Bedürfnis überhaupt: dem Wissen, dass es einen Gott gibt, der mächtig und bis über beide Ohren in jeden einzelnen von uns verliebt ist; ein Gott, der zu Ihnen persönlich eine Beziehung aufbauen will; ein Gott, der durch seinen Sohn Jesus

Christus die Hand der Vergebung und Versöhnung zu uns ausgestreckt hat. Er macht jedem Menschen das größte Angebot überhaupt: »Komm, ergreif meine Hand, und ich werde dir helfen, dein Leben zu meistern.«

Wenn wir unser Leben ändern wollen, dann sollten wir damit anfangen, dass wir sein Angebot annehmen.

Manche Leute sagen jetzt: »Okay, Sie haben Recht: Schluss mit den Dummheiten. Aber dazu brauche ich Gott nicht. Ich werde mich selbst verbessern. Ich werde einfach anfangen, bessere Entscheidungen zu treffen.« Solche Menschen treffen dann normalerweise beinahe dieselben Entscheidungen wie früher, denn um neue Wege zu gehen, brauchen sie eine Kraft, die ihre eigene übersteigt.

Vor einiger Zeit gab ein guter Freund von mir zu, dass seine eigenen Entscheidungen und Impulse ihn in ein riesiges Chaos gestürzt hatten. Als wir einmal allein zusammen saßen, erzählte er mir vom Zusammenbruch seines gesamten Lebens und schloss mit den Worten: »Ich hab's total vermasselt.«

Ich erklärte ihm, dass er mit allem Recht hatte und dass das Chaos, in dem er jetzt steckte, die vorhersehbare Konsequenz aus 25 Jahren vieler schlechter Entscheidungen war. Was konnte er anderes erwarten, nachdem er eine unkluge Entscheidung nach der anderen getroffen hatte? »Aber«, fügte ich hinzu, »es gibt einen Ausweg aus deiner chronischen Dummheiten-Macherei. Du kannst innerhalb der nächsten fünf Minuten eine wirklich kluge Entscheidung treffen. Du kannst eine Entscheidung treffen, die so klug ist, dass sie den gesamten Rest deines Lebens und deine Zukunft nach diesem Leben vollkommen umkrempeln kann. Wenn du je lernen willst, weise zu handeln, dann fang doch hiermit an: Öffne dein Herz für Gott; leg deine Hand in seine und nimm die Vergebung an, die er dir anbietet. Gott ernst zu nehmen ist der Anfang der Weisheit.«

In Frieden leben

Der nächste Schritt von einem Leben voller Dummheiten zu einem Leben in Weisheit liegt darin, Abschnitte aus der Bibel zu nehmen – vorzugsweise aus den Sprichwörtern – und sie auf die Bereiche oder Verhaltensmuster unseres Lebens zu übertragen, in denen wir Gefahr laufen, schlechte Entscheidungen zu treffen.

Als ich ein junger Christ war, sagte ein älterer Mann zu mir: »Bill, ich sehe, dass du ein ziemlich temperamentvoller Typ bist.

Wahrscheinlich wirst du alles, was du tust – ob es nun gut oder schlecht ist –, mit einer Menge Energie und auch Einfluss tun. Wie wäre es, wenn du jeden Tag einen kurzen Abschnitt aus dem Buch der Sprichwörter liest, um zu lernen, Richtig und Falsch zu unterscheiden? Dann kannst du deine Energien auf die Weisheit konzentrieren, anstatt dich in Dummheiten zu verzetteln.« Ich war naiv oder vielleicht idealistisch genug, darauf einzugehen. Und so las ich beinahe jeden Tag der ersten 10 Jahre meines Christseins einen Abschnitt aus den Sprichwörtern und versuchte sie, so gut ich konnte, auf mein Leben anzuwenden.

Als Gott mich aus der Wirtschaft in die Jugendarbeit berief, kam die erste Prüfung meiner aus den Sprichwörtern gewonnenen Weisheit. Während der ersten Semester meines College-Studiums hatte ich eine unkluge Entscheidung getroffen und eine überaus fatale Richtung eingeschlagen, die ich bald sehr bereute und Gott auch bekannte. Einige Zeit später, als ich bereits in der Jugendarbeit tätig war, erzählte ich einem Mitchristen, den ich für meinen Freund hielt, von diesem peinlichen, geheimen Bereich meines Lebens. Während er mir weitere Informationen aus der Nase zog, versicherte er mir, dass die Sache unter uns beiden bleiben und er niemals einer Menschenseele etwas davon sagen würde. Nachdem ich ihm alles über diese sehr persönliche Angelegenheit erzählt hatte, betete er noch für mich und dankte mir, dass ich mich ihm gegenüber so verletzlich gemacht hatte. Er fügte noch hinzu, dass er diese Offenheit als großen Schritt in unserer Freundschaft betrachtete.

Zwei Wochen später zitierte mich der Leiter unseres Arbeitsbereiches in sein Büro. Er erklärte mir ruhig, dass er überlege, mir meine Verantwortung zu entziehen, weil er einige äußerst beunruhigende Informationen über mich bekommen habe – raten Sie mal, von wem! Mein »Freund« hatte dem Leiter nicht nur alles erzählt, was ich ihm unter dem Siegel der Verschwiegenheit anvertraut hatte, sondern er hatte auch noch ein paar selbst erfundene Geschichten dazu gedichtet. Sie hätten hervorragend in eine schlechte Seifenoper gepasst, aber mit meinem Leben hatten sie herzlich wenig zu tun.

Darüber hinaus hatte er diese völlig übertriebenen Geschichten und haltlosen Gerüchte auch noch unter den Jugendlichen verbreitet und sie davon überzeugt, dass ich ein Heuchler war, der ihnen Dinge erzählte, an die er sich selbst nicht hielt. Einige kamen zu mir und sagten: »Bill, wie konntest du nur so etwas tun? Wie konntest du uns so anlügen?« Als ich mit dem betreffenden Mann über die Sache reden wollte, verweigerte er jedes Gespräch.

Der Leiter unserer Jugendarbeit ging sehr weise und gnädig mit dieser Situation um. Er hörte meiner Version der Geschichte aufmerksam zu und verlor nicht sein Vertrauen in mich. Auch die Jugendlichen merkten schließlich, dass sie einer Lügengeschichte von jemandem aufgesessen waren, der seine eigenen Gründe dafür hatte, meinen Ruf zu zerstören. Und so überlebten die Arbeit und ich diese traumatische Erfahrung.

Trotzdem hatte ich lange mit dem Schmerz über den Verrat zu kämpfen. Ich fühlte mich nicht nur verletzt, sondern auch extrem wütend. Am liebsten hätte ich die Sache selbst in die Hand genommen und es dem Kerl mit gleicher Münze heimgezahlt. Dazu wäre ich sogar in der Lage gewesen, denn ich wiederum wusste Dinge über diesen Mann, von denen die anderen keine Ahnung hatten und deren Bekanntwerden ihm zutiefst schaden konnte. Ich hatte die Macht, ihn zu ruinieren – und ich wünschte mir nichts mehr, als das zu tun!

Doch wie konnte ich Gottes Weisheit umgehen? Ich hatte den Vers aus Sprichwörter, Kapitel 16, Vers 7 schon hundertmal gelesen: »Wenn Gott mit deinem Tun einverstanden ist, dann macht er sogar deine Feinde bereit, mit dir Frieden zu schließen.« Meine erste große Weisheits-Prüfung war also die Frage, ob Gott diese feindselige Situation wieder in Ordnung bringen konnte. Ich wusste, dass mein Drang, den Mann am Hemdkragen zu packen, ihn hinaus auf den Parkplatz zu zerren und die Fäuste sprechen zu lassen, falsch war; aber Gottes Methode war ganz schön hart! Ich klammerte mich an diesen Spruch wie an eine Rettungsweste. Manchmal sagte ich ihn mir 15 oder 20 Mal am Tag laut vor; es war die einzige Möglichkeit, mich davon abzuhalten, etwas Dummes zu tun.

Immer wieder sagte ich: »Herr, bitte hilf mir, dass ich mich darauf konzentriere, ein Leben zu führen, dass dir gefällt, Streit zu vermeiden und keine Rache zu üben. Hilf mir, integer zu bleiben und dir zu vertrauen, dass du die Sache in die Hand nimmst und uns eines Tages in Frieden wieder zusammen bringst.«

Das geschah nicht nach einigen Wochen, auch nicht Monaten oder Jahren. Der junge Mann verließ die Jugendarbeit, und ich ging fort, um die Arbeit in *Willow Creek* zu beginnen. Doch viele Jahre später rief er mich plötzlich an und bat mich, ihn in einem Restaurant zum Essen zu treffen. Dort erzählte er mir: »Gott hat mich zerbrochen. Ich habe mich dir gegenüber so sehr versündigt! Ich habe die Wahrheit verdreht, Lügen erfunden und versucht, dich zu ruinieren – und das aus Gründen, die ich selbst nicht mal verstehe. Aber ich weiß jetzt, dass sie falsch waren. Gott hat mir das klargemacht und mich überführt, und ich bin zu jedem einzelnen Menschen gegangen, dem ich dieses Zeug über dich erzählt habe. Ich habe ihnen allen die Wahrheit gesagt: dass du ein durch und durch ehrenhafter Mensch bist.« Er streckte die Hand aus und sagte leise: »Kannst du mir vergeben?«

Ich fuhr voller Staunen über die Weisheit Gottes nach Hause. In den Sprichwörtern, Kapitel 14, Vers 16 heißt es, dass ein Dummer unbeherrscht handelt und sich überschätzt. Wie nah war ich daran gewesen, mich wie ein Idiot zu verhalten! Doch Gott wusste, dass dieser Weg in eine Sackgasse des Zorns, der Rachsucht und der Feindseligkeit führte. Und so benutzte er sein Wort, um mich aufzuhalten. Seine Methode war hart, denn ich musste lernen, meine unreife Neigung loszulassen, Dummheit mit Dummheit zu bekämpfen. Das verlangte, dass ich die Kontrolle über die Situation abgab und darauf vertraute, dass er hinter den Kulissen daran arbeitete. Doch am Ende führte Gottes Methode zur Versöhnung.

Lieber zerbrochen als gebunden

Selbst als es die *Willow Creek*-Gemeinde schon ein paar Jahre gab, bekam ich immer noch kein Gehalt, weil wir einfach nichts erübrigen konnten, wenn wir die Miete für die Räumlichkeiten bezahlt hatten, die wir für unsere Gottesdienste brauchten. Meine Frau Lynne gab Flötenunterricht und ich fuhr im Morgengrauen für meinen Vater zum Markt und kaufte Obst und Gemüse für seinen Großhandel ein. Es ging uns finanziell so schlecht, dass wir sogar Zimmer vermieten und persönliche Dinge verkaufen mussten. Und selbst dann waren wir häufig noch abhängig von den gefüllten Einkaufstüten, die gelegentlich anonym vor unserer Tür abgestellt wurden. Unser Küchentisch war ein alter Skat-Tisch, den wir von einem Freund ausgeliehen hatten.

Wir kamen gerade so über die Runden, und wir hatten es so satt, dass ich beinahe zwei Dinge getan hätte, die die Bibel als Dummheiten bezeichnet.

Einmal schickte mir eine Bank unaufgefordert eine Kreditkarte. Mein erster Gedanke war: *Na, also! Jetzt kann ich endlich ein paar Sachen kaufen. Schluss mit den ständigen Geldsorgen!* Es gab da nur ein Problem: Lynne und ich hätten am Ende des Monats natürlich trotzdem nicht das Geld gehabt, um den Kredit zu zahlen. Die Idee,

Dinge von Geld zu kaufen, das wir nicht hatten, wäre mehr als falsch gewesen.

Die zweite Dummheit, die ich fast beging, war, unseren Beitrag für die Gemeinde zurückzuhalten. Mein ganzes Leben lang war ich gelehrt worden, 10 % meines Einkommens Gott zu geben. Im Buch Levitikus, Kapitel 27, Vers 30 steht, dass ein Zehntel der Ernte dem Herrn zusteht, und in Maleachi 3, Vers 10 heißt es: »Bringt den zehnten Teil eurer Ernte unverkürzt zu meinem Tempel, damit die Priester zu essen haben!« Die Leiter der Kirche, in der ich aufwuchs, glaubten daran, dass diese alttestamentliche Aufforderung auch für uns heute gilt, und so tat ich es (mehr über dieses Thema finden Sie in Kapitel 10 dieses Buches).

Lynne und ich hatten also immer 10 % unseres mageren Einkommens gespendet. Aber rechtfertigte unsere schwierige Finanzsituation jetzt nicht eine kleine Kürzung? War das keine Ausnahmesituation?

Ich las noch immer fast täglich in den Sprichwörtern und stieß dabei auf zwei Verse, die diese Frage für mich beantworteten. Der erste Spruch lautete: »Wer sich Geld leiht, wird zum Sklaven seines Gläubigers« (22,7b). Da stand ich nun, eine Kreditkarte in der Hand, während Gott zu mir sagte: »Weißt du, was noch schlimmer ist, als zerbrochen zu sein? In Ketten zu liegen! Von jemand anderem besessen zu werden. Versuch, den Schmerz über deine Geldsorgen nicht damit zu kompensieren, dass du dich in Schulden stürzt und versklavst. Tu es nicht!«

Ich schnitt die Kreditkarte in Stücke und warf sie weg.

Der zweite Spruch lautete: »Ehre den Herrn mit deinen Opfergaben; bringe ihm das Beste vom Ertrag deiner Arbeit. Dann werden deine Kornspeicher sich füllen und deine Weinfässer überlaufen« (3,9–10). Das klang nach einer längerfristigen Sache, aber was hatten wir schon zu verlieren? Wir kamen sowieso kaum über die Runden. Also bat ich Lynne, auch diesen Monat wieder unsere 8 kümmerlichen Dollar zu überweisen. Wir wollten dem Pfad der Weisheit folgen – egal, was es kostete.

Wenn ich heute auf diese zwei Entscheidungen zurückschaue, danke ich Gott für das Buch der Sprichwörter. Mir ist jetzt klar, welche negativen Konsequenzen eine falsche Entscheidung für unsere Familie gehabt hätte. Es dauerte zwar noch einige Zeit, bis unsere »Kornspeicher« sich füllten – unsere Kinder trugen oft geschenkte Kleidung aus zweiter Hand, und jahrelang konnten wir nur Urlaub machen, wenn großzügige Freunde es uns ermöglichten –, aber wir mussten nie mit Schulden leben. Und dann kam die Zeit, in der wir anderen von unserem Überfluss abgeben und Gott mehr geben konnten als den Zehnten. Wir haben guten Grund, der Weisheit der Sprichwörter zu vertrauen, denn sie hat die Prüfung bestanden.

In welchen Bereichen neigen Sie dazu, Dummheiten zu begehen und falsche Entscheidungen zu treffen? Geht oft Ihr Temperament mit Ihnen durch? Interpretieren Sie den Begriff der Legalität neu? Haben Sie Schwierigkeiten mit Beziehungen? Arbeiten oder lernen Sie nicht so, wie Sie sollten? Verschwenden Sie leichtfertig Geld? Sind Sie undiszipliniert? Lügen Sie oder färben Sie die Wahrheit ein wenig ein? Sind Sie stolz darauf, nicht so zu sein wie gewisse andere Leute? Kämpfen Sie mit sexuellen Versuchungen?

Lesen Sie das Buch der Sprichwörter! Finden Sie die Sprüche, die so zu Ihnen reden wie die beiden, die mir regelrecht ins Auge sprangen. Ich garantiere Ihnen, dass Sie auf einige stoßen werden! Dann schreiben Sie sie auf Zettel und kleben Sie sie an Ihren Kühlschrank, an die Badezimmertür, auf die Ablage Ihres Autos, auf Ihren Schreibtisch, an Ihren Computerbildschirm. Lesen Sie sie, wiederholen Sie sie, prägen Sie sie sich ein, gehorchen Sie ihnen! Klammern Sie sich an sie, als hinge Ihr Leben davon ab. Und dann sehen Sie, ob Gott Ihre Entscheidung für die Weisheit honoriert.

Wir stehen am Anfang eines Abenteuers. Ich bete, dass Sie sich auf dieses Abenteuer einlassen und dass die Entdeckungsreise durch die Sprichwörter eine Zeit für Sie wird, in der Sie sich von den Dummheiten zur Weisheit hin orientieren und den Schatz finden, der wertvoller ist als Gold.

Kapitel 2

Die Initiative ergreifen

Ein reicher Mann vertraute sein gesamtes Vermögen einem Anlageberater an. Dieser machte seine Sache zunächst recht gut, doch dann wurde dem reichen Mann zugetragen, dass sein Verwalter ein wenig sorglos mit seinem Vermögen umzugehen begann. Der reiche Mann reagierte schnell und unzweideutig: »Mir gefällt nicht, was ich höre«, sagte er. »Es ist Zeit, dass du gehst.«

Der Anlageberater geriet in Panik; er wusste nur zu gut, dass er nach all den Jahren im Finanzgeschäft sehr schlecht auf wirkliche Arbeit vorbereitet war. Und zum Betteln war er zu stolz. Was sollte er tun? An wen konnte er sich wenden? Wie sollte er seinen Lebensunterhalt verdienen?

Schließlich entwickelte sein verzweifeltes Gehirn einen kreativen Plan. Der Anlageberater ging zu zwei Leuten, die seinem Chef Geld schuldeten, und bot ihnen an, die Schulden zu reduzieren. Zum Ersten sagte er: »Setz dich hin, schreib auf, was du ihm noch schuldig bist, und dann streich die Hälfte weg.« Dem zweiten bot er an: »Nimm deine Schulden und rechne 20 % ab.«

Das tat er in der Hoffnung, dass diese beiden ihm dankbar sein und später helfen würden, bis er wieder auf eigenen Füßen stand; vielleicht würden sie ihn eine Weile in ihrem Gästezimmer wohnen lassen oder gute Kontakte für ihn herstellen. Also zahlten die Schuldner ihre verringerten Kredite zurück und der Anlageberater verlor seinen Job.

Ich sehe richtig vor mir, wie Jesus dieses Gleichnis erzählt (vgl. Lk 16) und die Menge ihm höflich zuhört und auf die Pointe wartet, so wie wir das tun würden. Dann kommt sie, und die Menge gerät in Verwirrung, wie es Lesern dieses Gleichnisses schon seit 2 000 Jahren passiert.

Warum? Weil unser Herr die Vorgehensweise des Anlageberaters in dieser Geschichte keineswegs verurteilt. Stattdessen empfiehlt er seinen Zuhörern, es ebenso zu machen. Wie konnte er das tun?

Obwohl der Anlageberater seinen Chef nicht direkt bestahl, brachte er ihn doch um einen Teil seines Geldes, um einen Vorteil für sich selbst herauszuschlagen. Das ist wohl kaum ein vorbildliches Verhalten. Doch Jesus sagte (sinngemäß): »Er befand sich in einer schwierigen Situation. Er hatte ein echtes Problem, schaute sich seine Möglichkeiten an, ergriff die Initiative und löste das Problem. Das kann man nur empfehlen.«

Offensichtlich geht es bei diesem Gleichnis nicht um ethische Grundwerte. Tatsächlich beschreibt Jesus den Verwalter als unehrlich und reiht ihn in die Kategorie der »Menschen dieser Welt« ein, eine Gruppe, die im Gegensatz zu den »Menschen des Lichts« steht, die ehrlich, integer und gottesfürchtig leben. Trotzdem lobt Jesus den Mann für etwas, das er offenbar als extrem wichtig ansieht: Er ergreift die Initiative, um sein Problem zu lösen.

Das klingt ganz nach gesundem Menschenverstand, nicht wahr? Wenn wir ein Problem haben, müssen wir uns eine Lösungsmöglichkeit einfallen lassen und diese dann durchführen. Nicht besonders anspruchsvoll.

Doch die Wahrheit ist, dass viel zu wenige Menschen dies wissen. Es ist einfacher, dazusitzen und über die Ungerechtigkeit der Welt und die überwältigenden Herausforderungen des modernen Lebens zu klagen. Warum die Initiative ergreifen und unsere Probleme anpacken, wenn wir doch unseren Eltern, unseren Freunden, unserem Chef, der Gesellschaft, der Regierung oder Gott die Schuld für alles in die Schuhe schieben können?

Eine weitere Alternative zum Aktivwerden ist, sich bequem zurückzulehnen und daran zu glauben, dass irgendwie alles einfach besser werden wird. Hinter vielen vertanen Lebenschancen steckt die Überzeugung: *Irgendwie wird eines Tages mein Leben besser werden. Irgendwie werden die Umstände besser werden. Irgendwie wird eines Tages passieren, was ich mir wünsche.* Diese Sichtweise basiert auf der irrigen Vorstellung, dass die Belohnung ohne harte Arbeit kommen wird, und hat mehr mit Wunschdenken als mit der Realität zu tun. Aber es ist eine äußerst verlockende Sichtweise.

Eines Tages werde ich Lust haben, etwas mit meinem Leben anzufangen … ich werde auf wundersame Weise morgens früher aufwachen … ich werde Dinge rechtzeitig erledigen … ich werde aufhören, so viel Zeit zu verschwenden … ich werde über den absoluten Traumjob stolpern … der perfekte Partner wird in mein Leben treten … die Kreditinstitute werden meine Schulden stornieren … ich werde im Lotto gewinnen … meine Ehe wird von selbst wieder besser werden … meine Kinder werden aufhören, Unsinn zu machen … mein Stoffwechsel wird sich beschleunigen und das Fett wird nur so dahinschmelzen ... ich werde keinen Alkohol mehr brauchen ... ich werde Gutes tun wollen ...

Eines Tages wird es einfach irgendwie passieren.

Sind Sie da sicher? Haben Sie schon mal erlebt, dass es so gelaufen ist? Ich habe das Gegenteil beobachtet. Die natürliche Fließrichtung des Lebens ist abwärts, nicht aufwärts. Diejenigen, die sich zurücklehnen und mit der Strömung treiben lassen, enden gewöhnlich irgendwo unten. Damit will ich nicht sagen, dass man sich nicht ab und zu treiben lassen darf, aber wenn Sie je die Aussicht vom Berggipfel genießen wollen, müssen Sie klettern. Ohne Zweifel erfordert das Einsatz und Kraft und ohne Zweifel wird kein Anhänger der »Irgendwann, irgendwie«-Theorie je den Gipfel erreichen.

Ich mache es ... morgen

Das Buch der Sprichwörter bezeichnet Menschen mit dieser Einstellung als Faulpelze. Ein netter Ausdruck, oder? Lesen Sie die Sprichwörter, Kapitel 6, Verse 6–11 – nicht gerade schmeichelhaft. Hier geht es zwar um finanzielle Schwierigkeiten, in die der Faulpelz gerät, aber diese sind normalerweise nur Zeichen eines generellen Fehlverhaltens.

Das Buch der Sprichwörter macht deutlich, dass viele von uns Gefahr laufen, Faulpelze zu werden, und es beschreibt den Weg, der uns dorthin bringt. Der erste Schritt ist das *Aufschieben.* Jedes Mal, wenn ein Mensch auf eine drängende Aufgabe mit einem lässigen »Ich mach's später« reagiert, handelt er wie ein Faulpelz.

Als ich noch ein kleiner Junge war und meine Mutter mich bat, den Tisch zu decken oder den Müll herauszutragen, sagte ich fast immer etwas wie: »Wenn die nächste Werbeunterbrechung kommt« oder: »Wenn ich das hier zusammengebaut habe«. Wenn mein Vater das mitbekam, sagte er: »Tu es jetzt gleich, Billy. Schieb es nicht auf.« Ich fand das natürlich blöd; musste er denn so unflexibel und engstirnig sein? Doch heute begreife ich, dass er weise war und seinen Sohn vom Pfad der Faulheit abbringen wollte. Ich bin ihm unendlich dankbar, dass ich als Erwachsener nicht mehr den Kampf mit der »Aufschieberitis« aufnehmen musste. Er hat mir einen großen Dienst erwiesen, indem er immer verlangt hat, dass ich Dinge sofort erledige.

Ausreden

Der zweite Schritt auf dem Weg abwärts sind *Ausreden.* Nehmen wir an, einer Angestellten fällt eines Morgens auf dem Weg zur Arbeit ein, dass sie am Vortag eine sehr wichtige Aufgabe nicht zu Ende gebracht hat. Sie könnte nun die Fahrzeit nutzen, um Gott um Kraft zu bitten. Sie könnte sich kreative Möglichkeiten ausdenken, wie sie diese Aufgabe besser erfüllen kann. Sie könnte sich entschließen, diese Sache mit so viel Energie und Entschlossenheit anzugehen, wie sie nur aufbringen kann. Aber wenn sie auf dem »Faulpelz-Pfad« ist, wird sie sich für eine andere Alternative entscheiden. Sie wird eine Ausrede finden, warum sie die Aufgabe nicht erledigt und die Verantwortung nicht übernommen hat – vielleicht sogar, warum sie heute nicht zur Arbeit gehen kann.

Der Faulpelz, von dem uns in den Sprichwörtern, Kapitel 22, Vers 13 berichtet wird, findet eine großartige Ausrede, um nicht zur Arbeit zu müssen: »Draußen ist ein Löwe, der bringt mich um!« Damit ist auch gleich sichergestellt, dass niemand seine ehrenhafte Motivation dafür anzweifelt, zu Hause in den sicheren vier Wänden zu bleiben. Vielleicht ist aber auch nur seine Fantasie ein bisschen stärker ausgeprägt als bei normalen Drückebergern. Er findet es offenbar reizvoller, sich aufzulisten, was alles schiefgehen könnte, als sich geduldig durch die Liste von zu erledigenden Aufgaben und ganz gewöhnlichen Verantwortlichkeiten zu arbeiten.

Aber nehmen wir an, es ist tatsächlich ein Löwe draußen auf den Straßen. Dann los, auf die Jagd nach ihm! Nur ein Faulpelz bleibt sein Leben lang paralysiert, weil sich ihm Hindernisse in den Weg stellen. Es wird immer irgendwelche Schwierigkeiten geben. Wir werden immer beängstigenden Herausforderungen, erschreckender Verantwortung und herzzerreißenden Enttäuschungen gegenüberstehen. Doch nur ein Faulpelz erfindet eine Ausrede nach der anderen, um sich vor den Anforderungen des Lebens zu drücken.

Denken Sie an Ihr eigenes Leben. Finden Sie Ausreden für mangelnde Anstrengung, mangelnde Disziplin, mangelnden Fleiß oder andere Versäumnisse? Wenn das so ist, spricht das Buch der Sprichwörter eine klare Warnung an Sie aus: Aufschieben bringt Aufschieben hervor, Ausreden bringen Ausreden hervor. Faulheit, Trägheit, Trantütigkeit – welchen Ausdruck Sie auch wählen, sie alle bringen immer mehr dieser negativen Dinge hervor. Schließlich versinken Sie so tief in Ihrem eigenen Versagen, dass Sie sich nicht mehr selbst davon befreien können.

In den Sprichwörtern, Kapitel 19, Vers 24 wird ein solches Leben folgendermaßen beschrieben: »Der Faulpelz greift in die Schüssel, aber er bekommt die Hand nicht zum Mund!« In dieser humorvollen Übertreibung hat der Faule nicht einmal mehr die Energie oder Motivation, die Hand mit dem Essen zu heben.

Oder Kapitel 26, Vers 14: »Die Tür dreht sich in ihren Angeln – und der Faulpelz in seinem Bett.« Der Schläfer wälzt sich zwar hin und her, doch er bewegt sich ebenso wenig von der Stelle wie eine Tür in ihren Angeln.

Der »Neun-von-Zehn-Club«

Was ist mit Ihnen? Finden Sie sich in diesen Versen wieder? Haben Sie schon mehr Schritte auf dem Abwärtspfad gemacht, als Sie eigentlich zugeben möchten? Haben Sie sich das Aufschieben angewöhnt oder fallen Ihnen Ausreden immer leichter? Haben Sie Initiative, Eifer und Durchhaltevermögen gegen Trägheit und Faulheit eingetauscht?

Oder geht es Ihnen wie den meisten Leuten in meinem Bekanntenkreis, die sagen: »Machst du Witze? Faulheit ist mein allerletztes Problem. Ich könnte den Pfad der Faulheit nicht finden, selbst wenn ich es wollte. Tatsächlich wäre ich viel besser dran, wenn ich hin und wieder etwas aufschieben würde. Und ein oder zwei Ausreden sind genau das, was ich brauche. Ich habe schon mehr als genug zu tun. Ich bin nicht zu faul, ich bin zu beschäftigt!« Und tatsächlich scheinen diese Leute mehr mit den unermüdlich trommelnden Häschen aus der Duracell-Werbung zu tun zu haben als mit Faulpelzen.

»Du wirst mich nie untätig herumsitzen sehen«, sagen sie, »oder hören, wie ich mich über ›Löwen‹ auf der Straße beschwere. Ich habe auch noch nie meine Gliedmaßen ins Essen hängen lassen oder mich lange im Bett herum gewälzt. Ich bin kein Faulpelz. Auf gar keinen Fall!«

Wenn Sie dieses Buch in die Hand genommen und die Energie und Motivation aufgebracht haben, bis hierher zu lesen, sind Sie wahrscheinlich noch nicht gefährlich tief im Morast der umfassenden Trägheit versunken. Zum Glück geht es wenigen Leuten so.

Doch das bedeutet nicht, dass wir aus den Sprichwörtern nichts über den Faulpelz lernen können. Tatsächlich glaube ich, dass einige von uns, die äußerlich wahre Vorbilder an Produktivität sind, an einer verborgenen Krankheit namens »selektive Faulheit« leiden, eine

Krankheit, die durch Faulheit in einigen Bereichen unseres Lebens charakterisiert wird. Diese kleinen Inseln der Trägheit oder Inaktivität scheinen unwichtig zu sein und werden fast nie von anderen bemerkt, doch sie werden letztlich Schmerz und Verdruss und vielleicht sogar ernsthafte Probleme verursachen.

Welche Menschen leiden zum Beispiel an selektiver Faulheit?

- Ein Schüler, der auf sportlichem und sozialem Gebiet brilliert, aber seine Ausbildung nicht ernst nimmt.
- Ein Vater, der Verkaufschampion in seiner Firma ist und beim Golf ein Handicap von 4 hat, aber kläglich darin versagt, die emotionalen Bedürfnisse seiner Frau und seiner Kinder zu beantworten.
- Eine Mutter, die sich zwischen Job und Familie aufreibt, aber ihre Beziehung zu Gott vernachlässigt.
- Extrem kontaktfreudige Menschen, die ihre Zeit mit anderen Menschen verbringen, dabei aber versäumen, sich um ihr eigenes Seelenleben zu kümmern. Sie betrachten niemals die tieferen seelischen Beweggründe für ihr Tun, die ihre Ziele und Beziehungen bestimmen.
- Gemeindemitglieder, die beifällig mit dem Kopf nicken, wenn der Pastor sie zu einer größeren Hingabe an Gott ermutigt, aber am Montagmorgen schon wieder ganz in den alten Bahnen fahren.

Ein Grund, warum selektive Faulheit so schädlich ist, ist folgender: Wenn einige Bereiche unseres Lebens gut genug laufen, fällt es uns leicht, uns selbst davon zu überzeugen, dass wir es verdienen, die Zügel auch mal ein bisschen schleifen zu lassen. »Meine Güte, ich ergreife in neun von zehn Bereichen meines Lebens immer die Initiative und arbeite fleißig und konstant. Ist das denn nicht genug? Muss ich denn immer perfekt sein?«

Ein kleines Mädchen, das unsere Kinderarbeit *Promiseland* besucht, hat schon mehr Härten in ihrem Leben erfahren als die meisten von uns. Zu ihren wenigen Freuden gehören die Beziehungen zu ihrem Sonntagsschullehrer und den anderen Kindern in ihrer Klasse. Ihr Vater, den ich schon seit vielen Jahren kenne, beschloss vor kurzem, dass er am Sonntag lieber ausschlafen möchte, als mit seiner kleinen Tochter zur Gemeinde zu fahren.

Wenn dieser Mann sich gehen lassen möchte, ist das seine eigene Entscheidung; aber ich konnte einfach nicht akzeptieren, dass dies negative Auswirkungen für seine Tochter hatte. Also beschloss ich, mit ihm zu reden.

»Hör mal«, sagte ich, »vielleicht habe ich kein Recht, dir zu sagen, wie du dein Leben führen sollst, aber es tut mir weh zu sehen, was mit deiner Tochter passiert. Sie braucht es, dass sie jede Woche daran erinnert wird, dass Gott sie liebt, sie braucht die Fürsorge und Liebe ihres Sonntagsschullehrers und sie braucht den Spaß und die Gemeinschaft mit den anderen Kindern. Sie wird nichts davon bekommen, wenn du dich nicht aufraffst und sie zu ›Promiseland‹ bringst. Du bist ein erwachsener Mann und kannst selbst entscheiden, was du mit deinem Leben anfängst, aber was du mit diesem kleinen Mädchen tust, das Gott dir anvertraut hat ... das kann ich nicht einfach so zulassen.«

Er seufzte. »Ach, komm, Bill, reg dich nicht auf. Ich arbeite hart; unter der Woche bin ich ständig unterwegs. Ich helfe Leuten. Ich gehe zur Wahl. Ich arbeite sogar ehrenamtlich als Geschworener. Ich halte mich an die Regeln. Ich bin ein braver Bürger und netter Mensch. Aber ich werde auch mal müde und ich brauche meinen freien Tag.«

Er probierte die »Neun von Zehn«-Ausrede, aber darauf ging ich nicht ein. »Neun von zehn mag für dich genug sein«, sagte ich, »wenn das nun mal dein Ding ist. Aber der zehnte Bereich ist der deiner Tochter. Lass dich in einem anderen Bereich gehen, nicht in dem, der das Leben eines anderen Menschen betrifft.« Vielleicht hatte er wirklich nur einen Bereich, in dem er nachlässig war, aber für diesen bezahlte jemand anderer einen hohen Preis.

Mein Vater ist im Alter von nur 53 Jahren an einem Herzanfall gestorben. Er war ein Mann mit einer ungeheuren Ausstrahlung und einer der energiegeladensten, motiviertesten Menschen, die mir je begegnet sind; wenige Leute hätten es mit ihm aufnehmen können. Er baute Unternehmen auf, half Gemeinden, machte den Pilotenschein, fuhr Motorrad und segelte quer über den Atlantik. »Ergreif die Initiative« hätte sein Lebensmotto sein können.

Er war diszipliniert und konsequent in jedem Bereich seines Lebens – außer einem: der Gesundheit. Er war faul und nachlässig, was seine Ernährung anging, und er kümmerte sich nicht um regelmäßige Bewegung. Und das kostete ihn das Leben. Neun von zehn Dingen richtig zu machen ist nicht schlecht – bis das zehnte dich umbringt.

Ein großer Mann des Alten Testaments genoss den höchsten Respekt seines Volkes. Die meisten Menschen betrachteten sein Leben als Musterbeispiel für Integrität. Doch in seinen späteren Jahren brach alles zusammen, weil er sich in einem Bereich seines Lebens hatte gehen lassen.

Der Name dieses Mannes war Eli und sein »zehnter Bereich« war die Tatsache, dass er bei seinen Söhnen nicht von Kindheit an durchgriff. Er hatte zwei Jungen, die kleine Monster waren, und obwohl er durchaus die Absicht hatte, ihnen Gottesfurcht und Integrität beizubringen, erwies sich dies als schwieriger, als er gedacht hatte. Und so gab er es schließlich auf.

Bald wurden die kleinen Monster zu großen Monstern. Der Ärger, den sie verursachten, führte schließlich zum Zerbruch von Elis gesamtem Leben. Wieder waren neun von zehn Bereichen in Ordnung gewesen, doch der zehnte brachte ihn zu Fall.

Die Ameisen-Akademie

Die meisten von uns können zumindest eine kleine Trägheitsinsel bei sich entdecken, wenn wir es wagen, unter die Oberfläche unseres Lebens zu sehen. Was sollen wir tun, wenn wir einen solchen Bereich aufgedeckt haben?

Eine klassische Passage aus den Sprichwörtern beantwortet diese Frage, indem der Faule einen Blick auf sein produktives Gegenstück wirft: »Sieh dir die Ameise an, du Faulpelz! Nimm dir ein Beispiel an ihr, damit du gescheit wirst! Sie hat keinen Aufseher und keinen Antreiber. Und doch sorgt sie im Sommer für ihre Nahrung und sammelt zur Erntezeit ihre Vorräte« (6,6–8).

Wollen Sie etwas über Initiative und Durchhaltevermögen lernen? Dann schreiben Sie sich bei der Ameisen-Akademie ein! Genau – dieses kleine Insekt, das Sie auf dem Weg zertreten, weiß ein paar Dinge, die Sie lernen sollten.

Zuerst einmal ist der Ameise klar, dass man ein echtes Problem hat, wenn man Motivation von außen braucht, um einen Job zu erledigen. Wenn Sie von den treibenden Kräften eines Chefs oder Lehrers abhängig sind, um sich in Gang zu halten, was tun Sie dann, wenn gerade niemand hinsieht? Das Geheimnis der Selbstmotivation einer Ameise liegt, denke ich, darin, dass sie stets ihr Ziel vor Augen hat: Nahrung, Nahrung, Nahrung. Sie kennt den nagenden Schmerz des Hungers, sie weiß, dass sie nichts zu essen haben wird, wenn sie nicht sammelt und speichert. Warum sollte sie äußeren Antrieb brauchen, wenn sie so klar auf ihr Ziel fixiert ist?

Die zweite Lektion, die wir in der Ameisen-Akademie lernen können, ist, dass eine Ameise voraus denkt. Sie macht sich einen Plan und legt fest, was wann getan werden muss. Sie weiß, dass sie den Sommer über hart arbeiten muss, um die Versorgung im Winter zu sichern. Wenn der Zeitplan ausgearbeitet ist, legt sie los. Sie schiebt nichts vor sich her und sucht auch keine Ausreden. Sie krächzt (oder piepsen Ameisen eher?): »Also los, an die Arbeit.«

Ich möchte im Folgenden fünf Lebensbereiche beleuchten, in denen wir die Initiative und den Fleiß der kleinen, aber weisen Ameise benötigen. Ich möchte Sie bitten, die nächsten Seiten mit offenem Herzen und der Bereitschaft zu lesen, auf Gottes Reden zu hören. Der Heilige Geist ist in der Lage, Ihnen ganz persönliche Einsichten zu schenken, auch wenn Sie noch nicht lange Christ oder noch auf der Suche sind.

Es könnte sein, dass der Heilige Geist Ihnen bei einem bestimmten Bereich in irgendeiner Form deutlich macht: »Du investierst sehr viel Energie in diesen Bereich. Das ist vollkommen in Ordnung. Mach weiter so.« Dann können Sie sich entspannen.

Vielleicht sagt er in einem anderen Bereich: »Hör mal, du weißt, dass du in diesem Bereich Probleme hast. Du weißt auch, dass es an der Zeit ist, die Initiative zu ergreifen und daran zu arbeiten. Also runter vom Sofa und werde aktiv!« Wenn Sie so etwas vernehmen, passen Sie gut auf. Nehmen Sie diese innere Stimme ernst und die Herausforderung an!

Frieden schließen

Der erste Bereich wird von einem der bekanntesten und beliebtesten Bibelverse aufgegriffen. Im 1. Brief an die Korinther schreibt Paulus: »Auch wenn alles einmal aufhört – Glaube, Hoffnung und Liebe nicht. Diese drei werden immer bleiben; doch am höchsten steht die Liebe« (1 Kor 13,13). Im Gegensatz zu dem, was wir in den modernen Medien unserer materialistischen Kultur hören, ist das größte Erbe, das wir hinterlassen können, ein Vermächtnis der Liebe. Ob wir nun von unserem Platz in der Gesellschaft ganz allgemein oder von unseren wichtigsten Beziehungen sprechen – die wertvollsten Geschenke, die wir anbieten können, sind Gedanken und Taten, die aus einem Herz voller Liebe fließen.

Innerhalb der Familie sind liebevolle Taten am nötigsten und am geschätztesten – und am schwierigsten zu vollbringen. Wir haben alle die besten Absichten, doch weil das Leben oft hektisch und schwierig ist, neigen wir dazu, uns gegenseitig anzurempeln und zu verletzen. Auch die kleinsten Wunden, die unserem Ego beigebracht werden, tun weh, und unsere natürliche Reaktion ist Rückzug oder Gegenangriff.

Wenn die emotionale Distanz wächst, wachsen auch Verstimmungen und Groll. Bald wird selbst eine Liebesbeziehung zum Nährboden für negative Gefühle. Wir wissen, dass wir dieser Disharmonie ein Ende bereiten sollten. Wir sollten mit den Anderen reden und das Problem lösen. Aber wir wissen auch, wie viel Zeit und Energie das kosten wird und wie frustrierend es sein kann. Wir wissen, dass eine wirkliche Lösung des Problems nicht in einem klärenden Gespräch erfolgt, sondern einen längeren Prozess erfordern wird. Und ein noch längerer Prozess ist das Allerletzte, was wir jetzt brauchen können. Wir haben sowieso schon so viel um die Ohren und das Leben ist ohnehin mehr als kompliziert.

Also geben wir uns der Versuchung der »selektiven Faulheit« hin. Wir lassen unsere Beziehungen schleifen. Wir finden uns mit den Gegebenheiten ab. Wir rufen nicht an. Wir schreiben den Brief nicht. Wir machen nicht den ersten Schritt, wir strecken nicht die Hand aus und sagen nicht das erste Wort der Versöhnung. Statt die Initiative zu ergreifen und die Beziehung wieder herzustellen oder sogar zu vertiefen, schließen wir die Augen.

Paulus schreibt in seinem Brief an die Gemeinde in Rom: »Soweit es an euch liegt, tut alles, um mit jedermann in Frieden zu leben« (Röm 12,18). »Tut alles« impliziert eine Beharrlichkeit, die nicht aufgibt, nur weil der Prozess der Wiederherstellung oder des Wachstums schwierig, anstrengend oder gar mit scheinbar unüberwindlichen Hindernissen gesäumt ist; es beinhaltet den Willen, am letzten Fetzchen Hoffnung festzuhalten und in ihrem Namen weiter zu machen.

»Soweit es an euch liegt« besagt, dass wir die Reaktion des Anderen auf unsere Friedensbemühungen nicht kontrollieren können. Manchmal sind auch unsere ernsthaftesten Bemühungen nutzlos, weil der Andere nicht mitmacht. Obwohl das extrem frustrierend sein kann, entbindet es uns nicht von unserer Verantwortung. Die Frage bleibt: »Habe ich alles versucht, was möglich war? Bin ich so weit gegangen, wie ich konnte?«

Vor einigen Jahren durchlebte einer meiner Freunde eine sehr schwierige Phase in seiner Ehe. Schließlich wurde er es müde, an der Beziehung zu arbeiten und er ließ sich von seiner Frau scheiden. Im vergangenen Sommer machte ich einen langen Spaziergang mit ihm. Ich wünschte, ich hätte eine Tonbandaufnahme von unserem Gespräch. »Ich habe die wichtigste Beziehung meines Lebens einfach aus Bequemlichkeit aufgegeben«, sagte er. »Das war der einzige Grund. Wenn ich könnte, würde ich die Uhr zurückdrehen und noch einmal von vorne anfangen. Und diesmal würde ich nicht aufhören, mich zu bemühen.«

Ein anderer Mann schrieb mir in einem Brief: »Allein im Leben zu stehen, getrennt von meinen Kindern, hat eine Verletzung in meinem Inneren verursacht, die einfach nicht heilen will. Mit dem Schmerz dieses Verlustes zu leben ist viel härter, als alle Arbeit an der Beziehung zu meiner Frau je war. Ich wünschte, ich hätte nicht so schnell aufgegeben!«

Wenn diese Worte Sie dazu angeregt haben, in Ihren Beziehungen häufiger die Initiative zu ergreifen und größere Ausdauer an den Tag zu legen, dann tun Sie es bitte! Die Ansprüche sind hoch und der Schmerz des Verlustes ist groß. Ja, vielleicht werden Ihre Versöhnungsversuche abgelehnt; aber meistens werden sie dankbar begrüßt und mit einem herzlichen: »Ja, ich will es auch versuchen« beantwortet.

Harte Arbeit

Der Weise in den Sprichwörtern hat eine positive Einstellung zur Arbeit, die der zweite Bereich ist, über den Sie im Folgenden nachdenken sollten. Er sieht Arbeit als den Schlüssel zu finanziellem Erfolg, die Brücke zu sinnvoll genutztem Einfluss und die Bühne für menschliche Kreativität. »Jede Arbeit bringt Lohn; aber Geschwätzigkeit bringt nichts als Armut« (14,23). »Fleiß führt zu Macht, Faulheit macht zum Sklaven« (12,24). Der Apostel Paulus geht in dieser positiven Sichtweise von Arbeit noch einen Schritt weiter, indem er uns daran erinnert, dass unsere Motivation für die Arbeit darin liegen sollte, unseren wahren Chef zu ehren. »Tut alles von Herzen, als Leute, die dem Herrn und nicht Menschen dienen« (Kol 3,23).

Das ist die Frage: Arbeiten Sie »von Herzen« in Ihrem Job, Ihrem Zuhause, Ihrer Schule? Es geht mir nicht darum, ob Sie die nötige Energie aufwenden, um die Aufgaben zu erledigen, die Ihnen zugedacht wurden. Ich frage Sie, ob Sie jedes Projekt, das auf Sie zukommt, mit dem Höchstmaß Ihres von Gott gegebenen Potenzials anpacken, als würden Sie es für Gott persönlich tun, nicht nur für Ihren irdischen Chef. Ich frage Sie, ob Sie bei Ihrer Arbeit die größtmögliche Charakterstärke an den Tag legen. Setzen Sie an Ihrer Arbeitsstelle den Standard für Ehrlichkeit, Gewissenhaftigkeit, Freundlichkeit, Qualität und Schnelligkeit? Zeigen Sie echtes Interesse an Ihren Kollegen, und sprechen mit ihnen auch über Gott, wenn sich die Gelegenheit dazu bietet?

Ich weiß, wie es normalerweise läuft. Wenn man längere Zeit in demselben Job ist, entwickelt man nur zu leicht schlechte Gewohnheiten, nimmt Abkürzungen, gibt sich mit der Mindestleistung zufrieden, nimmt an destruktivem Geschwätz teil, untergräbt die Arbeit anderer und beginnt eine subtile Form der Eigenwerbung. Gewöhnlich fangen wir einen Job nicht mit dieser Einstellung an, und oft sind wir uns dann später auch nicht der falschen Wege bewusst, die wir eingeschlagen haben; die kleinen Veränderungen in unserem Denken, unserem Reden und unserem Handeln sind so unauffällig gewesen, dass wir es gar nicht bemerkt haben. Doch ein ehrlicher Blick offenbart, dass wir nicht mehr die sind, die wir einmal waren. Wir sind nicht länger Vorbilder an Produktivität und Integrität.

Einige wenige von uns sind es eventuell auch nie gewesen. Vielleicht fallen Sie unter die Kategorie der verantwortungslosen und fehlgeleiteten Menschen, die meinen, sie kämen irgendwie um fleißige Arbeit herum. Solche Menschen meinen, wenn sie nur den Code knackten, könnten sie die Karriereleiter hoch fallen, ohne einen Finger zu rühren. Solche Menschen glauben, dass sie sich eine Pause verdient haben oder dass das Leben einfach sein sollte; wenn sie hart arbeiten müssen, kann etwas nicht stimmen. Dieses Denken nennt man Unreife. Die Wahrheit ist, dass das Leben schwierig ist und dass es mit Schweiß verbunden ist, seinen Lebensunterhalt zu verdienen. Unsere Arbeit ist – hoffentlich – grundsätzlich erfüllend und bedeutungsvoll, doch es wird immer auch Aspekte geben, die einfach nur unangenehm und hart sind. Es wird Tage geben, an denen machen wir unsere Arbeit, weil wir sie lieben, und andere Tage, an denen machen wir unsere Arbeit einfach nur, weil wir keine Drückeberger sind und Geld verdienen müssen. So ist das wirkliche Leben – für jeden von uns.

Versucht der Heilige Geist Ihnen gerade leise zu sagen, dass es Zeit für eine Veränderung in diesem Bereich ist? Müssen Sie aktiv werden – und zwar sofort –, um von Herzen zu arbeiten als jemand, der dem Herrn dient? Die Weisheit der Bibel besagt, dass fleißige Arbeiter von ihren Kollegen, ihren Arbeitgebern und Gott belohnt werden. Damit werden Ihnen nicht ewige Gesundheit, Reichtum und Glück versprochen, sondern es ist eine einfache und wahre Einsicht in die Art, wie das Leben funktioniert. Fleißige Arbeit ist der Weg zu einem sinnvollen, verantwortlichen und nützlichen Leben.

Körperliche Fitness und Gesundheit

Ich bin mir darüber im Klaren, dass ich mit dem dritten Bereich einige Verwirrung stiften werde, aber viel zu oft wird das wichtige Thema unserer körperlichen Gesundheit totgeschwiegen. Eine ernüchternde Passage für die Christen findet sich im 1. Korinther-Brief, Kapitel 6, Verse 19–20: »Wißt ihr denn nicht, daß euer Körper der Tempel des heiligen Geistes ist? Gott hat euch seinen Geist gegeben, der jetzt in euch wohnt. Darum gehört ihr jetzt nicht mehr euch selbst. Gott hat euch als sein Eigentum erworben. Macht ihm also Ehre durch die Art, wie ihr mit eurem Körper umgeht!« Kann man die Sache noch klarer ausdrücken?

Wie kommt es, dass wir das Thema »Körperliche Fitness und Gesundheit« so vollkommen von unserem geistlichen Leben trennen können? Nicht nur unsere Seelen, auch unsere Körper sind von Jesus teuer erkauft worden! Nicht nur unsere Seelen, sondern auch unsere Körper sind erlöst und befreit worden. Die Bibel vertritt kein Weltbild, das körperfeindlich ist und Seele und Geist überbetont. Auf eine mystische und unbeschreibliche Art und Weise lebt der Heilige Geist in uns und beruft uns damit zu der großen Verantwortung, auch mit unseren Körpern seine Anwesenheit in uns zu bezeugen.

Was bedeutet es, Gott durch die Art unseres Umgangs mit unserem Körper Ehre zu erweisen? Es bedeutet, dass wir darauf achten, wohin wir mit unserem Körper gehen, von wem wir ihn berühren lassen, wie wir ihn pflegen. Es bedeutet, unseren Körper von Gefahrenzonen fernzuhalten, ihn vor Missbrauch zu schützen und aktiv etwas für sein Wohlbefinden zu tun. Sich seine sexuelle Reinheit zu bewahren ist eine Möglichkeit, Gott mit unserem Körper zu ehren, ebenso wie das Fernhalten von Nikotin, großen Mengen Alkohol oder Koffein und allen anderen Drogen oder Substanzen, die dem Körper Schaden zufügen können.

Gott durch den Umgang mit unserem Körper zu ehren heißt auch, dass wir uns sportlich betätigen und das nicht nur drei Mal im Jahr. Allerdings sollte es uns dabei nicht darum gehen, äußerlich dem Geschmack der gesellschaftlichen Norm zu entsprechen, sondern darum, unseren Körper gesund zu erhalten und unsere Ausdauer und Energie zu vermehren. Auch gesunde Ernährung zeigt unsere Ehrerbietung gegenüber Gott. Als ich früher Motorradrennen fuhr, habe ich gelernt, dass ich nur dann gut abschneiden konnte, wenn ich das allerbeste Rennbenzin nahm, es mit größter Sorgfalt filterte und erst dann in den Tank füllte. Alles andere hätte die Leistung des Motors vermindert. Dasselbe gilt auch für unseren Körper. Er ist Gottes wunderbare Schöpfung, doch wir können nicht erwarten, dass er reibungslos funktioniert, wenn der »Treibstoff« nicht stimmt.

Was sagt der Heilige Geist Ihnen zu Ihrem Körper? Und was antworten Sie ihm? Nur wenigen Herausforderungen im Leben begegnen wir mit so vielen Ausreden wie der Verantwortung für unsere körperliche Fitness und Gesundheit. Eines Sonntags hatte ich dieses Thema in der Predigt angesprochen und beobachtete dann einen unserer Gemeindeleiter, wie er den Gang hinunterwatschelte. Ich war so besorgt um ihn, dass ich die Tränen zurückhalten musste. »Bitte tu dir nicht dasselbe an wie mein Vater!«, sagte ich später zu ihm. »Bring dich nicht um, indem du deinen Körper vernachlässigst. Im Namen deiner Familie und im Namen Gottes – bitte tu das nicht!«

Unsere Körper stecken voller gegensätzlicher Wünsche; sie sind so anfällig für Vergnügen und Schmerz und so leicht durch schnelle Triebbefriedigung zu verführen. Auf diese natürlichen Triebe und Wünsche in einer Art zu reagieren, die Gott ehrt, verlangt mehr Disziplin und Entschlossenheit als die meisten anderen Vorhaben. Es erfordert außerdem eine bewusste Unterordnung unter Gottes Ziele und Pläne für unser Leben, die beinhalten, dass unser Körper ein Tempel des Heiligen Geistes sein soll. Es ist nicht einfach, eine so schwer greifbare Sache ständig präsent zu haben; noch schwieriger ist es, die notwendigen (und sehr greifbaren) Dinge zu tun oder zu lassen, um unsere Körper rein und heilig zu halten. Doch jeder kleine Fortschritt in die richtige Richtung bringt unmittelbar positive Auswirkungen. Unser Selbstwertgefühl steigert sich, ebenso unsere körperliche und mentale Energie und unserer Beziehung zu Gott tut es auch gut. Sie können dabei nur gewinnen!

Wenn's um Geld geht …

Bislang haben wir uns mit den Themen Beziehungen, Arbeit und Gesundheit beschäftigt. Ein vierter Bereich, in dem man träge und nachlässig sein kann, ist der Umgang mit Geld; egal, ob wir viel oder wenig davon haben. Manche Menschen mit beschränkten Mitteln haben das Gefühl, dass sie ohnehin zu wenig Geld haben, um sich noch Gedanken darüber zu machen, wenn sie hier und da ein bisschen zu viel davon ausgeben. Selbst die sparsamste Planung wird ihr kleines Häuflein zu keinem Vermögen machen – warum sich also Gedanken machen?

Lassen Sie es mich so freundlich ausdrücken, wie ich kann: Sie befinden sich im Irrtum, wenn Sie so denken! Die einzige Möglichkeit, ein geringes Einkommen zu mehr zu machen, ist sparsames Haushalten und kluges Handeln.

Am anderen Ende der Skala stehen die Menschen, die im finanziellen Überfluss leben und denken, sie müssten sich keine Gedanken um den Umgang mit ihrem Geld machen, weil ohnehin genug davon da ist. Sie müssen nie wegen zu erwartender Rechnungen schwitzen oder lange warten, bis sie sich einen Wunsch erfüllen können – warum also haushalten lernen?

Was diese Menschen vergessen, ist, dass die Art, wie wir mit Geld umgehen, durchaus wichtig ist. Und zwar ist sie für Gott wichtig, der unseren Umgang mit Geld als einen Indikator für unsere persönliche Reife und unseren Gehorsam ihm gegenüber ansieht. Sie ist wichtig für unsere Kinder, die sich unser Verhalten sehr genau ansehen und daraus lernen. Sie ist wichtig für die Armen dieser Welt, deren Gesundheit und deren Leben vielleicht von unserer Großzügigkeit abhängt. Sie ist wichtig für die Gemeinde, deren gottgegebene Ziele von den Spenden ihrer Mitglieder finanziert werden. Wir können es uns nicht leisten, nachlässig zu sein, wenn es um Geld geht. Zu viel steht auf dem Spiel.

Jesus sagte zu denjenigen, die nur wenig Geld besitzen: »Wer in kleinen Dingen zuverlässig ist, wird es auch in großen sein, und wer im kleinen unzuverlässig ist, ist es auch im großen« (Lk 16,10). Können wir Nachlässigkeit akzeptieren, nur weil die Beträge klein sind? Ganz im Gegenteil. »Sei treu mit wenig«, sagt Jesus, »und eines Tages wirst du die Gelegenheit bekommen, deine Treue in großen Dingen zu beweisen.« Ich weiß nicht, ob das »groß« hier ein Anwachsen der finanziellen Mittel bedeutet oder eher ein Wachstum auf dem Gebiet der Verantwortung und des Glaubens. Wahrscheinlich sind alle drei Bereiche gemeint, aber welchen Unterschied macht das schon? Jesus ruft uns dazu auf, in Kleinigkeiten treu zu sein, und verspricht dafür eine Belohnung, die er als überaus wertvoll erachtet. Brauchen wir noch einen größeren Ansporn?

Paulus wendete sich an diejenigen, die viel Geld besitzen, als er schrieb: »Ermahne die, die im Sinne dieser Welt reich sind, nicht überheblich zu werden. Sie sollen ihr Vertrauen nicht auf etwas so Unsicheres wie den Reichtum setzen, der wieder zerrinnen kann; vielmehr sollen sie auf Gott vertrauen, der uns alles reichlich gibt, wenn wir es brauchen« (1 Tim 6,17–18). Wohlstand ist ein Geschenk von Gott, das man nicht horten oder überbewerten sollte; es verleiht uns keine Sicherheit, sondern wir sollten uns daran erfreuen, es großzügig mit anderen teilen und es als Hilfsmittel für gute Taten verwenden.

Spricht Gott Sie gerade in Sachen Geld an? Sind Sie nachlässig mit dem Wenigen umgegangen, das Sie haben? Haben Sie es sich durch die Finger rinnen lassen? Oder waren Sie gedankenlos mit Ihrem Vielen? Haben Sie es selbstsüchtig verwendet und anderen Ihre Hilfe vorenthalten? Denken Sie daran, dass Ihr Geld für Gott sehr wichtig ist, ebenso wie für Ihre Kinder, für die Armen und die Gemeinde. Antworten Sie auf die leise Stimme des Heiligen Geistes, und führen Sie Veränderungen herbei, wenn es nötig ist. Gott wird Sie dafür segnen.

Die Beziehung zu Gott

Der letzte Bereich, in dem ich Sie zum Aktivwerden herausfordern möchte, ist Ihre Beziehung zu Gott. Ich möchte in dieses Thema einleiten, indem ich einen Blick auf eine Passage im Lukas-Evangelium werfe. Ein Mann bat Jesus darum, seinen Bruder dazu aufzufordern, das Familienerbe mit ihm zu teilen. Jesus packte die Gelegenheit beim Schopfe und lehrte seine Zuhörer eine wenig populäre Lebensweisheit. »Gebt acht«, sagte er. »Hütet euch vor jeder Art von Habgier! Denn der Mensch gewinnt sein Leben nicht aus seinem Besitz, auch wenn der noch so groß ist« (Lk 12,19).

Er ging noch einen Schritt weiter in seiner Erklärung, was im Leben wichtig ist und was nicht, indem er die Geschichte eines besonders erfolgreichen Geschäftsmannes und Großbauern erzählte. Die Felder dieses Mannes warfen riesige Erträge ab und er hatte ein gutes Händchen bei Vertragsabschlüssen mit den Wiederverkäufern. Seine Arbeit machte ihm Spaß und beflügelte ihn, und alles, was er anfasste, schien zu Gold zu werden. Es kann durchaus sein, dass er unterwegs immer wieder leise Anstöße vom Heiligen Geist bekam, sein geistliches Leben nicht zu vernachlässigen, doch allem Anschein nach schien ihm der Abschluss immer größerer und lukrativerer Geschäfte eine sinnvollere Beschäftigung zu sein als die Suche nach Gott.

Die Umsätze des Mannes stiegen immer weiter schwindelerregend in die Höhe. Seine Geschäfte liefen besser, als er es sich in seinen kühnsten Träumen vorgestellt hatte. Schließlich musste er seine Scheunen niederreißen und größere bauen lassen, um all seinen Überfluss unterbringen zu können. Mit stolzgeschwellter Brust sagte er zu sich selbst: »Jetzt habe ich erst mal ausgesorgt. Ich kann mich zurücklehnen, das Leben genießen und fröhlich sein« (Lk 12,19).

Zu dumm, dass der Mann das nicht mehr in die Praxis umsetzen konnte. Denn Gott sagte zu ihm: »Du Narr, noch in dieser Nacht werde ich dein Leben von dir zurückfordern!« Was nützten dem Mann jetzt noch seine Scheunen voller Korn und seine Reichtümer? Was brachten ihm seine glänzenden Geschäftsabschlüsse? Er hatte seine Zeit und seine Energie in das Anhäufen von Besitztümern investiert, doch das, was wirklich zählte, hatte er links liegen lassen, und nun stand er mit leeren Händen vor Gott. Jesus schloss die Geschichte des Mannes mit den etwas rätselhaften Worten: »So steht es mit allen, die für sich selber Besitz aufhäufen, aber bei Gott nichts besitzen.« (In der Elberfelder Übersetzung heißt es: »… aber nicht reich sind im Blick auf Gott«.)

Mir gefällt dieser Ausdruck. Was bedeutet es, »reich zu sein« bei Gott, also im Sinne Gottes? Ich denke, es heißt, dass wir Gott das geben, was er sich am meisten wünscht, nämlich eine Beziehung zu uns. Manche Menschen investieren sich hingebungsvoll und gern in Menschen, Aktivitäten und Beschäftigungen. Wir opfern unsere Zeit, Energie, Kreativität und Aufmerksamkeit für unsere Ausbildung, unsere Arbeit, unsere Freunde, unsere Familie und unsere Hobbys. Aber oftmals vergessen wir dabei Gott. Wir denken zu selten darüber nach, was es heißt, in seinen Augen wirklich reich zu sein.

An anderer Stelle fragt Jesus seine Jünger: »Was hat ein Mensch davon, wenn er die ganze Welt gewinnt, aber zuletzt sein Leben verliert? Womit will er es dann zurückkaufen?« (Mk 8,36–37). Der reiche Mann musste feststellen, dass er seine Besitztümer nicht gegen seine Seele eintauschen konnte. Was ist mit Ihnen? Haben Sie all Ihre Zeit und Energie darauf verwendet, größere »Scheunen« zu bauen, während Ihre Beziehung zu Gott immer mehr verflachte? Begehen Sie nicht denselben Fehler wie der reiche Mann im Gleichnis. Ergreifen Sie die Initiative, und beginnen Sie, reich im Sinne Gottes zu werden. Ob Sie am Anfang Ihrer geistlichen Reise stehen oder gerade an einer Straßenecke unterwegs innegehalten haben – entschließen Sie sich jetzt, den nächsten notwendigen Schritt zu tun. Brauchen Sie mehr Disziplin in Ihrem Gebetsleben, in der Gemeinschaft mit anderen Christen und im Gottesdienstbesuch? Machen Sie den nächsten Schritt! Verpflichten Sie sich dazu, aktiv zu werden. Sie werden eine Belohnung erhalten, die die Ewigkeit überdauert!

Gott ergreift die Initiative

Der Archetyp einer Person, die die Initiative ergreift, ist Gott selbst. Er hat den Himmel und die Erde erschaffen und alles in Bewegung gesetzt. Er hat die Meere und den Himmel mit Fischen und Vögeln erfüllt und die Berge, Täler und Ebenen mit Lebewesen aller Art bevölkert. Dann erweckte er voller Liebe die Menschheit zum Leben und berief Mann und Frau dazu, den Lebewesen Namen zu geben, den Garten zu pflegen, in dem sie lebten, und miteinander liebevolle Gemeinschaft zu haben.

Doch dann musste er beobachten, wie die Menschen ihm nicht gehorchten, sich selbst entehrten und sich gegenseitig mit Hass, Lügen und Mord zerstörten. Er sah mit an, wie seine Schöpfung tiefer und tiefer in die Abwärtsspirale der Sünde geriet. Wie hat er wohl dabei empfunden? Ich bin fest davon überzeugt, dass es ihm sehr weh tat, als die Menschen, die er nach seinem Bild geschaffen hatte, sich von ihm entfernten und die Liebesfäden zerrissen, die Geschöpf und Schöpfer miteinander verbanden. Als das geschah, hätte er die Augen vor dem »traurigen Haufen« verschließen können, der aus seiner Schöpfung geworden war, und die Beziehung zu uns abbrechen können.

Doch stattdessen machte er aus Liebe einen Plan. Er bot eine Lösungsmöglichkeit an. Er ergriff die Initiative, um die Kluft zwischen sich selbst und seiner weggedrifteten Schöpfung zu überbrücken. »Gott liebte die Menschen so sehr« – und so sehr wollte er die Wiedervereinigung mit ihnen –, »daß er seinen einzigen Sohn hergab. Nun wird jeder, der sein Vertrauen auf den Sohn Gottes setzt, nicht zugrunde gehen, sondern ewig leben« (Joh 3,16).

Gott hätte tatenlos zusehen können, wie die Welt zur Hölle fuhr. Doch die Liebe verlangte, dass er die Initiative ergriff, um sie zu retten. Und so schickte er seinen Sohn als Opfer für Ihre und meine Fehler, und indem er das tat, machte er die Vergebung für uns greifbar. Wir müssen nur demütig genug sein, sie anzunehmen.

Ist das der nächste Schritt, den Gott Ihnen jetzt nahe legt? Oder hat er Sie an einer anderen Stelle in diesem Kapitel angesprochen? Was immer es ist, warten Sie nicht und schieben Sie es nicht vor sich her. Entscheiden Sie sich jetzt gleich. Werden Sie aktiv!

Kapitel 3

Gutes tun

Vielleicht habe ich einen neuen Rekord aufgestellt, als ich vor einer Weile einmal 18 Stunden brauchte, um in einem Flugzeug von Chicago nach Los Angeles zu reisen. Obwohl ich mich nur allzu gut an alles erinnere, was an diesem Tag schiefgelaufen ist, möchte ich Ihnen die Details ersparen. Es mag genügen zu sagen, dass ich nach zwei verschobenen Flügen und sechs Stunden im Gang von vollgestopften Fliegern nicht gerade hoch erfreut war zu hören, dass der letzte Flug dieses Horrortrips einfach gestrichen worden war. Ich war auch nicht besonders erpicht darauf, in einer Schlange von 200 Leuten anzustehen, die genauso ungeduldig wie ich darauf warteten, dass das ganze Chaos irgendwie zu einem Ende kommen würde. Das bedeutete einen verzweifelten Spurt vom einen Ende des Flughafens von Portland zum anderen, um noch einen Sitz auf einem anderen völlig überbuchten Flieger zu ergattern, der die letzte mögliche Verbindung nach Kalifornien war. Sollten Sie sich jetzt fragen, wie ich auf dem Weg von Chicago nach L.A. in Portland gelandet war … das ist eine ganz andere Geschichte.

Irgendwie schaffte ich es schließlich doch noch in meine Maschine und ließ mich erschöpft auf meinen Sitz sinken. Meine Tasche musste ich auf dem Schoß halten, weil es nirgendwo auch nur das kleinste Plätzchen mehr gab, wo ich sie hätte verstauen können. Ich wollte nur eins: sündigen! Mein Gehirn quoll über vor bösen Worten und ich wollte sie aussprechen. Mit übermenschlicher Anstrengung zwang ich sie zurück in meinen Hals und sagte mir leise Sprichwörter, Kapitel 17, Vers 28 vor: »Sogar ein Dummkopf kann für klug und verständig gehalten werden – wenn er nur den Mund halten könnte!« Ich weiß, dass in diesem Moment wenig Göttliches an mir gewesen ist, doch wenn ich die Klappe hielt, konnte ich wenigstens den Anschein wahren, weise zu sein.

Wir wollten gerade in Richtung Startbahn losrollen, als eine Frau durch die Tür stürmte und den Gang hinunter zu stolpern begann. Sie schleppte ein Sammelsurium von Taschen mit sich, die ihr ständig herunterfielen, aber das war noch das Geringste ihrer Probleme.

Was ihre Situation wirklich erschwerte, war die Tatsache, dass eines ihrer Augen dick verbunden und sie scheinbar nicht in der Lage war, ihre Sitznummer mit dem anderen ausfindig zu machen. Weit und breit war kein Flugbegleiter zu sehen; wahrscheinlich saßen sie irgendwo in ihrem Raum und spielten Karten (zu diesem Zeitpunkt war ich soweit, das Schlechteste von allen Menschen anzunehmen).

Ich saß also da und bemitleidete mich selbst, als Gott mich plötzlich an ein Sprichwort erinnerte, das ich ein paar Wochen zuvor gelesen hatte. Das Beunruhigende an manchen dieser Verse ist, dass sie einem nicht mehr aus dem Kopf gehen, wenn man sie einmal verinnerlicht hat; sie kommen immer wieder zurück und quälen einen. So wie jetzt, wo ich nichts lieber wollte, als in Selbstmitleid und Hass auf die Menschheit zu zerfließen. Ich hatte plötzlich den Eindruck, Gott flüsterte mir ins Ohr. »Wer zu anderen gütig ist, tut sich selber wohl; der Grausame tut sich selber weh« (11,17).

Und weiter redete die leise Stimme: »Ja, ja, Bill, ich weiß, dass das nicht gerade ein toller Tag für dich war. Du hast Flüge verpasst und gewartet und angestanden und all diese Dinge, die du so hasst. Du fühlst dich müde und frustriert, aber jetzt hast du die Chance, die ganze Sache herumzureißen. Steh auf und hilf dieser verzweifelten Frau. Ich werde dich nicht dazu zwingen, aber ich denke, du wärst sehr positiv überrascht, wenn du es tust.«

Ein Teil von mir sagte: »Das glaube ich kaum; meine Stimmung ist endgültig im Eimer.« Und er sagte es laut! Doch ein anderer Teil meines Ichs erklärte: »Vielleicht hat es gar nichts mit meiner Stimmung zu tun. Vielleicht sollte ich es einfach machen.« Also stand ich auf, ging zu der Frau hin und fragte, ob ich ihr helfen könne. Sie schien überrascht und erfreut, während sie ihre Karte hervorholte, doch als ich vorlas: »23B«, wurde mir klar, dass sie nicht genug Englisch verstand, um meine Worte auf eine Sitznummer zu übertragen. Ich sammelte also ein paar ihrer Taschen auf und bedeutete ihr, mir zu folgen. Bei ihrem Sitz angekommen, half ich ihr, ihre Sachen unterzubringen, den Mantel auszuziehen und sich anzuschnallen. Dann kehrte ich zu meinem Platz zurück.

Darf ich jetzt ein bisschen mystisch werden? Als ich wieder in meinem Sitz saß, durchströmte mich eine wunderbare Wärme, und ich fühlte mich wohl. Die Frustration und der Ärger, die den größten Teil meines Tages bestimmt hatten, begannen zu schwinden. Es kam mir vor, als sei meine wunde, staubige Seele soeben von einem warmen Sommerregen sanft sauber gewaschen worden. Zum ersten Mal seit beinahe 18 Stunden fühlte ich mich wirklich gut.

Was in der Bibelstelle aus Sprichwörter, Kapitel 11, Vers 17 steht, ist wahr. Unsere Seelen erhalten Nahrung, wenn wir Anderen gegenüber freundlich sind. Das ist natürlich nicht der Hauptgrund, warum wir Gutes tun, aber es ist ein unleugbarer Vorteil. Grundsätzlich kann man sagen, dass wir uns gut fühlen, wenn wir Gutes tun. Das bedeutet nicht, dass wir uns auf unsere guten Taten etwas einbilden sollten, sondern es heißt einfach, dass wir uns ganz leise und ruhig – und demütig – bewusst machen, dass wir soeben anderen Menschen Gottes Liebe zeigen durften.

Selbst Kinder erleben das schon so. Ich erinnere mich an einen Winter, als unsere Kinder noch klein waren und wir einen schweren Schneesturm hatten. Wir hatten am nächsten Morgen gerade unsere Auffahrt geschippt, als ich bemerkte, dass die Auffahrt unserer Nachbarn – die gerade eine schwierige Zeit durchlebten – noch hoch mit Schnee bedeckt war. Als wir also bei uns fertig waren, schleppte ich die Kinder mit ihren Minischaufeln hinüber zu den Nachbarn, und wir schippten ihre Auffahrt frei. Zuerst beklagten sich die Kinder, weil sie ihre Lieblingsfernsehsendung verpassten, aber bald fingen sie Feuer für ihre Tätigkeit und schaufelten voller Begeisterung. Als ich sie abends ins Bett brachte, sagten sie mir einzeln noch einmal, wie gut es sich angefühlt hatte, jemand anderem zu helfen.

Dasselbe entdecken viele Gemeindemitglieder in *Willow Creek* bei einem Wochenende, das wir *Urban Plunge* nennen (etwa: »Kopfsprung in die Stadt«). Am Samstag früh treffen sich die Freiwilligen auf dem Parkplatz von *Willow Creek*, steigen in Kleinbusse und fahren in die Innenstadt von Chicago, um einige unserer Schwestergemeinden dort bei sozialen Projekten zu unterstützen. Oft, wenn ich Samstag nachmittags an der Kirche ankomme, um den Abendgottesdienst vorzubereiten, treffe ich die Rückkehrer auf dem Parkplatz an. Normalerweise stehen sie in kleinen Grüppchen zusammen und sagen Dinge wie: »Mann, ich habe noch nie im Leben so hart gearbeitet … und ich habe mich noch nie so gut gefühlt!«

Warum fühlen wir uns gut, wenn wir Gutes tun? Der Hauptgrund dafür ist, dass wir nach dem Bild Gottes geschaffen wurden, der sozusagen von Natur aus gut ist. Das bedeutet, dass er – und damit auch wir – eine unendliche Kapazität für gute Taten hat. Und somit freuen auch wir uns ganz natürlicherweise daran, Gutes zu tun. Vor meinem inneren Auge sehe ich jedes Mal, wenn ich dieses Potenzial auslebe, dass Gott lächelt und sagt: »Ah, genau das habe ich gehofft!« Und dieses Lächeln und diese Worte spüren wir gewöhnlich in Form eines Gefühls der Bestätigung.

»Wir selbst sind ganz und gar Gottes Werk«, schreibt Paulus in seinem Brief an die Epheser, Kapitel 2, Vers 10. »Durch Jesus Christus hat er uns so geschaffen, daß wir nur Gutes tun können. Er hat sogar die guten Taten schon geschaffen, die wir nun auch tun sollten.« Kann man es noch deutlicher ausdrücken? Wir sind dazu geschaffen, gute Taten zu tun. Wenn wir Gutes tun, erfüllen wir unsere ureigenste Aufgabe. Wir ergreifen unsere Bestimmung als menschliche Wesen. Obwohl gute Taten manchmal einen großen Aufwand an Zeit, Geld und Energie bedeuten, können wir oft auch Gutes tun, indem wir einfach freundlich sind, etwas Aufbauendes sagen oder eine Umarmung verschenken. Doch egal, wie einfach oder dramatisch unsere guten Taten auch sind; der Punkt ist, dass sie für uns, die wir nach dem Bild Gottes geschaffen sind, zu einem Lebensstil werden sollten. Dann werden wir nicht nur anderen helfen, sondern auch unserer Seele reichliche Nahrung zukommen lassen.

Wer es verdient …

Wahrscheinlich könnte ich dieses Kapitel hier beenden und sagen: »Also dann, legen Sie los! Entdecken Sie Ihre Bestimmung, Gutes zu tun! Erwidern Sie diesen Ruf mit einem Überfluss an guten Taten! Leben Sie im Sinne Gottes, indem Sie andere unterstützen und aufbauen! Tun Sie's einfach!« Aber ich glaube, dass das unverantwortlich wäre. Gutes tun? Ja, sicher. Aber wie? Wann? Wo? Wem? Wie oft? Sind wir dazu berufen, jedem jederzeit Gutes zu tun? Und was sagt die Bibel dazu?

Die Wahrheit ist, dass im Sinne Gottes zu leben weit mehr bedeutet, als wahllos gute Taten zu vollbringen. Da wir auch »nur« Menschen sind, haben wir begrenzte Vorräte an Zeit und Energie; wir können nicht jedem Bedürfnis im Universum nachkommen. »Tu jede Menge Gutes!« mag eine nette Idee und ein griffiger Spruch für Kaffeetassen und Autoaufkleber sein, doch im wahren Leben sollten wir dem Ganzen vielleicht ein paar Gedanken und eine gute Strategie widmen.

Die Bibel hilft uns dabei, indem sie uns ein paar notwendige Qualifikationsmerkmale an die Hand gibt. Das erste davon finden wir in Sprichwörter, Kapitel 3, Vers 27: »Wenn ein Mensch Hilfe braucht und du ihm helfen kannst, dann weigere dich nicht, es zu tun.« In der Luther-Übersetzung heißt es an dieser Stelle: »Enthalte Gutes dem nicht vor, dem es gebührt.« Das impliziert natürlich die

Möglichkeit, dass es auch Menschen gibt, denen unsere Hilfe nicht zusteht.

Ein Beispiel für eine Gruppe von Leuten, die die Hilfe, auf die sie hofften, eindeutig nicht verdienten, steht im 2. Brief von Paulus an die Thessalonicher. Im ersten Jahrhundert hatte eine Gruppe von Christen in dieser Stadt eine Armenküche aufgebaut, um denen zu helfen, die nicht selbst für ihren Lebensunterhalt aufkommen konnten. Doch einige gesunde, durchaus arbeitsfähige Menschen betrachteten diese Armenküche als Freikarte zu einem gemütlichen Leben. Also hörten sie auf zu arbeiten und nutzten die Hilfsbereitschaft der verantwortungsbewussten, hart arbeitenden, leidenschaftlichen Christen aus, die die Armenküche betrieben. In diese Situation hinein schrieb Paulus:

> »Brüder und Schwestern! Wir befehlen euch im Namen unseres Herrn Jesus Christus: Meidet den Umgang mit allen in der Gemeinde, die ihre täglichen Pflichten vernachlässigen und den Anweisungen nicht folgen, die sie von uns erhalten haben. Ihr wißt selbst, wie ich bei euch gelebt habe. Das muß euch ein Vorbild sein. Ich habe mich nicht vor der Arbeit gedrückt und bei niemand umsonst mitgegessen. Ich habe keine Mühe gescheut und habe Tag und Nacht für meinen Lebensunterhalt gearbeitet, um keinem von euch zur Last zu fallen. Dabei hätte ich sehr wohl das Recht gehabt, Unterstützung von euch zu verlangen. Aber ich wollte euch ein Beispiel geben, dem ihr nachleben sollt. Ich habe es ja ausdrücklich gesagt, als ich bei euch war: Wer nicht arbeiten will, soll auch nicht essen.
> Nun höre ich, daß es einige unter euch gibt, die ein ungeregeltes Leben führen. Sie arbeiten nicht, sondern treiben sich unnütz herum. Ich ermahne sie im Namen des Herrn Jesus Christus mit allem Nachdruck, daß sie einer geregelten Arbeit nachgehen und ihren Lebensunterhalt selbst verdienen.
> Brüder und Schwestern, werdet nicht müde, das Gute zu tun! Wenn jemand meinen Anweisungen in diesem Brief nicht folgen will, so merkt ihn euch und geht ihm aus dem Weg, damit er sich schämt. Behandelt ihn aber nicht wie einen Feind, sondern ermahnt ihn als Bruder oder Schwester« (2 Thess 3,6–15).

Ich würde solche Bibelstellen gern Leuten vorlesen, die immer sagen, die Bibel sei »so verwirrend«. Gibt es einen Zweifel daran, was Paulus mit diesen Sätzen ausdrücken wollte? Gibt es irgendwelche zweideutigen Aussagen über Leute, die eigentlich einer Arbeit nachgehen sollten und stattdessen nur herumhängen und die Gutmütigkeit anderer ausnutzen?

Sprichwörter, Kapitel 3, Vers 27, der Vers, mit dem wir diesen Abschnitt eingeleitet haben, macht klar, dass manche Menschen wirklich auf unsere Hilfe angewiesen und wir somit aufgerufen sind, ihnen zu helfen. Daran besteht kein Zweifel. Doch die Bibel lehrt uns ebenso klar, dass die, die ihre Vorteile aus unseren guten Taten ziehen wollen, diese nicht verdienen. Gott macht deutlich, dass wir unsere begrenzten Reserven nicht an Menschen verschwenden sollen, die die Verantwortung für ihr eigenes Leben nicht übernehmen wollen. Laut Paulus sollten wir diese Leute »als Brüder und Schwestern ermahnen«, damit sie sich schämen.

Helfen Sie wirklich?

In Sprichwörter, Kapitel 16, Vers 26 erhalten wir eine zweite Richtlinie bezüglich unserer guten Taten: »Der Hunger eines Arbeiters arbeitet für ihn; ein leerer Magen spornt ihn an.« Mit anderen Worten: Hunger oder andere Arten von persönlichen Bedürfnissen oder Wünschen können gut für uns sein, weil sie uns dazu motivieren, regelmäßig zu arbeiten und für uns selbst zu sorgen. Daraus folgt, dass Hilfsaktionen dann fehlgeleitet sind, wenn sie den Drang des Hilfsbedürftigen, für sich selbst aufzukommen, vermindern oder ganz überflüssig machen. Eine solche »Hilfe« untergräbt die Entwicklung eines Menschen als verantwortliches Wesen und führt vielleicht sogar in eine ungesunde Abhängigkeit von anderen.

Dieses Thema ist schon seit Jahren ein heißer Diskussionspunkt und betrifft besonders Hilfsorganisationen und Spendenaktionen. Als Vorstandsmitglied einer internationalen Hilfsorganisation haben mich diese Debatten immer wieder direkt betroffen. Die Organisation, bei der ich mitarbeite, dient ausschließlich solchen Menschen, die wirklich Hilfe brauchen; zum Beispiel stellt sie jährlich Hunderte von Flugzeugladungen voller Hilfsgüter für die verschiedensten Krisengebiete der Welt zusammen.

Doch was sollen wir tun, wenn beispielsweise die Bauern in einem solchen Gebiet beschließen, lieber auf den nächsten Hilfstransport zu warten, als mühsam ihre Felder zu bestellen? Wir können es uns nicht leisten, hier Fehler zu machen. Wenn notwendige Dienste die Grenze zu ungesunden Abhängigkeiten überschreiten, können gut gemeinte Hilfstransporte im schlimmsten Fall die gesamte Wirtschaft einer Region zum Erliegen bringen. In einem solchen Fall braucht es ein klares soziologisches und ökonomisches Verständnis sowie eine gute geistliche Unterscheidungsfähigkeit, um Wege zu finden, wie man Gutes tun kann, ohne Abhängigkeiten zu fördern.

Weniger komplex, aber genauso schädlich sind die Abhängigkeiten, die zwischen Eltern und Kindern entstehen können. Wenn Eltern allzu großzügig für die materiellen Wünsche ihrer Kinder aufkommen und damit mehr als nur ihre grundsätzlichen Bedürfnisse ständig stillen, geben sie ihnen keinen Anlass, selbst für die Befriedigung dieser Wünsche zu arbeiten.

Wohlmeinende Eltern, die ihren Kindern riesige Erbschaften hinterlassen, tun dies, weil sie glauben, dass sie ihre Nachkommen dadurch dazu freisetzen, gute Entscheidungen zu treffen und lohnende Ziele zu verfolgen. Manchmal passiert das auch. Doch viel zu oft scheinen diese guten Absichten den Kindern mehr Schaden zuzufügen, als Gutes zu tun; junge Menschen, die nie gezwungen waren, die Lektionen harter Arbeit zu lernen, tendieren dazu, in einen maßlosen Lebensstil abzudriften und ihre Begabungen und Möglichkeiten zu verschwenden.

Es ist ein durchaus ehrenhaftes Ziel, wenn Eltern ihre Kinder finanziell unterstützen wollen; ich freue mich schon darauf, meinen Kindern finanziell bei ihrer Ausbildung, ihrem Berufseinstieg und der beginnenden Unabhängigkeit zu helfen. Doch niemals darf eine solche Unterstützung so weit gehen, dass sie die Selbstverantwortung der Kinder überflüssig macht.

Auch ich wollte, dass meine Kinder schon früh lernten, wie es sich anfühlt, hart zu arbeiten, den Ansprüchen eines Arbeitgebers zu entsprechen, sein eigenes Geld zu verdienen, sich seine materiellen Wünsche selbst zu erfüllen und ein gewisses Gefühl der Unabhängigkeit zu genießen. Ich glaube, dass diese Erfahrung meinen Kindern geholfen hat, verantwortlich durchs Leben zu gehen und klug mit Geld umzugehen.

Ein Tauschgeschäft?

Die dritte Richtlinie für gute Taten kommt von Jesus selbst: »Dann wandte sich Jesus an den Gastgeber: ›Wenn du ein Essen gibst, am Mittag oder am Abend, dann lade nicht deine Freunde ein, deine Brüder und Verwandten oder die reichen Nachbarn. Sie laden dich dann nur wieder ein, und du hast deinen Lohn gehabt. Nein, wenn du ein Essen gibst, dann lade Arme, Verkrüppelte, Gelähmte und Blinde ein! Dann darfst du dich freuen, weil sie es dir nicht vergelten können; denn Gott selbst wird es dir vergelten, wenn er die vom Tod erweckt, die getan haben, was ihm gefällt‹« (Lk 14,12–14).

Jesus spricht hier von selbstsüchtigen, risikofreien guten Taten, die man hauptsächlich in der Hoffnung tut, im Gegenzug auch etwas zu bekommen. Er wusste nur zu gut, wie leicht wir uns selbst in Bezug auf die Gründe für unser Handeln belügen können. Er wusste, wie schnell wir uns selbst für unsere guten Taten auf die Schulter klopfen, obwohl wir eigentlich nur an einem Tauschgeschäft teilgenommen haben, dass nach dem Motto »Tust du mir einen Gefallen, tu ich dir auch einen« abläuft, das wenig bis nichts mit wirklicher Güte zu tun hat.

Genau das passiert ständig in unserer Umgebung. Menschen mit wunderschönen Häusern laden andere wichtige Menschen zu edlen Diners ein und gehen dabei davon aus, dass die Einladung erwidert wird. Das wird sie normalerweise auch und das Tauschgeschäft ist perfekt. Natürlich ist grundsätzlich nichts an Dinnerpartys auszusetzen – so lange man sie nicht mit guten Taten verwechselt.

In der Nähe der *Willow Creek*-Gemeinde befindet sich ein Wohnheim für geistig Behinderte. Den Worten Jesu zufolge würde ein echter »Wohltäter« einige Bewohner dieses Heims zu einem schönen Abendessen bei sich zu Hause einladen. Oder er würde Leute aus einem Altenheim abholen, zu einer Gemeindeveranstaltung fahren und danach noch zu einem kleinen Imbiss ausführen. Eine andere Idee wäre, eine Party oder einen Ausflug für eine Gruppe von behinderten Kindern zu organisieren. Stellen Sie sich eine Einladung vor, die Ihrer Seele Nahrung gibt und gleichzeitig die Herzen und Körper von Kindern verwöhnt, die allzu oft von unserer Gesellschaft vernachlässigt werden. Viele Kirchen und Gemeinden haben bereits Programme, in die sich Einzelpersonen oder Familien einbringen können, die Gastfreundschaft, Gespräche oder einfach Freundlichkeit an Menschen verschenken wollen, die sich wahrscheinlich nie revanchieren können.

Wir Amerikaner leben in einer sozial orientierten Gesellschaft. Ob wir Senioren, Mittvierziger, junge Erwachsene oder Kinder sind – viele von uns sind in einer verwirrenden Vielfalt von sozialen Ereignissen engagiert. Wir nehmen an Gemeindeveranstaltungen, Partys und Konzerten teil. Wir treffen uns mit Freunden zum Essen. Wir verbringen Stunden damit, zusammen ins Kino zu gehen und Sportveranstaltungen zu besuchen. Warum wandeln wir nicht ein paar dieser Stunden und Möglichkeiten in Grundlagen für etwas um, das Jesus als Feste wahrer Güte bezeichnen würde? Alles, was wir dazu tun müssten, wäre, einige Leute von »draußen« einzuladen, die nicht zu unserem üblichen Freundeskreis gehören, die normalerweise nicht eingeladen werden, die von der Sorte sind, die Jesus wahrscheinlich willkommen heißen würde …

Die schwierigen Fragen

In der Bibel wird uns an vielen Stellen klargemacht, dass wir uns Gedanken über unsere guten Taten machen sollten, damit wir sie nicht an Leute verschwenden, die sie gar nicht wirklich nötig haben, ungesunde Abhängigkeiten schaffen oder an einer Art unnützem Nettigkeiten-Austausch teilnehmen, der nichts mit echter Güte zu tun hat. Zusätzlich zu diesen biblischen Auswahlkriterien sollten wir unsere Unterscheidungsfähigkeit trainieren, das heißt, untersuchen, welche Motive und Ziele hinter einer Hilfsaktion stehen.

Ich unterstütze von ganzem Herzen die Arbeit von Organisationen, die versuchen, die Ressourcen der privilegierten Minderheit mit den vielen Bedürftigen zu verknüpfen, die in den Slums und Krisengebieten dieser Welt ums Überleben kämpfen. Der entsprechende Arbeitszweig von *Willow Creek*, der *Extension Ministries* heißt, hat im Laufe der letzten Jahre Abertausende von Dollars und Stunden in verschiedene Partnerschaftsprojekte mit Hilfsorganisationen wie *World Vision* oder *Habitat for Humanity* investiert. Wir haben Geld und Freiwillige in die Innenstadt von Chicago, nach Mexiko, in die Dominikanische Republik und in andere Länder geschickt. Solche Einsätze geben hilfsbereiten Menschen die Möglichkeit, auf eine Weise Gutes zu tun, die sie allein nicht vollbringen könnten. Ich glaube, dass sich sowohl Einzelpersonen als auch Gemeinden in diesem Bereich so weit einbringen sollten, wie es nur eben möglich ist.

Doch wir müssen Unterschiede machen. Wir sind dazu verpflichtet, jeder Gruppe oder Organisation unbequeme Fragen zu stellen, bevor wir ihr unsere Zeit oder unser Geld zur Verfügung stellen: Tut diese Organisation genau das, was sie zu tun behauptet? Gute Absichten und noble Ziele sind nicht genug. Geht die Organisation verantwortlich mit Spenden um? Gibt es glaubwürdige Berichte über ihre Aktivitäten? Stehen ihre Ausgaben im richtigen Verhältnis zum Aufwand?

Zusätzlich zu diesen Recherchen sollten wir das tun, was ich als den »Heiliger-Geist-Test« bezeichne. Wenn wir eine bestimmte Organisation oder einen Einsatz im Gebet vor Gott bringen, haben wir dann das deutliche Gefühl, dass Gott sowohl den Dienst als auch unsere Rolle darin unterstützt? Haben wir den Eindruck, dass uns Gott etwa Folgendes deutlich macht: »Halte nichts zurück! Segne, diene, bete, spende, investiere so viel Zeit und Energie, wie du kannst. Lass meine Güte fließen wie einen gewaltigen Strom!«

Doch wenn wir einen Widerstand spüren, sollten wir nicht einfach blauäugig weiter machen. Unsere Reserven an Zeit, Geld und Kraft sind begrenzt; wir dürfen sie nicht an sinnlose Einsätze verschwenden.

Bringen Sie sich 100%ig ein!

Fühlen Sie sich durch all diese Vorsichtsmaßnahmen entmutigt? Würden Sie schon lieber nichts Gutes tun, statt etwas falsch zu machen? Dann lesen Sie doch noch einmal Sprichwörter, Kapitel 3, Vers 27: »Wenn ein Mitmensch Hilfe braucht und du ihm helfen kannst, dann weigere dich nicht, es zu tun.« Auf den letzten Seiten habe ich diesen Vers auf den Kopf gestellt, um Fehlentwicklungen vorzubeugen. Doch der wichtigste Teil des Verses sind immer noch die letzten Worte: »... dann weigere dich nicht, es zu tun.« Mit anderen Worten: »Mach keinen Rückzieher, wende dich nicht ab, wenn sich dir eine Gelegenheit bietet, Gutes zu tun.« Wenn es den »Heiliger-Geist-Test« besteht und wir in der Lage sind, es zu tun, dann sollten wir es auch tun!

Wie ich schon sagte, sind wir nach dem Bild eines Gottes gemacht, der sehr großzügig mit guten Taten ist, eines Gottes, der sich am Erlösen, Erneuern, Erfrischen, Wiederaufbauen und Neubeleben erfreut. Wir sollten uns jeden Tag daran erinnern und uns ins Gedächtnis rufen, dass Gott uns zu genau derselben Einstellung berufen hat. Stellen Sie sich vor, wie sich unsere Welt verändern würde, wenn die etwa 2 Milliarden Menschen, die sich als Christen bezeichnen, all die guten Taten vollbringen würden, die sie zu leisten in der Lage wären. Stellen Sie sich vor, was passieren würde, wenn sie alle Gott gestatten würden, dass er durch sie seine Arbeit tut – andere zu lieben, sie aufzurichten und zu heilen. Gehen Sie noch einen Schritt weiter, und stellen Sie sich vor, in einer Welt zu leben, in der alle Menschen so handeln.

Warum ist das nicht so? Weil die Welt voller Menschen wie Sie und ich ist, die den Aufruf zur Güte nicht in ihr Herz, ihre Seele, ihren Mund, ihre Gedanken, Hände und Füße vordringen lassen.

Jedes Mal, wenn ich eine gute Tat nicht tue, die ich durchaus hätte leisten können, lasse ich mir eine wichtige Gelegenheit entgehen, anderen Menschen die Liebe Gottes zu erweisen. Ich werde nie mehr die Gelegenheit haben, der Frau im Flugzeug zu helfen, die ich am Anfang des Kapitels beschrieben habe. Was, wenn ich nicht gerade in dieser Woche eine Predigt über die Sprichwörter vorbereitet hätte? Was, wenn ich nicht just in diesem Moment daran erinnert worden wäre, dass meine eigene Seele Nahrung erhält, wenn ich anderen helfe? Was, wenn ich nicht einen Moment lang meinen Egoismus vergessen und mich von Gottes Wort herausfordern lassen hätte? Ich kenne die Antworten darauf nicht. Vielleicht hätte ein anderer der Frau geholfen; vielleicht aber auch nicht.

Vielleicht sind auch ein Großteil der unbefriedigten Bedürfnisse, die so viel Traurigkeit, Schmerzen, Einsamkeit und Verzweiflung in den Leben von Menschen verursachen, einfach die Kehrseite nicht vollbrachter guter Taten. Obwohl wir die ernsthafte Absicht haben, auf wahrgenommene Bedürfnisse zu reagieren, fehlen uns oft das Wissen, die Fähigkeit, die Gelegenheit, die Zeit, die Begabung, die Mittel oder die Energie, etwas zu tun.

Wenn das auf etwas zutrifft, das Sie gerade tun wollen, aber nicht können, sagt uns die Bibel, dass wir uns nicht selbst verdammen oder verzweifeln sollen, weil wir in einer Welt, deren Bewohner zahllose Bedürfnisse haben, versagen. In solchen Momenten sollten wir uns sagen: »Es liegt nicht in meiner Kraft, das zu tun.« Und dann müssen wir darauf vertrauen, dass Gott sich dieser bestimmten Sache annehmen wird, denn seine Zeit, Kraft, Energie etc. sind grenzenlos.

Ich erwähne das, weil ich viele sensible, gutherzige Menschen kenne, die mit einer dunklen Wolke über ihrem Kopf leben, weil das, was sie tun, nie genug zu sein scheint. Obwohl ihre Herzen mit der Güte Gottes gefüllt sind und sie vor guten Taten überströmen, können sie nie das bestätigende Lächeln Gottes fühlen oder erleben, wie ihre eigene Seele Nahrung erhält, weil sie sich 30 Sekunden nach der letzten guten Tat schon wieder dafür hassen, dass sie nicht mehr getan haben. Sie sind nicht in der Lage, sich auch nur einen Moment von den wahrgenommenen Bedürfnissen um sie her frei zu machen, und sind in einer Abwärtsspirale der Verzweiflung gefangen, dass sie die Fähigkeit verloren haben, sich am Leben zu freuen. Sie sind sich der Dunkelheit unseres Planeten so bewusst, dass sie die vielen Lichtstrahlen der Schönheit Gottes nicht mehr wahrnehmen. Sie sind den Schmerzen und Verlusten der Menschheit gegenüber so empfindsam, dass sie vergessen haben, warum und wie man feiert. Tagein, tagaus leben sie unter einer grauen, bleiernen »Es ist niemals genug«-Wolke.

Zu diesen Menschen sagen die Verfasser der Sprichwörter zusammengefasst etwa Folgendes: »Dein Gott ist ein großer Gott mit grenzenlosen Möglichkeiten. Die Familie Gottes ist eine Großfamilie mit vielen Mitgliedern, die die Verantwortung unter sich aufteilen. Du musst lernen, die Aufgaben wahrzunehmen, die speziell für dich sind, und die loszulassen, die es nicht sind. Wenn es in deiner Macht steht zu helfen, dann tu es. Wenn es nicht in deiner Macht steht, dann sprich ein Gebet, in dem du Gott um seine Hilfe bittest und darauf vertraust, dass er jemand anderen schickt, der die nötige Hilfe leistet.«

Ich spreche hier über Grenzen – ein Thema, das in den letzten Jahren viel Aufmerksamkeit in christlichen Kreisen erregt hat. In einer Gemeinschaft der Gläubigen, in der man zu viele von uns gelehrt hat, alles für die gute Sache zu opfern und nie nach den eigenen Bedürfnissen zu fragen, erfordert dieses Thema einige Klärung durch sorgfältiges Nachdenken und Leitung des Heiligen Geistes. Obwohl es in diesem Kapitel nicht möglich ist, der Sache wirklich auf den Grund zu gehen, möchte ich doch ein paar Beobachtungen aus der Bibel mit Ihnen teilen, die von etwas berichten, das ich »Grenzen respektierende Güte« nenne.

Nicht mehr und nicht weniger

Das bekannteste biblische Gleichnis zum Thema »gute Taten« ist die Geschichte des barmherzigen Samariters, die im Lukas-Evangelium, Kapitel 10, Verse 25-37 steht: Ein Samariter findet am Wegesrand einen Mann, der von Dieben ausgeraubt und zusammengeschlagen wurde. Der Samariter reinigt und verbindet seine Wunden, setzt ihn auf seinen Esel und bringt ihn zu einem Gasthaus, wo man für ihn sorgt. Um die Pflege des Mannes sicherzustellen, bezahlt er den Gasthausbetreiber im Voraus und verspricht ihm außerdem noch, dass er auf dem Rückweg wieder vorbei kommen und alle Unkosten begleichen wird, die während der Genesung des Mannes angefallen sind.

Jesus lobte dieses Verhalten und wies seine Jünger an, dem Beispiel des Samariters zu folgen. Seit Jesus diese Geschichte erzählt hat, ist sie immer und immer wieder dazu verwendet worden, Christen und auch Nichtchristen zu guten Taten zu ermuntern. Doch das Gleichnis ist kein Aufruf zu wahlloser Güte. Der Samariter tat sehr viel für den Verwundeten; er machte sich buchstäblich die Hände schmutzig und schrieb tatsächlich einen Blankoscheck für die Pflege des Mannes aus. Doch es gibt einige wichtige Dinge, die der Samariter *nicht* tat.

Obwohl er den Verwundeten zu einem Gasthaus brachte und dafür vermutlich einen Umweg in Kauf nahm, brach er nicht seine gesamte Reise deswegen ab und blieb auch nicht, um ihn selbst zu pflegen. Vielleicht war er geschäftlich unterwegs und sein Chef zählte darauf, dass er einen Handel abschloss oder einen Klienten besuchte. Vielleicht handelte es sich auch um eine Familienangelegenheit, die in dieser Woche höchste Priorität hatte. Was es auch war, er setzte seine Reise fort.

Wir können davon ausgehen, dass der Samariter sein Versprechen einhielt und auf dem Rückweg wieder in das Gasthaus kam, um für die restlichen Unkosten aufzukommen. Doch an keiner Stelle finden wir einen Hinweis darauf, dass der Samariter irgendetwas tat, um den nächsten Schritt im Leben des Mannes zu erleichtern. Er nahm ihn nicht mit nach Hause, damit er sich weiter erholen konnte. Wir lesen nicht, dass er ihn für den Rest seines Lebens wie seinen eigenen Sohn behandelte und ihm einen Teil seines Erbes zukommen ließ. Nichts lässt darauf schließen, dass der Samariter die Beziehung zu dem Verletzten in irgendeiner Weise fortsetzte.

Was tat er? Er tat das Gute, das in seiner Macht stand, und der Verfasser dieses Verses ermahnt uns, das Gleiche zu tun: die guten Taten zu tun, die in unserer Macht stehen und auf die Art und Weise, wie der Heilige Geist uns anleitet. Nicht mehr und nicht weniger. Wenn wir das tun, können wir voller Freude anderen helfen und sind frei, mit Freundlichkeit und Mitgefühl auf das nächste Bedürfnis zu reagieren, das uns begegnet.

Mitgefühl in der Gemeinde

In unserer Gemeinde gibt es eine Art »offene Speisekammer« für Menschen, die finanziell eine schwierige Zeit durchmachen. Zwei Mal im Jahr findet im Gottesdienst eine Sammlung statt, bei der die

Gemeindemitglieder wahlweise Geld oder Naturalien spenden können, um die Regale dieser Speisekammer zu füllen.

Bei der letzten Sammlung kam nach dem Gottesdienst eine ältere, gut gekleidete Dame zu mir und sagte: »Ich komme seit 5 Jahren in diese Gemeinde und bin auch ungefähr so lange Christ. Einige Jahre lang lief mein Leben sehr gut. Besonders viel Freude machte es mir immer, meine Einkaufstüten voller guter Sachen für die Speisekammer mitzubringen.« Ihr Kinn begann zu zittern und sie fuhr leise fort: »Aber meine Lebensumstände haben sich verändert ... ich kann gar nichts mehr mitbringen ... und neulich musste ich sogar selbst die Speisekammer in Anspruch nehmen!«

Ich legte ihr den Arm um die Schulter, während sie in Tränen ausbrach. »Das Besondere der Gemeinde Gottes hier auf Erden liegt doch gerade darin, dass diejenigen, deren Leben reich ist und die ein gutes Einkommen haben, von Gott geleitet werden, anderen großzügig zu helfen, so wie Sie es in der Vergangenheit immer wieder getan haben«, erklärte ich ihr. »Und zur selben Zeit ruft der Heilige Geist diejenigen, die wirklich in Not sind, dazu auf, die Gaben der anderen dankbar anzunehmen, so wie Sie es jetzt tun. Diejenigen, die geben, tun das in dem Wissen, dass auch sie jederzeit in eine Lage geraten können, in der sie auf die Hilfe anderer angewiesen sind. Und diejenigen, die empfangen, tun das mit dem Gebet, dass sie eines Tages in der Lage sein werden, auch großzügig zu geben. Das ist ein Teil dessen, was es bedeutet, in einer Gemeinschaft von Gläubigen zu leben.«

Vor einigen Jahren motivierte diese Einstellung zur Gemeinde eine Gruppe von Automechanikern dazu, in *Willow Creek* einen Dienst ins Leben zu rufen, der *CARS* heißt. Sie entwickelten einen Plan, nach dem sie im Gemeindegebäude eine Reparaturwerkstatt aufbauen wollten, in der die Autos von alleinerziehenden, bedürftigen Müttern kostenlos repariert werden sollten. Sie boten an, ihre Zeit und ihr Können einzusetzen, wenn die Gemeinde für die Materialkosten aufkäme. Der Dienst erweiterte sich, als immer mehr Gemeindemitglieder, die sich einen neuen Wagen anschafften, auf die Inzahlungnahme des alten verzichteten und ihn stattdessen der Gemeinde schenkten. Die Automechaniker von *CARS* reparierten diese Gebrauchtwagen und gaben sie dann an diejenigen alleinerziehenden Mütter weiter, bei deren Wagen sich die Reparatur nicht mehr lohnte. Später wurden sie dann auch an andere Bedürftige verschenkt. In einem Jahr wurden von den Gemeindemitgliedern sage und schreibe 600 gebrauchte Autos gespendet. Manche konnten nur noch ausgeschlachtet werden, doch die meisten wurden wieder in Stand gesetzt und an Menschen weitergegeben, die sich den Kauf eines Wagens nicht leisten konnten.

Eine Familie, die ihren alten Wagen spendete, hinterließ ein ganzes Sammelsurium an Gutscheinen für den gemeindeeigenen Bücherladen, das Restaurant, für fünf Gratis-Autowäschen und Ölwechsel in dem Wagen. Dazu schrieben sie noch auf einen Zettel an den neuen Eigentümer: »Sie können es sich wahrscheinlich nicht vorstellen, welche Freude es unserer Familie macht, Ihnen dieses Auto weiterzugeben!« Wie sehr war wohl der Person geholfen, die das Auto bekam? Und wie viel Nahrung hatten die Seelen dieser Familie durch ihre Großzügigkeit bekommen? Wie stark wirkte der Geist Gottes in unserer Gemeinde? Das ist typisch für gute Taten: Sie machen allen Beteiligten Ehre und Freude.

In der Gemeinschaft Gutes zu tun, gibt uns viel mehr Möglichkeiten, aktiv zu werden, als Einzelkämpfern. Es verteilt auch die Lasten, so dass niemand vor lauter guten Taten ausgebrannt zurückbleiben muss.

Die ultimative gute Tat

Eine Weisung Gottes besagt, dass wir auf die wahrgenommenen Bedürfnisse anderer Menschen mit praktischer Hilfe reagieren sollen. Doch es gibt noch einen viel größeren Dienst, den wir ihnen erweisen können: Wir können Ihnen den Gott des Universums vorstellen. Welche größere Belastung kann man tragen als die Trennung von Gott durch unsere Fehler und Sünden? Welches tiefere Bedürfnis kann ein Mensch haben, als durch Jesus mit Gott wieder vereint zu werden? Wenn wir Menschen dabei helfen können, die Liebe Gottes zu begreifen, die sich im Tod und der Auferstehung von Jesus zeigt, dann machen wir ihnen das ultimative, das beste aller Geschenke.

Vor einigen Jahren durfte ich einem Freund dabei helfen, eine Beziehung zu Gott aufzubauen. Einer der schönsten Momente meines Lebens war der Telefonanruf, bei dem er mir erzählte, dass er nun endlich die Gnade Gottes verstanden und Jesus in sein Leben eingeladen habe. Als sich dieser Tag zum zweiten Mal jährte, schrieb er mir: »Lieber Bill, heute bin ich seit zwei Jahren ein neuer Mensch. Vor zwei Jahren haben mir die Worte ›Gnade‹ und ›Glaube‹ nichts gesagt, aber jetzt, wo ich mich so grundlegend verändert habe, bedeuten sie mir alles. Danke für deine Hilfe.«

Das Wörtchen »alles« hatte er mehrfach unterstrichen, weil er wusste, dass er mit seiner Entscheidung für Gott alles bekommen hatte, was er in seinem Leben brauchte: Vergebung für seine Fehler, ein reines Gewissen, eine »Adoptionsurkunde« in die Familie Gottes, Hoffnung für die Zukunft, einen Sinn für sein Leben und das Versprechen, die Ewigkeit mit Gott zu verbringen.

Möchten Sie wirklich Gutes tun? Dann versuchen Sie, jede gute Tat zu tun, die Ihnen der Heilige Geist über den Weg schickt und gleichzeitig mit dem ständigen Bewusstsein zu leben, dass Sie jemandem den allergrößten Dienst erweisen, wenn Sie ihm Gott vorstellen.

Die himmlische Erinnerungs-Bank

In diesem Kapitel bin ich zwischen Herausforderung und Warnung, Motivation und Einschränkungen hin und her gesprungen. Und hier kommt ein weiterer Hüpfer von der Notwendigkeit, gesunde Grenzen zu ziehen, zu der genauso wichtigen Notwendigkeit, anderen Menschen auch über lange Durststrecken hinweg treu zu dienen. Die Passage aus dem Galater-Brief, Kapitel 6, Vers 9 ist seit über 20 Jahren mein persönliches Motto: »Wir wollen nicht müde werden zu tun, was gut und recht ist. Denn wenn die Zeit da ist, werden wir auch die Ernte einbringen; wir dürfen nur nicht aufgeben.«

Eines der größten Hindernisse auf dem Weg der langfristigen guten Taten ist die Entmutigung, die uns überkommt, wenn wir nur wenige Erfolge sehen oder beobachten, wie die Welt trotz unserer Bemühungen immer weiter in die Dunkelheit abgleitet. »Was bringt das denn?«, fragen wir uns. »Warum soll ich mich weiter abstrampeln? Was ich tue, ist doch nur ein Tropfen auf einem heißen Stein. Warum sollte ich weitermachen? Es nützt ja doch nichts.«

Die Versuchung ist groß, nicht nur entmutigt zu werden, sondern in Anbetracht schwieriger Situationen auch zynisch und sich schließlich nur noch mit sich selbst zu beschäftigen. Menschen, die einmal vor Liebe und guten Taten nur so überströmten, beginnen, sich in ihre kleine Welt des Selbstschutzes und der Isolation zurückzuziehen. Bei all den inneren Verletzungen und Enttäuschungen, die sie erlebt haben, scheint ihnen das gerechtfertigt; sie denken, sie tun sich selbst damit einen Gefallen. Doch je geringer ihre Außenwirkung wird, desto mehr schrumpft auch ihr Innenleben. Indem sie sich von den Nöten ihrer Umgebung abwenden, drehen sie auch den Bedürfnissen ihrer eigenen Seele den Rücken zu.

Trotz Niederschlägen müssen Sie nicht mit Zynismus und Rückzug in eine eigene, kleine Welt reagieren. Eine mögliche Alternative besteht darin, den Vorsichtsmaßnahmen und Grenzen in diesem Kapitel neue Beachtung zu schenken, wenn Ihnen die Kraft zu guten Taten fehlt und Sie müde geworden sind. Das bedeutet, Mitleid mit Unterscheidungsfähigkeit zu verbinden und selbstloses Dienen mit der inneren Diziplin, sich also auch einmal sagen zu können: »Bis hierher und nicht weiter.«

Noch eine Alternative: Bleiben Sie immer dicht an dem Einen, der unsere Herzen mit Güte und Mitleid füllen kann. Es ist gerade für diejenigen von uns, die sich den guten Taten verschrieben haben, unendlich wichtig, sich immer wieder von Gott erfrischen und erneuern zu lassen.

Ein Grund dafür, dass das Gebot, den Sonntag zu heiligen, in der Bibel so ernst genommen wird, liegt darin, dass wir Menschen Erholungspausen brauchen, in denen wir unsere Verantwortung ablegen und geistliche und emotionale Nahrung erhalten können. Wir brauchen die regelmäßige Bestätigung, dass wir von Gott ebenso sehr geliebt und akzeptiert sind, wenn wir still vor ihm sitzen, wie in den Situationen, in denen wir in seinem Namen Gutes tun. Wir brauchen die regelmäßige Erinnerung daran, dass Gott in uns und durch uns am Werk ist, auch wenn wir sein verborgenes Handeln oft nicht erkennen können. Wir müssen uns wieder bewusst machen, dass wir nur ein kleiner Teil in Gottes großartigem Prozess sind, mit dem er seine Schöpfung liebt und erlöst. Er erwartet nicht von uns, dass wir alle Sorgen und Nöte der Welt auf unseren schmalen Schultern tragen. Wir müssen uns daran erinnern, dass manchmal unsere ernsthaften Gebete die »beste gute Tat« sind, die wir einem anderen anbieten können.

Zusätzlich zum Annehmen der geistlichen Erfrischung durch die Pause am Sonntag sollten wir uns unbedingt selbst die Erlaubnis dazu erteilen, uns an gottgegebenen Vergnügungen zu erfreuen. Wir sollten uns die Zeit nehmen, unsere Sinne für die kraftspendende Schönheit der Natur, der Musik oder der Malerei zu öffnen. Wir sollten das Geschenk eines guten Essens, eines guten Buches oder der Gemeinschaft mit Freunden annehmen. Wir sollten Raum in unserem Leben schaffen für die ganz spezielle Art, mit der Gott uns persönlich erfrischen und beleben will – ob das nun Gartenarbeit, ein langer Spaziergang am Meer, ein Segeltörn, ein Marathonlauf oder ein selbst gemaltes Bild ist. Wenn Ihr Leben für Sie nur noch eine einzige Plackerei ist, haben Sie wahrscheinlich schon lange nicht mehr auf die leise Stimme des Heiligen Geistes gehört, die Sie zu Zeiten der Ruhe und Erfrischung ruft.

Ich habe – vermutlich genauso wie Sie – aus Erfahrung gelernt, dass man nur allzu leicht den Mut verliert. Darum sind wir dazu verpflichtet, notwendige Grenzen festzulegen und eine gesunde Balance zwischen Einsatz und Rückzug herzustellen. Nur dann können wir unser Leben lang treue Haushalter von Gottes Güte sein.

Ich bin mir bewusst, dass das eine große Herausforderung ist, doch die Belohnung ist mehr als überwältigend. Eine der bewegendsten Bibelstellen in Bezug auf diese Belohnung sind die Worte, die Jesus selbst zu seinen Jüngern sagen wird, wenn er sie einmal im Himmel begrüßt:

> »Dann wird der König zu denen auf der rechten Seite sagen: ›Kommt her! Euch hat mein Vater gesegnet. Nehmt Gottes neue Welt in Besitz, die er euch von Anfang an zugedacht hat. Denn ich war hungrig, und ihr habt mir zu essen gegeben; ich war durstig, und ihr habt mir zu trinken gegeben; ich war fremd, und ihr habt mich bei euch aufgenommen; ich war nackt, und ihr habt mir Kleidung gegeben; ich war krank, und ihr habt für mich gesorgt; ich war im Gefängnis, und ihr habt mich besucht.‹
> Dann werden die, die Gottes Willen getan haben, fragen: ›Herr, wann sahen wir dich jemals hungrig und gaben dir zu essen? Oder durstig und gaben dir zu trinken? Wann kamst du als Fremder zu uns, und wir nahmen dich auf, oder nackt, und wir gaben dir Kleidung? Wann warst du krank, und wir sorgten für dich, oder im Gefängnis, und wir besuchten dich?‹ Dann wird der König antworten: ›Ich will es euch sagen: Was ihr für einen meiner geringsten Brüder getan habt, das habt ihr für mich getan!‹« (Mt 25,34–40).

Ich denke, so sieht es Gott: Wenn wir jemandem – einer einsamen Witwe im Altersheim, einem reuigen Straftäter im Gefängnis, einem hungrigen Kind in einem Lager in der Dritten Welt, einer gestressten alleinerziehenden Mutter in unserer Nachbarschaft, einem erschöpften Rentner in der Supermarkt-Schlange, einem einsamen Schüler nach der Scheidung seiner Eltern – etwas Gutes tun, dann ist es so, als würden wir es für Jesus selbst tun. Unsere gute Tat dringt bis zu ihm vor und wird für immer in der himmlischen »Bank« gespeichert.

Kapitel 4

Disziplin lernen

Als meine Kinder noch klein waren, las ich ihnen aus einem Buch vor, das eine Art Assoziations-Quiz war. Ich las zum Beispiel die Beschreibung eines Menschen vor, der in einem bestimmten Beruf arbeitete, und die Kinder mussten das wichtigste Werkzeug nennen, das dieser Mensch in seinem Beruf brauchte. Ich beschrieb einen Zimmermann und die Kinder schrien: »Hammer!« Ich las über einen Zahnarzt vor und sie murmelten: »Bohrer …« Beim Chirurgen war es das Skalpell, beim Schlagzeuger die Stöcke, bei einer Näherin die Nadel, beim Astronom das Teleskop, beim Schriftsteller der Stift (ganz offensichtlich war das Buch vor der Zeit der PCs geschrieben worden, als Schriftsteller tatsächlich noch per Hand schrieben …).

Was bei all diesen Werkzeugen so wichtig war, war die Tatsache, dass der jeweilige Mensch seinen Beruf ohne dieses Objekt nicht ausüben kann. Der Zimmermann kann ohne Hammer keinen Nagel einschlagen, der Chirurg ohne Skalpell nicht operieren, der Astronom ohne Teleskop die Sterne nicht deutlich sehen.

Um unseren »Hauptberuf« auszuüben, das Leben selbst, brauchen auch wir ein wichtiges Werkzeug, damit es gelingen kann. Die Verfasser der Sprichwörter sagen uns, dass dieses unverzichtbare Werkzeug für jeden erreichbar ist und »Disziplin« heißt. Ohne Disziplin können wir das Leben nicht meistern. In Sprichwörter, Kapitel 13, Vers 18 steht: »In Armut und Schande gerät jeder, der Disziplin verachtet.« Wenn man Disziplin ignoriert, hat das immer eine Abwärtsbewegung zur Folge. Wenn wir Disziplin nicht ernst nehmen, kann das dazu führen, dass wir uns in große Schwierigkeiten hineinmanövrieren.

Das Wort »Disziplin« hat für uns meist einen negativen Beigeschmack; wir sehen ein Kind vor uns, das eine Tracht Prügel erhält, einen Soldaten, der von seinem Vorgesetzten angeschnauzt wird, oder einen Schüler, der nachsitzen muss. Oder wir denken an Disziplin als ein unvermeidbares Übel, ein erdrückendes Muster von täglichen Pflichten und strenger Routine, das uns von einer höheren Macht aufgezwungen worden ist, um uns den Spaß an unserem Leben zu nehmen. Nach dieser Sichtweise ist Disziplin der Feind, der offensichtliche Hinderungsgrund, wegen dem unser Leben nicht fröhlich, bedeutungsvoll und schön ist.

Aber nicht jeder sieht Disziplin so. Ich habe neulich einen Zeitungsartikel über eine Frau gelesen, die Marathonrennen im Rollstuhl fährt. Auf die Frage, wie sie so lange Strecken durchhalten kann, sagte sie, dass sie sich selbst dazu diszipliniert habe, jede Woche rund 180 Kilometer in ihrem Rollstuhl zurückzulegen. Sie sieht diese Form der Disziplin als einzige Möglichkeit, ihren Trainingsstand zu halten und wettbewerbsfähig zu bleiben. Disziplin ist das Werkzeug, mit dem sie sich die Kraft, Ausdauer und Geschwindigkeit erarbeitet, die sie haben will. Wenn sie über die Ziellinie fährt, glauben Sie, dass sie dann die Disziplin, die sie dort hin gebracht hat, als unvermeidliches Übel betrachtet?

Vor einiger Zeit saß ich bei schrecklichen Wetterbedingungen in einem wackeligen kleinen Flugzeug. Ich beobachtete, wie der Pilot die Maschine durch den Regen, Wind, Donner und Hagel manövrierte und uns schließlich sicher wieder auf den Boden brachte. Ich habe genügend Flugstunden gehabt, um zu wissen, dass das, was diesen Piloten in die Lage versetzte, bei diesem Wetter sicher zu landen, die Disziplin war, die er in Hunderten von Flugstunden, Simulatortests und Prüfungsflügen an den Tag gelegt hatte – alles nur, um seine Fähigkeiten zu trainieren und auf dem neuesten Stand zu halten. Ohne diese Disziplin hätte er es niemals geschafft, unter solchen Bedingungen keine Fehler zu machen. Unsere sichere Landung war das direkte Ergebnis seiner Hingabe an die Disziplin. Sollten wir sie also als Gegner betrachten?

Einer meiner Freunde musste sich vor kurzem einer größeren Operation unterziehen. Als ich vorher mit ihm sprach, versicherte er mir, dass ich mir keine Sorgen machen müsse; der Arzt, der ihn operieren würde, habe diesen Eingriff schon über tausend Mal durchgeführt. Tatsächlich nahmen Leute aus ganz Amerika lange Anreisewege und wochen- oder gar monatelange Wartezeiten in Kauf, um von diesem Chirurgen operiert zu werden.

Wenn man diesen Arzt fragen würde, wie er es geschafft hat, sich landesweite Anerkennung für seine Arbeit zu erwerben, bin ich sicher, dass er jahrelange Ausbildung, Büffeln bis spät in die Nacht, endlose Visiten im Krankenhaus, Untersuchungen an Hunderten von Patienten und Übung, Übung und Übung als Gründe angeben würde. Wahrscheinlich würde er sagen: »Es war schwierig. Sehr schwierig. Geradezu unglaublich schwierig.« Wenn man weiter nachhaken würde und wissen wollte, was ihn trotz allem angetrieben habe, würde er vermutlich nur ein Wort sagen: »Disziplin.« Und wenn man ihn dann fragte, ob diese Disziplin für ihn Freund oder Feind sei, bin ich sicher, dass er sie als guten Freund bezeichnen würde. Warum? Weil sie es ihm möglich gemacht hat, eine sehr wichtige Sache zu erreichen, die ihm viel bedeutet.

Wir sollten lernen, Disziplin als unverzichtbares Hilfsmittel zu sehen, das unser Leben und das Erreichen von Zielen überhaupt erst möglich macht. Doch um dieses Hilfsmittel nutzen zu können, müssen wir es verstehen. In diesem Kapitel möchte ich den Begriff »Disziplin« von ein paar Vorurteilen und Missverständnissen befreien, indem ich ihn Stück für Stück auseinandernehme und die Einzelteile betrachte. Das wird uns dabei helfen, Disziplin zu begreifen und dann auch in unserem Leben umzusetzen.

Stecken Sie sich hohe Ziele

Der erste Bestandteil von Disziplin ist es, sich ein hohes Ziel zu stecken. Wenn Sie das überrascht, stellen Sie sich einmal folgende Frage: Warum sollten wir Disziplin entwickeln, wenn wir gar kein Ziel haben, das so herausfordernd ist, dass es Disziplin erfordert? Warum den Preis zahlen, wenn es gar nicht nötig ist? Wenn wir einen Job, ein paar oberflächliche Bekanntschaften oder ein »nettes« Gemeindeleben anstreben, die lediglich minimalen Einsatz erfordern, gibt es wenig Grund, dieses Werkzeug zu entwickeln oder zu schärfen. Es gibt keinen Grund, sich um Disziplin zu bemühen, wenn wir auch ohne sie durchs Leben kommen.

Doch wenn Ihre Ziele über das Mindestmaß hinausgehen, wird Disziplin zur Notwendigkeit. Wenn Sie davon träumen, Großes zu erreichen, brauchen Sie sie wie die Luft zum Atmen. Wenn Sie sich wünschen, ein Partner, Elternteil oder Freund zu sein, der anderen Menschen Leben bringt, wenn Sie Gott von ganzem Herzen dienen wollen, wenn Sie sich mit vernünftiger Ernährung und Sport körperlich (wieder) in Form bringen möchten, dann brauchen Sie Disziplin.

Jeder gute Musiker, Schauspieler, Schriftsteller, Sportler, Verkäufer, Direktor, Lehrer, Handwerker, Redner, Segler, Rennfahrer oder Unternehmer – kurz gesagt, jeder fähige Berufstätige in jedem Bereich – hat sich an die »Stromquelle« der Disziplin angeschlossen, weil es unablässlich ist. Diese Menschen könnten ihre Ziele ohne diese Charaktereigenschaft nicht verwirklichen.

Ich weiß, dass manche Leute Probleme haben, wenn es darum geht, große Träume zu haben; sie befürchten, dass es gefährlich oder gar arrogant ist, sich hohe Ziele zu stecken. Aber was soll daran schlecht sein, wenn man wachsen und lernen und Dinge besser machen möchte? Nach dem Bild Gottes gemacht zu sein bedeutet auch, dass wir den Wunsch haben, mit unserem Leben etwas zu bewirken und alles zu entdecken, was uns anvertraut worden ist.

Es wird uns einige Anstrengung kosten, diesen Traum zu verwirklichen. Aber was für eine großartige Belohnung ist es, wenn wir erste Früchte unserer Arbeit sehen! Sprichwörter, Kapitel 13, Vers 12 drückt das folgendermaßen aus: »Langes Warten macht das Herz krank; aber ein erfüllter Wunsch gibt ihm neues Leben.« Der starke Wunsch nach Wachstum kommt von Gott. Wenn wir uns dafür einsetzen, diesen Wunsch Wirklichkeit werden zu lassen, erhalten wir am Ende Zufriedenheit und neue Energie.

Ich weiß nicht, wie das bei Ihnen ist, aber ich hoffe, dass ich eines Tages in einem Schaukelstuhl auf meiner Veranda sitzend (na gut, oder vielleicht mit einem Motorrad die Straße hinunter düsend), auf mein Leben zurückblicken und sagen werde: »Was für ein großartiges Geschenk war es, dass ich in der Lage war, mich zu bemühen und zu disziplinieren, um die Ziele zu erreichen, die Gott in mein Herz gelegt hat. Es war zwar oft nicht einfach, aber was war das für ein tolles Leben!«

Durch die gesamte Menschheitsgeschichte hindurch war das Verhältnis der Menschen zu Arbeit und Freizeit immer ambivalent und zerrissen. Zum Thema »Arbeitsmoral« gibt es im Moment zwei extreme Haltungen: auf der einen Seite diejenigen, die dem Job höchste Priorität einräumen und bereit sind, dem Erreichen ihrer Karriereziele alles zu opfern (jedenfalls beinahe alles) –, und am anderen Ende der Skala diejenigen, die ganz offen zu ihrer Abneigung gegen harte Arbeit und Leistungsdenken stehen. Können wir diese beiden Extreme vermeiden und von ganzem Herzen zustimmen, dass lohnende Ziele mit der Hilfe von Gottes Führung ein notwendiger Schritt auf dem Weg zu einem erfüllten Leben sind?

Wie steht es mit Ihnen? Sind Ihre momentanen Ziele erstrebenswert genug, um Sie in Gang zu halten? Sind sie hoch genug, um Disziplin zu erfordern?

Erst die Arbeit, dann ...

Die nächste Komponente, die zum Wesen von Disziplin gehört, ist die »aufgeschobene Belohnung«. M. Scott Pack beschreibt in seinem Buch *The Road Less Travelled* (»Die wenig benutzte Straße«) diese verzögerte Belohnung folgendermaßen: Man arrangiert die Freuden und Leiden des Lebens so, dass die Zeit des Genießens sichergestellt ist, indem man zuerst die unangenehmen Dinge erledigt.

Um das besser zu verstehen, stellen Sie sich bitte einen Dreijährigen vor, der bei seiner Geburtstagsfeier vor einem riesigen Stück Schokoladenkuchen sitzt. Überraschend weise für sein jugendliches Alter, sagt sich der Kleine: »Um den größtmöglichen Gewinn aus dieser Erfahrung zu ziehen, werde ich sie aus der Perspektive der Selbstdisziplin angehen. Ich werde das Prinzip der verzögerten Belohnung anwenden.« Was tut er also? Er entfernt sorgfältig den Belag am Rand und isst zuerst den Tortenboden. Wenn er damit fertig ist, werden seine Augen etwas größer und er stürzt sich auf die Füllung. Für ein Kind ist dies wahrscheinlich der einzig wahre Weg, Kuchen zu essen.

Einige Jahre später bemerkt der Junge, inzwischen Schüler, dass sich dasselbe Prinzip auch auf die Hausaufgaben anwenden lässt. Wenn er sich seine Aufgaben direkt nach der Schule vornimmt, kann er danach mit seinen Freunden spielen, bis seine Mutter ihn zum Abendessen ruft. Und danach kann er weiterspielen, ohne dass er am nächsten Morgen in eine Hausaufgaben-Panik ausbrechen muss. Er verabscheut natürlich diese ein oder zwei Stunden Arbeit nach der Schule, aber dafür hängt dann nicht den ganzen Tag die drohende Wolke der Hausaufgaben über seinem Kopf. Der Kleine ist ein ziemlich schlaues Kind, nicht wahr?

Er folgt diesem Prinzip die gesamte Schulzeit hindurch und nach dem Studium nimmt er eine Stellung in einer großen Firma an. Es ist nicht gerade sein Traumjob, und er muss lange und hart arbeiten, doch er akzeptiert das als Teil der Lebensphase, in der er eben investieren muss. Er baut darauf, dass er später die Früchte dieser Arbeit ernten wird, und sein Plan funktioniert. 20 Jahre später ist er Abteilungsleiter und steht ganz oben auf der Liste zum stellvertretenden Direktor.

Außerdem genießt er einen finanziellen Status, von dem die meisten seiner Kollegen nur träumen können. Warum? Weil er einige Jahre zuvor einige schwerwiegende Entscheidungen bezüglich des Familien-Budgets getroffen hat. Als Erstes hat er, den Anweisungen der Bibel folgend, beschlossen, die Arbeit Gottes auf Erden stets mit einem Zehntel seines Einkommens zu unterstützen. Zweitens hat er an einem Gewinnbeteiligungsprogramm seiner Firma teilgenommen. Die Einhaltung dieser Entscheidungen und fleißige Arbeit haben es ihm ermöglicht, seine mittleren Jahre mit einer minimalen Schuldenlast zu genießen. Er sieht seiner Pensionierung guten Mutes entgegen, weil seine vorausschauende finanzielle Planung ihm und seiner Frau einen Lebensabend im Wohlstand ermöglichen wird. Keine schlechten Aussichten, nicht wahr?

Natürlich ist das Prinzip der aufgeschobenen Belohnung keine Garantie dafür, dass das Leben so verläuft wie bei unserem imaginären Freund. Wir sind nur Menschen und haben letztlich nur eine sehr begrenzte Kontrolle über unser Leben; wir leben in einer Welt, in der Sünde und Leid uns oftmals auf Wege führen, die wir gar nicht gehen wollten. Trotzdem ist das Prinzip der verzögerten Belohnung die beste Voraussetzung dafür, verantwortlich zu leben und Sinn und Freude in allem zu finden, was uns das Leben bringt. Und das gilt für jede Dimension des Lebens.

Denken Sie an den Bereich der Beziehungen. Sie bauen eine neue Freundschaft auf, die sich gut entwickelt; die Zuneigung zur anderen Person wird größer und das scheint auf Gegenseitigkeit zu beruhen. Doch dann haben Sie eine Meinungsverschiedenheit, die nur sehr schwer zu lösen ist, und Sie beide ziehen sich zunächst zurück. Jetzt müssen Sie eine Entscheidung treffen: Werden Sie den ersten Schritt tun und die andere Person ansprechen, um den Konflikt beizulegen? Oder lassen Sie die Freundschaft langsam sterben? Sie wissen, dass es ein extrem schwieriges und riskantes Gespräch werden wird und dass es keine Garantie dafür gibt, dass die andere Person positiv auf ihre Versöhnungsversuche reagiert. Vielleicht sind Sie nicht einmal sicher, dass Sie sein oder ihr Einlenken wirklich wollen. Warum sollten Sie an der Beziehung arbeiten? Warum sollten Sie sich noch mehr Schmerzen zufügen? Warum sollten Sie eine schwierige Beziehung aufrecht erhalten, wo es doch viel einfacher wäre, aufzugeben und sich einen neuen Freund zu suchen?

Ganz einfach: weil das Prinzip der verzögerten Belohnung besagt, dass es sich vermutlich in der Zukunft auszahlt, wenn Sie bereit sind, jetzt den Preis zu bezahlen und hart an der Beziehung zu arbeiten. Also rufen Sie die Person an und sagen: »Ich weiß, dass dies ein schwieriges Gespräch werden wird, aber ich denke, wir sollten über unser Problem reden. Wenn wir es schaffen, uns diesem Thema zu stellen und gemeinsam zu einer Lösung zu finden, können wir unsere Beziehung vielleicht wieder herstellen. Wie stehst du dazu?«

Wenn die andere Person zustimmt, sich auf den Prozess der Wiederherstellung einzulassen, und Sie es tatsächlich schaffen, den Konflikt beizulegen, kann diese schwierige Zeit zu einer lebenslangen, wunderbaren Beziehung führen. Wie viele zerbrochene Beziehungen hätten wohl gerettet werden können, wenn die Betroffenen bereit gewesen wären, alles in die Konfliktlösung zu investieren, um zukünftigen Frieden zu ermöglichen?

Ein anderer Lebensbereich, in dem das Prinzip der verzögerten Belohnung eine wichtige Rolle spielt, ist die körperliche Fitness. Es ist nicht leicht, jeden Tag fünf Kilometer zu laufen oder Gewichte zu stemmen. Ich mache solche Übungen jetzt schon seit 20 Jahren, und beinahe jedes Mal, wenn ich meine Sportsachen anziehe, denke ich mir: *Eigentlich habe ich überhaupt keine Lust.* Doch jedes Mal, wenn ich meine Runde gedreht habe, fühle ich mich richtig gut und zufrieden. Und wenn ich mir vor Augen halte, dass ich heute viel mehr Energie habe und mich körperlich besser fühle als vor 20 Jahren, bin ich sehr dankbar dafür, dass ich schon früh gelernt habe, unangenehme Dinge zuerst zu erledigen und dann das Angenehme zu genießen.

Noch einmal: Das Prinzip der aufgeschobenen Belohnung hängt essenziell mit Disziplin zusammen. Es ist nicht leicht; im Gegenteil – es fällt uns extrem schwer, jetzt zu schwitzen, um irgendwann später den Lohn zu ernten. Der Verfasser des Hebräer-Briefes schreibt: »In dem Augenblick, in dem wir gestraft [diszipliniert] werden, sind wir unglücklich und unzufrieden. Aber später zeigt sich bei allen, die durch diese Strafe [Disziplin] erzogen wurden, daß es gut war und daß sie zu Menschen geworden sind, die das Rechte tun und Frieden verbreiten« (Hebr 12,11). Hier geht es zwar vor allem um Disziplinierungsmaßnahmen von Gott, aber dasselbe gilt auch für andere Formen der Disziplin. Und es gibt wohl niemanden, der leugnen würde, dass eine Disziplinierung in jeder Form immer unangenehm ist. Der Schmerz ist unvermeidbar, aber der Lohn kommt ebenso unvermeidbar.

Noch ein letzter Gedanke zu diesem Thema: Es gibt Menschen, die von sich behaupten, dass sie nicht in der Lage seien, Selbstdisziplin zu üben. Das stimmt nicht. Die Wahrheit ist, dass wir alle uns auch in diesem Bereich weiter entwickeln können, wenn wir wollen. Jeder ist fähig, die Kuchenfüllung bis zum Schluss aufzuheben!

Entscheiden Sie sich jetzt!

Die dritte Komponente der Disziplin bringt uns in den »Rotlichtbezirk« der Sprichwörter; die Kapitel, in denen es um sexuelle Verfehlungen geht. Obwohl die menschliche Sexualität der Hintergrund dieser speziellen Diskussion ist, kann man die Prinzipien, die hier zum Ausdruck kommen, auch allgemein anwenden. Ich bezeichne diese dritte Komponente der Disziplin als »das Prinzip der vorausschauenden Lebensführung«.

Schauen Sie sich Sprichwörter, Kapitel 5, Verse 7–8 an, eine Passage, in der der Verfasser seine Söhne vor einer Frau warnt, die am Ende der Straße wohnt: »Hört mir jetzt gut zu, ihr jungen Männer, und schlagt meine Warnungen nicht achtlos in den Wind! Geh einer solchen Frau aus dem Weg! Komm der Tür ihres Hauses nicht zu nahe!« In zahlreichen Versen der einleitenden Kapitel der Sprichwörter geht es in unterschiedlichen Variationen um dieses Thema: Wenn man sexuelle Sünden vermeiden will, muss man sich vorausschauend dazu entscheiden, der Versuchung auszuweichen. Hier sagt der Vater: »Komm dieser Frau nicht zu nahe. Entscheide dich jetzt dazu, nicht dorthin zu gehen, und dann halte an diesem Entschluss fest!«

Ich kann mir vorstellen, wie dieser Vater die Sache noch ein bisschen weiter ausführt: »Entscheidet euch jetzt, meine Söhne, im hellen Tageslicht, wenn euer Denken klar ist und euer Verstand über euren Körper herrscht. Bedenkt die Konsequenzen eures Handelns. Haltet euch die Vorteile sexueller Reinheit und den hohen Preis einer solchen Verfehlung vor Augen. Denkt daran, wie wertvoll ein gutes Gewissen vor Gott ist. Erinnert euch daran, wie gut es tut, seinen Freunden gegenüber ehrlich sein zu können. Denkt daran, dass es gut ist, sich keine Sorgen um Geschlechtskrankheiten oder ungewollte Schwangerschaften machen zu müssen.«

Einem verheirateten Sohn würde er noch nahe legen: »Denk daran, welchen Wert dein Eheversprechen hat. Erinnere dich daran, wie wichtig es ist, deinen Kindern gegenüber glaubwürdig und ehrenhaft zu bleiben.« Und zu allen anderen würde er sagen: »So, nun rechnet die Vor- und Nachteile zusammen. Denkt darüber nach, wie sehr ein Seitensprung eurer Beziehung zu Gott, zu den wichtigsten Menschen in eurem Leben, eurem Körper und eurer Zukunft schaden kann. Trefft eine kluge Entscheidung und steht zu ihr. Besiegelt euren Entschluss vor Gott und einigen vertrauenswürdigen Freunden, die euch immer wieder an eure Verantwortung erinnern. Ich bitte euch, tut es jetzt.«

Die Anleitung dieses weisen Vaters ist wie eine Kosten-Nutzen-Rechnung. »Wägt die Alternativen ab, vergleicht die Möglichkeiten«, sagte er. Der Vater wusste, dass seine Söhne der Versuchung nachgeben würden, wenn sie sich nicht vorausschauend dafür entschieden, sie zu meiden. Im Grunde sagte er zu ihnen: »Wenn ihr nicht vorausdenkt und dann versucht, eine richtige Entscheidung zu treffen, wenn ihr mitten in einer brenzligen Situation steckt … dann seid ihr verloren.«

Verloren? Ist das nicht ein wenig übertrieben? In den Sprichwörtern, Kapitel 6, Verse 25–27 steht Folgendes: »Laß dich nicht von ihren Reizen verführen, und wenn sie dir schöne Augen macht, fall nicht darauf herein! Für eine Prostituierte zahlst du nicht mehr als für ein Brot, aber für die Frau eines anderen mußt du mit deinem Leben bezahlen.« Das klingt ziemlich bedrohlich, oder?

Grundsätzlich geht es also darum, dass die allerwenigsten Menschen stark genug sind, moralisch heldenhafte Entscheidungen zu treffen, wenn sie sich mit einer Versuchung konfrontiert sehen. Die meisten von uns werden erleben müssen, dass unser Urteilsvermögen unter Druck rapide abnimmt. In den Sprichwörtern, Kapitel 2, Verse 26–27 steht: »Kann man Feuer in der Tasche seines Gewandes tragen, ohne das Gewand in Brand zu setzen? Kann man über glühende Kohlen laufen, ohne sich die Füße zu verbrennen? Ebenso wenig kann man mit der Frau eines anderen schlafen, ohne die Strafe dafür zu bekommen.«

Wir würden nur allzu gern glauben, dass wir in diesem Bereich unseres Lebens gegen Sünde und Versuchungen gefeit sind. Doch ein Teil des Erwachsenwerdens besteht darin, unsere wunden Punkte zugeben und einschätzen zu können. Wenn wir das tun, wird uns klar, wie wichtig es ist, schwierige Entscheidungen zu treffen, bevor wir in eine Situation geraten, die unsere Ängste, Schwächen, unbefriedigten Bedürfnisse oder unguten Begierden außer Kontrolle geraten lässt. Jeder von uns hat seine ganz eigenen negativen Tendenzen und jeder von uns spürt täglich die ungeheure Sogwirkung unserer moralisch bankrotten Gesellschaft. Doch das muss nicht bedeuten, dass wir nicht trotzdem integer leben können – solange wir die Selbstdisziplin aufbringen, wichtige Entscheidungen dann zu treffen, wenn wir klar denken können.

Ich habe mein Leben auf dem Prinzip der vorausschauenden Lebensplanung aufgebaut. Wenn ich das nicht getan hätte, würde ich heute meinen Weg vermutlich nicht mehr mit Gott gehen. Es ist mir ein bisschen peinlich, das zuzugeben, aber wenn ich mir nicht einmal am Tag bewusst Zeit für eine private Begegnung mit Gott nehme, fange ich an, geistlich abzudriften. Statt mich Gottes Plänen zu unterstellen, werde ich völlig von meinen eigenen Vorhaben vereinnahmt. Statt den Menschen um mich herum aufmerksam zu begegnen, werde ich zum unsensiblen Klotz. Statt mir Gedanken darüber zu machen, wie ich meiner Gemeinde besser dienen kann, überlege ich mir, wie ich die Leute besser manipulieren kann. Die »Gegenseite« tut wirklich alles, um uns auf unserer Reise mit Gott Steine in den Weg zu legen. Und erfahrungsgemäß braucht es nur zwei oder drei Tage, in denen ich mir keine Zeit für Gott nehme, um mich in diese schlechte Verfassung zu bringen.

Also habe ich vor vielen Jahren eine weitblickende Entscheidung getroffen. Ich sagte: »Gott, ich muss mich mit dir treffen, wenn ich wirklich wach und aufnahmefähig bin. Und weil ich ein Morgenmensch bin, werde ich den Anfang jedes Tages für dich reservieren. Ich werde mich nicht fragen, ob mir gerade danach ist oder ob ich das jetzt schaffe, sondern ich werde es einfach tun.«

Das bedeutet, dass ich mir jeden Morgen, wenn ich mein Büro in *Willow Creek* betrete, als Erstes eine Tasse Kaffee einschenke, meine Bibel aufschlage und mich von der Wahrheit Gottes füllen lasse. Dann nehme ich einen Stift und mein Gebetstagebuch und halte fest, was Gott am Vortag in meinem Leben getan hat. Das ermutigt mich, fordert mich heraus, ernüchtert mich manchmal oder stimmt mich demütig. Ich schreibe auch meine Gebetsanliegen auf, so dass ich gedanklich bei der Sache bleibe. Wenn ich nicht im Voraus beschlossen hätte, diese Routine jeden Morgen durchzuziehen, hätte ich es nie getan und damit eine Gelegenheit verpasst, bei der Gott schon unzählige Male mein ganzes Denken völlig verändert und mich neu belebt hat. Diese morgendlichen Treffen mit Gott haben mein ganzes Leben und meinen Dienst geformt.

Vorausschauende Planung hilft mir auch bei der Predigtvorbereitung. Ich habe einmal einen bekannten und erfolgreichen Geschäftsmann sagen hören, dass eine Führungskraft ihre besten Stunden für ihren wichtigsten Beitrag zur Entwicklung ihrer Firma einsetzen sollte. Predigten zu verfassen ist der härteste Teil meines Berufs, aber es ist auch meine Hauptaufgabe als leitender Pastor von *Willow Creek*. Obwohl ich genau wie jeder andere sehr anfällig für die Versuchung bin, unangenehme Dinge vor mir her zu schieben, habe ich festgestellt, dass die Gottesdienste mit geradezu erstaunlicher Regelmäßigkeit stattfinden und dass dann jedes Mal eine Predigt vorbereitet sein muss! Das bedeutete für mich, dass ich seit 20 Jahren die Stunden zwischen halb sieben und halb elf oder elf Uhr morgens an fünf Tagen in der Woche komplett und konsequent für Bibelstudium, Gebet und Predigtvorbereitung reserviere.

Wenn Leute mit mir frühstücken gehen wollen, muss ich absagen (selbst wenn sie mich einladen!). Die Mitarbeiter in *Willow Creek* haben es aufgegeben, mich zu Vormittags stattfindenden Meetings zu bitten. Ich weiß, dass ich nicht in der Lage sein würde, meine Berufung zu erfüllen, wenn ich diese vorausschauende Entscheidung nicht konsequent durchhalte.

Auch in meinem Verhältnis zu meinen Kindern spielt vorausschauende Planung eine große Rolle. Als sie noch kleiner waren, wurde mir klar, dass ich die Beziehung zu den Kindern beeinträchtigen würde, wenn ich nicht an mindestens vier Abenden in der Woche zu Hause war, ganz egal, was in der Gemeinde anstand. Damit will ich nicht sagen, dass vier Abende pro Woche die für jede Familie gültige magische Zahl ist, doch für meine Kinder in meiner persönlichen Familienstruktur schien mir dies richtig, um wirkliche Präsenz zu zeigen. Und es gab nur eine einzige Möglichkeit, das zu erreichen: Ich musste die Disziplin aufbringen, mir den Terminplaner fürs kommende Jahr zu nehmen und an vier Abenden pro Woche »Familienabend!!!« einzutragen. Wenn ich einmal eine Woche auf Seminaren oder Vorträgen unterwegs war, stellte ich sicher, dass ich in der anschließenden Woche besonders viel Zeit mit den Kindern verbrachte, und regelmäßig nahm ich eines der Kinder auf eine solche Vortragsreise mit, um ganz besondere Erinnerungen nur für uns beide zu schaffen.

Doch auch hier musste ich wieder im Voraus den Entschluss fassen und die Terminplanung organisieren. Wenn ich versucht hätte, immer wieder Zeit für die Kinder freizuschlagen, während ich mitten in einem Chaos aus Terminanfragen und Verabredungen steckte, wären Shauna und Todd definitiv immer zu kurz gekommen – und mit Sicherheit hätte ich heute keine so gute Beziehung zu ihnen.

Eine andere vorausschauende Entscheidung in Bezug auf meine Kinder war, dass ich beschloss, sie schon sehr früh an biblische Wertvorstellungen und Lehren heranzuführen. Außerdem übte ich von klein auf mit ihnen, Entscheidungen zu treffen, und versuchte, ihnen klarzumachen, wie die Kosten-Nutzen-Rechnung bei immer komplexeren Problemen aussieht.

Ich konnte noch nie viel mit der Idee der anti-autoritären Erziehung anfangen, bei der Eltern ihren Kindern beinahe völlige Freiheit lassen, damit sie sich »von selbst« entwickeln. Ich glaube, dass den Kindern damit ein schlechter Dienst erwiesen wird und dass viele junge Menschen aus diesem Grund heute keine Grundlage haben, auf der sie kluge Entscheidungen treffen können. Meiner Meinung nach sollten Eltern ihre Kinder möglichst früh auf dem Weg zur Entscheidungsfindung begleiten und ihnen Hilfen und Methoden zeigen, um die Pros und Kontras der gegebenen Alternativen abzuwägen. Wenn solche Kinder dann ins Teenageralter kommen, sind sie bereits geübt darin, mit verschiedenen Möglichkeiten umzugehen und sich für die Klügste zu entscheiden; und wahrscheinlich haben sie eine weit höhere Widerstandskraft gegen Versuchungen als Kinder, die völlig unvorbereitet in diese Lebensphase treten.

Noch einmal

Wenn Sie jetzt so langsam den Eindruck gewinnen, dass ich mit dem Thema »vorausschauende Planung« immer noch nicht fertig bin, dann haben Sie Recht. Ich weiß genau, wie wichtig dieses Thema in meinem eigenen Leben ist, und ich bin mir nicht sicher, ob ich mich deutlich genug ausgedrückt habe. Können Sie die Auswirkungen schon absehen, die vorausschauende Entscheidungen auf Ihre Beziehung zu Gott, Ihr Familienleben, Ihre Arbeit, Ihren Dienst und Ihr Verhältnis zu Ihrem Körper haben können?

Denken Sie an eine kleine Sache, wie zum Beispiel das Aufstehen am Morgen. Wünschen Sie manchmal, Sie hätten ein bisschen mehr Zeit, bevor Sie morgens aus dem Haus gehen – sei es, um zu beten, Ihren Tag zu planen oder einfach mit Ihrer Frau oder Ihrer Familie zusammen zu frühstücken? Wenn Sie das Prinzip der vorausschauenden Entscheidungen befolgen, dann stellen Sie Ihren Wecker eine halbe Stunde früher, und während Sie das tun, sagen Sie sich: »Wenn dieses Ding morgen früh klingelt, stehe ich auf. Ich werde nicht liegen bleiben, meinen Biorhythmus analysieren und mich fragen, ob mir nach Aufstehen zu Mute ist. Ich kümmere mich nicht darum, wie ich mich fühle. Ich werde aufstehen, wenn der Wecker klingelt, weil ich es beschlossen habe. Es war die richtige Entscheidung und ich werde mich daran halten.« Und dann bringt Sie das Prinzip der vorausschauenden Entscheidung pünktlich aus dem Bett und Sie haben einen positiven Start in den Tag. Na ja, hoffentlich.

Oder halten Sie sich etwas Größeres vor Augen, wie zum Beispiel tiefe Freundschaften. Ich höre oft Leute klagen, dass sie keine wirklich guten Freunde haben. Meist liegt das daran, dass sie nicht die Disziplin aufgewendet haben, um solche Freundschaften aufzubauen und zu pflegen. Eine disziplinierte Person würde sagen: »Ich treffe jetzt die definitive Entscheidung, zu diesem Hauskreis zu gehen, und ich werde dieser Entscheidung treu bleiben und jede Woche dort erscheinen. Und jedes Mal werde ich mich bemühen, offen zu sein, auf die Leute zuzugehen und Beziehungen zu ihnen aufzubauen.« In einem Jahr wird diese Person wahrscheinlich auf einen Kreis von vier oder fünf Leuten blicken können, die ihm oder ihr zu wahren Brüdern und Schwestern geworden sind – und zwar auf Grund einer vorausschauenden Entscheidung.

Dasselbe gilt auch für den Gemeindebesuch. Die Bibel äußert sich ziemlich eindeutig zu der Notwendigkeit, Gemeinschaft mit anderen Christen zu haben und sich gegenseitig in der geistlichen Entwicklung zu unterstützen. Im Brief an die Hebräer, Kapitel 10, Vers 25 steht: »Einige von euch haben sich angewöhnt, den Versammlungen fernzubleiben. Das ist nicht gut; vielmehr müßt ihr einander Mut machen.« Wenn Christen zusammenkommen, sei es zum Gottesdienst, zu Hauskreisen oder anderen Gruppen, geht es nicht um das Befolgen einer Regel; es geht darum, eine Gelegenheit zu nutzen, um geistlich zu wachsen. Man weiß nie, wann Gott bei einem solchen Treffen so stark wirkt, dass er unsere Herzen berührt und unser Inneres für immer verändert. Wenn wir die Gemeinschaft mit anderen Christen allzu lässig sehen und denken: *Ach, heute regnet es. Ich glaube, ich gehe nicht zur Kirche*, könnte es sein, dass wir ein direktes Eingreifen Gottes in unser Leben verpassen.

Kürzlich sagte eine Frau nach einem Gottesdienst in *Willow Creek* zu mir: »Ich könnte Ihnen den Sitzplatz zeigen, auf dem ich saß, als ich zum ersten Mal Gottes Gnade begriffen und Jesus in mein Leben eingeladen habe. Dann den Platz, an dem ich saß, als ich den Entschluss fasste, eine Abhängigkeit loszulassen, die mein Leben gefährdete. Ich weiß auch noch, wo ich saß, als ich Gott zum ersten Mal wirklich in einer großen Herausforderung voll und ganz vertraute. Und ich bin froh, dass ich keine einzige dieser Gelegenheiten verpasst habe, bei denen der Geist Gottes hier in diesem Raum war und zu mir gesprochen hat.«

Im Laufe meines Lebens habe ich an unzähligen Gottesdiensten und Gruppentreffen teilgenommen, bei denen allem Anschein nach nicht das Geringste in mir passierte. Doch ich habe genauso viele Veranstaltungen erlebt, in denen mein Leben von Grund auf verändert worden ist. Nie habe ich vorher gewusst, ob Gott dieses Mal die Gemeinschaft mit anderen Christen, die Predigt oder das gemeinsame Singen dazu benutzen würde, mich auf besondere Weise zu berühren. Nur die im Voraus getroffene Entscheidung, regelmäßig Gemeinschaft mit anderen Christen zu haben, machte es mir möglich, zur Stelle zu sein, wenn Gott mir etwas Besonderes mitteilen wollte.

Auch wenn ich im Urlaub bin, versuche ich, an den Gottesdiensten der Ortsgemeinde teilzunehmen. In einer meiner letzten Sommerpausen besuchte ich eine kleine afro-amerikanische Gemeinde in Michigan. Eines Sonntags sprach der Pastor darüber, dass wir unsere von Gott gegebene Berufung mit Eifer und Konsequenz verfolgen sollten; genau das hatte ich an diesem Tag gebraucht. Wäre ich nicht hingegangen, hätte ich einen Impuls verpasst, der für diese Phase meines Lebens von größter Wichtigkeit gewesen ist.

Bevor ich zur letzten Komponente von Disziplin komme, möchte ich Ihnen eine Übung vorstellen, die für mich extrem hilfreich gewesen ist. Nehmen Sie sich ein paar Minuten Zeit, und halten Sie sich die wichtigsten Entschlüsse vor Augen, von denen Sie denken, dass sie Gottes Willen für Ihr Leben entsprechen. Denken Sie an Dinge wie sexuelle Treue zu Ihrem Partner, enge Beziehungen, geistige und geistliche Weiterentwicklung, eine gesunde Einstellung zur Arbeit, ein gutes Verhältnis zu Ihren Kindern, Mitgefühl für Menschen in Not oder den Einsatz Ihrer geistlichen Gaben zum Wohl anderer. Dann überlegen Sie sich, welche vorausschauenden Entscheidungen Sie treffen müssen, um diese Entschlüsse durchzuhalten. Denken Sie gründlich über die Ideen nach, die Ihnen kommen; beten Sie drüber und schreiben Sie sie auf. Das Festhalten dieser Ideen und Entschlüsse in schriftlicher Form hilft Ihnen dabei, Ihre Gedanken in sinnvollen Bahnen zu halten, und gibt Ihnen eine bleibende Erinnerung an die Schritte, die Sie unternehmen müssen, damit Ihr Leben so verläuft, wie Sie – und Gott – es wollen.

Feiern will gelernt sein

Die vierte Komponente der Disziplin nenne ich »Mini-Feste«. Wenn wir auf lange Sicht diszipliniert leben wollen, müssen wir kleine

Feste in unsere täglichen Abläufe einbauen. Denn eine der großen Gefahren auf dem Weg, eine disziplinierte Persönlichkeit zu werden, liegt darin, dass es möglich ist, alle Freude aus unserem Leben wegzuplanen. Ich weiß das so genau, weil ich es erlebt habe. Und ich erreichte schließlich einen Punkt in meinem freudlosen Dasein, an dem ich gezwungen war, Gottes Ansichten von einem disziplinierten Leben noch einmal ganz neu kennen zu lernen.

»Fröhlichkeit ist gut für die Gesundheit«, steht in den Sprichwörtern, Kapitel 17, Vers 22. Und: »... der Glückliche hat nur Feiertage« (15,15). Zu diesem Zeitpunkt hätte ich mich nicht unbedingt als »glücklich« bezeichnet. Doch diese leichtherzige Fröhlichkeit war genau das, was Gott mir gönnen wollte – und was er auch für Sie will.

Gott weiß, wie wir »funktionieren« und was zu unserem Wohlbefinden beiträgt. Er weiß, dass wir kein chaotisches, unstrukturiertes, zerrissenes Leben führen und uns trotzdem erfüllt und zufrieden fühlen können. Er weiß, dass Ziellosigkeit zu Frustration und Depressionen führt – zu einem Leben, das früher oder später explodieren oder implodieren wird und nichts als Zerstörung zurücklässt. Und deshalb lädt er uns dazu ein, wohlgeordnete Muster aufzunehmen und Disziplin zu entwickeln, damit wir auf den Weg kommen, der unser Leben bedeutungsvoll, nützlich und erfüllend macht. Denn er weiß, dass wir das brauchen.

Doch er weiß auch, dass wir Lachen, Gemeinschaft und Spaß, Spontaneität und Feste brauchen; all das ist unerlässlich, um die lebenswichtige Balance zu halten und nicht irgendwann in einer gesetzlichen, starren, öden und erschöpfenden Sackgasse stecken zu bleiben, in der es keine Freude gibt.

Als Jesus als Mensch auf der Erde war, lebte er uns einen ausgewogenen Lebensstil vor, der durchsetzt war mit Bergwanderungen, Lagerfeuern am See, Bootsausflügen, Hochzeitsfeiern, ausgedehnten Abendessen und Besuchen bei guten Freunden. Er wusste, dass er in den wichtigen Dingen diszipliniert sein musste, doch er wusste auch, dass er viel Zeit für die Art von Begegnungen und Aktivitäten brauchte, die zu seinen befreienden, vergnüglichen, fröhlichen und freudigen Erfahrungen beitrugen. Also stellte er seinen Lebensstil auf dieses Gleichgewicht ein, und er lädt uns ein, unser Leben ebenso auf Selbstdisziplin und Zielstrebigkeit auszurichten, aber dabei immer wieder »Mini-Feste« in die andere Seite der Waagschale zu werfen, die uns das Leben versüßen. Ich persönlich bemühe mich, diese Balance in meinem Leben herzustellen – und schon jetzt genieße ich die Früchte, die die Ansätze dieser Bemühung bringen.

Das ist es also, dieses bemerkenswerte Werkzeug namens Disziplin, das aus vier Komponenten besteht: lohnende Ziele, verzögerte Belohnungen, vorausschauende Planung und »Mini-Feste«. Wir können es ganz unten in unserer Werkzeugkiste verrosten lassen, wenn wir wollen, aber warum sollten wir? Wenn wir es in die Hand nehmen und benutzen, können wir die gesamte Struktur unseres Lebens verändern – und es ist nicht abzusehen, was wir dann alles erreichen können.

Die Entscheidung liegt ganz bei uns.

Kapitel 5

Die Wahrheit sagen

Umfrageergebnisse aus Wirtschaftsmagazinen und Managementbüchern bestätigen, dass Ehrlichkeit die Eigenschaft ist, die Angestellte an ihren Arbeitgebern am meisten schätzen. Dasselbe gilt übrigens auch umgekehrt für Arbeitgeber. Sie wollen sicher sein, dass sie glauben können, was ihre Angestellten sagen, und dass sie ihnen ohne ständige Kontrolle vertrauen können.

Wenn Singles ihren Traumpartner beschreiben sollen, fällt unausweichlich auch der Begriff »ehrlich« und »vertrauenswürdig«. Wohl kaum jemand kann sich eine Ehe vorstellen, deren Fundament nicht absolute gegenseitige Offenheit und Ehrlichkeit ist.

Ein befreundetes Ehepaar, das schon seit vielen Jahren verheiratet ist, bezeichnet totale Ehrlichkeit als einen der Schlüssel zu ihrer glücklichen Beziehung. »Wir haben uns geschworen, einander niemals anzulügen«, sagen sie, »und wir haben uns daran gehalten.«

In einer Kultur, in der Lügen und Verrat ganz normale Inhalte von Filmen, Büchern, Talkshows, Nachrichtensendungen und Politik sind, scheinen absolute Integrität und Ehrlichkeit manchmal eine einsame und von vornherein zum Scheitern verurteilte Mission zu sein. Andererseits hat diese öffentliche Zurschaustellung von Unehrlichkeit in vielen Menschen eine so ausgeprägte Abneigung gegen Betrug und Lüge hervorgerufen, dass wir uns unwiderstehlich zur Wahrheit hingezogen fühlen, ob nun die anderen mit in diese Richtung gehen oder nicht.

Natürlich sind öffentliche Lügen nicht die einzige Quelle dieser Abneigung, Die meisten Menschen sind zumindest schon einige Male auf so schmerzhafte, gemeine Art belogen worden, dass sie sich nur schwer wieder davon erholt haben. Vielleicht erinnern Sie sich noch an den Verrat, den ich durch einen vermeintlichen Freund erlitten habe und den ich im ersten Kapitel schilderte.

Als ich diesen »Freund« das nächste Mal sah, war ich beinahe blind vor Wut. Obwohl die Sache viele Jahre später zu einem guten Abschluss kam, ist seitdem die Abscheu gegen Lüge und Verrat tief in mir verankert.

Erinnern Sie sich noch an das erste Mal, als Sie belogen oder betrogen wurden? Das erste Mal, als Ihr Vertrauen enttäuscht oder die Wahrheit auf für Sie verletzende Weise verdreht wurde? Ich wette, Sie haben den Vorfall noch im Detail vor Augen. Hatten Sie daraufhin den Wunsch, der menschlichen Rasse endgültig den Rücken zuzukehren? Wären Sie am liebsten aufgestanden und hätten gebrüllt: »Könnten gefälligst alle Menschen ab sofort aufhören zu lügen und nur noch die Wahrheit sagen?«

Nur falls Sie da unsicher sind: Gott unterstützt dieses Ansinnen voll und ganz. Eines der Zehn Gebote lautet: »Sage nichts Unwahres über deinen Mitmenschen!« Mit anderen Worten: »Lüge nicht, verdrehe nicht die Wahrheit, und benutze deine Worte nicht, um einem anderen zu schaden.« Gott wusste von Anfang an, dass ohne eine radikale Hinwendung zur Wahrheit unsere Ehen zerbrechen, unsere Freundschaften kaputt gehen, unsere Geschäfte in Konkurs gehen, unsere Gemeinden sich spalten und unsere Regierungen scheitern würden – der Stoff, aus dem Beziehungen und Gesellschaften sind, würde sich auflösen.

In der ganzen Bibel werden wir immer wieder zur Ehrlichkeit angehalten, doch nirgends so deutlich und kompromisslos wie im Buch der Sprichwörter. Hier wird einem Lügner ein schreckliches Ende vorausgesagt; der Autor sagt, dass zu den sechs Dingen, die Gott zutiefst verabscheut, eine lügnerische Zunge gehört (6,12–19) und dass »eine Zunge, die Lügen verbreitet«, abgeschnitten wird (10,31). Unehrlichkeit ist verabscheuungswürdig, sagt uns der Verfasser dieser Verse, und wir müssen uns möglichst schnell davon befreien – ganz egal, was es kostet!

Die Spuren der Zerstörung

Ein Grund, warum die Verfasser der Sprichwörter so heftig gegen die Lüge vorgehen, ist der Schaden, den Unehrlichkeit in unserer Beziehung zu Gott anrichten kann. »Lügner sind Gott zuwider«, heißt es in den Sprichwörtern, Kapitel 12, Vers 22. Selten verwendet man in der Bibel deutlichere Worte, um Gottes Gefühle gegenüber sündigem Verhalten zum Ausdruck zu bringen. Lügen widersprechen völlig Gottes Wesen, und darum kann er keine Gemeinschaft mit jemandem haben, der uneinsichtig lügt.

Ich bin mir ziemlich sicher, dass Gott Unehrlichkeit auch wegen ihrer zweiten Konsequenz hasst: weil sie andere Menschen zerstört.

Sprichwörter, Kapitel 15, Vers 4 lautet: »Ein versöhnliches Wort hilft anderen zum Leben; wer unversöhnlich redet, zerstört jede Gemeinschaft.« Luther übersetzt diese Stelle mit den folgenden Worten: »Eine linde Zunge ist ein Baum des Lebens; aber eine lügenhafte bringt Herzeleid.« Wie könnte ein Gott, der sich an Liebe und Auferbauung der Menschen erfreut, etwas tolerieren, das Kummer hervorbringt?

Jede Woche treffe ich in unserer Gemeinde auf Menschen, denen durch Lügen, Betrug und Unehrlichkeit großer Schaden zugefügt wurde. »Sie hat doch versprochen, mir immer treu zu sein«, schluchzt ein verzweifelter Ehemann, der gerade erfahren hat, dass seine Frau ihn betrügt. »Er hat mir versprochen, nie mehr zu trinken«, klagt ein 13-jähriger Junge, der sich wieder einmal von den Schlägen seines alkoholisierten Vaters erholt. »Der Auftraggeber hatte doch die sofortige Zahlung zugesagt. Wie soll ich jetzt meine Angestellten bezahlen?«, fragt ein Mann, der nach einem fertig gestellten Projekt mit leeren Händen dasteht. Und so geht es immer weiter – nur einige Beispiele für tiefen Kummer, der durch Unehrlichkeit und Betrug entstanden ist.

Viele Leute beklagen sich darüber, dass ihr Leben nicht so läuft, wie sie es geplant hatten; immer scheinen ihnen zerbrochene Träume, geplatzte Hoffnungen und versäumte Ziele dazwischenzukommen. In vielen Fällen können Sie diese Enttäuschungen zurückverfolgen, bis Sie auf die unmissverständlichen Spuren einer Lüge stoßen. Es hat vielleicht mit einer ganz kleinen Abweichung von der absoluten Aufrichtigkeit angefangen, doch allzu oft führt dieser erste, unbedeutend scheinende Schritt zu stärkeren Formen der Unaufrichtigkeit und schließlich zu offenen Lügen. Unterwegs beginnt die betroffene Person, den Zerfall ihrer Beziehungen zu Gott und zu anderen Menschen zu spüren. Es ist einfach, anderen Leuten oder dem Schicksal die Schuld in die Schuhe zu schieben, wenn eigentlich die eigene Leichtfertigkeit im Umgang mit der Wahrheit die Ursache für unsere Probleme ist.

Haben Sie in letzter Zeit gelogen? Kleine, »harmlose« Halbwahrheiten verbreitet? »Wir sollten unbedingt mal zusammen essen gehen!« Ja, klar! »Ich zahl's dir auch ganz schnell zurück!« Sicher! »Hast du mal eine Minute Zeit?« Nur eine Minute? Wirklich?

Überzeichnen Sie manchmal ein wenig die Realität? Fügen Sie einer Geschichte ein bisschen Extra-Würze hinzu? Schmücken Sie eine persönliche Leistung ein wenig zu stark aus? Oder schminken Sie die Wahrheit ein bisschen freundlicher zurecht? Stellen Sie einen

Fehler geringfügiger dar, als er tatsächlich gewesen ist? Lassen Sie eine Person durch Ihre Kommentare schlecht aussehen? Haben Sie schon einmal über das Verhalten eines anderen Menschen hergezogen und diese Person dadurch dumm oder grausam wirken lassen? Haben Sie sich schon einmal in eine schwierige Situation hineinmanövriert und sich durch eine Notlüge gerettet? Haben Sie dieser Versuchung schon einmal nachgegeben?

Erinnern Sie sich noch daran, wie Sie sich nach der letzten Lüge gefühlt haben? Die meisten Menschen verspüren bei dem Gedanken ein leichtes Unwohlsein in der Magengegend oder eine kleine Rötung im Kopfbereich. Doch das Schlimmste ist, dass wir nicht wissen wohin mit unseren Augen. Wir haben nur zwei Möglichkeiten: der Person, die wir angelogen haben, direkt in die Augen zu sehen oder auf den Boden zu schauen. Man muss schon ein geübter Lügner sein, um Ersteres zu schaffen. Wohl niemand von uns möchte sich selbst so sehen, doch wenn wir den Blick auf unsere Schuhe lenken, ist das ein klares Schuldbekenntnis.

Wie auch immer: Mit der Zeit erfahren Sie, dass lügen eine heikle, schmutzige Angelegenheit ist. Und das wird es auch immer bleiben, denn wir sind nach dem Bild eines wahrheitsliebenden Gottes geschaffen. Gottes Charakter ist so rein, dass er unfähig zur Lüge ist. Und weil auch in uns die Anlage zu dieser Reinheit steckt, wird es sich immer unnatürlich, unpassend und falsch anfühlen, wenn wir lügen. Es wird immer Alarmglocken in unserem Unterbewusstsein und dieses schlechte Gefühl in der Magengegend geben. Wir sind nicht dazu geschaffen zu lügen.

Die einzige vernünftige Entscheidung ist es also, nicht mehr zu lügen. Von jetzt an. Und nie mehr. Wenn wir auch nur den kleinsten Wunsch verspüren, die Wahrheit ein wenig zu manipulieren – und wer hat den nicht von Zeit zu Zeit? –, sollten wir uns sagen: »Mit Gottes Hilfe will ich von nun an die Wahrheit sagen und nichts als die Wahrheit, immer und in jeder Situation, mein Leben lang.« Ein solcher Beschluss wird dazu führen, dass unsere Beziehungen zu Gott und zu anderen Menschen immer besser werden. Es wird mit Sicherheit nicht immer einfach sein. Oft besteht die Gefahr, dass wir Menschen verletzen, wenn wir ehrlich zu ihnen sind. Hier sollten wir lernen, die Wahrheit *in Liebe* zu sagen! Doch grundsätzlich sollten wir willens sein, eine Linie in den Sand zu ziehen und zu sagen: »Bis hierher und nicht weiter. Keine Halbwahrheiten mehr, keine Übertreibungen, keine Verdrehungen der Realität. Ich will nicht mehr lügen!«

59 oder weniger

Wenn Sie den festen Entschluss fassen möchten, aufrichtig zu werden, bietet Ihnen das Buch der Sprichwörter einige erfrischend praktische Tipps für die Reise.

Die erste Empfehlung ist so geradeheraus, wie sie nur sein kann. Sie möchten weniger mit Worten verletzen? Dann reden Sie weniger! Nein, das ist kein Witz. Lesen Sie selbst, es steht in den Sprichwörtern, Kapitel 10, Vers 19. Wegen solcher Verse liebe ich das Buch der Sprichwörter. Ich wünschte, ich könnte den Autor bzw. die Autoren einmal kennen lernen.

Ich kann beinahe hören, wie er seine Strategie entwickelt: »Geht es dir wirklich darum, wahrhaftig zu sein? Dann lass uns praktisch werden und diese Sache herausarbeiten. Wenn du 300 Gespräche in der Woche führst und dabei fünfmal lügst, liegt dein Lügenindex bei 300 zu 5. Du willst die Anzahl der Lügen senken? Dann überleg mal, was passiert, wenn du nur noch 200 Gespräche pro Woche hast. Dein Lügenquotient liegt dann voraussichtlich nur noch bei 3,3. Reduziere auf 60 Gespräche und du wirst nur noch einmal lügen. Und darin liegt die Schönheit dieses Systems: Wenn du gar nicht mehr lügen willst, führe nicht mehr als 59 Gespräche in der Woche.«

Vermutlich lachen Sie über diese Überlegungen, aber ich habe bei mir selbst festgestellt, dass ich ein umso reineres Gewissen in Bezug auf Ehrlichkeit habe, je weniger ich rede. Je weniger ich rede, desto weniger übertreibe ich. Je weniger ich rede, desto seltener sage ich Dinge, die ich im Nachhinein bereue. Je weniger ich rede, desto weniger Versprechungen mache ich, die ich nicht halten kann. Und ich habe den Verdacht, dass das auch auf Sie zutrifft.

Es gibt noch weitere Empfehlungen zum Thema »weniger reden« im Buch der Sprichwörter: »Ein guter Mensch hilft mit überlegten Antworten; der Unheilsstifter sprudelt über von unheilvollen Reden« (15,28). Wer hat am Ende einer Woche wohl mehr Fortschritte auf dem Weg zur Wahrhaftigkeit gemacht – jemand, der seine Worte sorgfältig abwägt, oder jemand, der alles sofort ausspricht, was ihm durch den Sinn schießt?

Die Weisheit der Sprichwörter macht deutlich, dass wir nicht an jedem Gespräch teilnehmen müssen. Wir müssen auch nicht jeden Gedanken in Worte fassen, der uns durch den Kopf geht. Wir sollten uns im Gegenteil gut überlegen, was wir sagen. Computer (so hat man mir erzählt) haben ein Korrekturprogramm, mit dem man die Rechtschreibfehler in einem Text aufspüren kann. Das Programm ruft die falsch geschriebenen Worte selbständig auf und bietet eine Alternative an, sodass man den Fehler korrigieren kann, bevor man das Ganze dann ausdruckt. (Als jemand, der wirklich keinen blassen Schimmer von Computern hat, muss ich mich darauf verlassen, dass man mir keinen Unsinn erzählt hat.) Das Buch der Sprichwörter schlägt uns vor, unsere Äußerungen erst einmal durch ein »Lügen-Such-Programm« laufen zu lassen, bevor wir sie aussprechen. Wenn die Ideen und Worte sich in unserem Gehirn bilden, würde dieses Korrekturprogramm fragen: »Ist diese Äußerung nötig und hilft sie irgendjemandem weiter? Wenn nicht, warum sie dann aussprechen?« Warum die Menge unserer Worte unnütz vermehren und damit die Wahrscheinlichkeit erhöhen, dass wir uns verbal daneben benehmen? Sind die Worte, die da ausgesprochen werden sollen, wirklich und ohne Zweifel wahr? Wenn nicht, warum noch eine weitere Minute mit Gedanken daran verschwenden, geschweige denn sie aussprechen?

Wie viele negative und verletzende Worte würden wohl nie das Licht der Welt erblicken, wenn wir uns die Zeit nehmen würden, uns diese Fragen zu stellen, bevor wir etwas sagen?

Schweigen statt Wahrheit?

Doch es gibt noch eine andere Seite der Ehrlichkeit. Ja, wir sind dazu aufgerufen, unnötige Worte zu vermeiden, jede Äußerung erst zu prüfen und – wenn nötig – nicht auszusprechen, damit wir nicht die Unwahrheit sagen. Doch gleichzeitig sollen wir die Wahrheit auch aussprechen, wenn eine Situation es erfordert – und zwar ohne Zögern, ohne falsche Zurückhaltung und ohne an die Kosten zu denken, selbst wenn diese für uns persönlich sehr hoch sein können.

Für mich ist das der Bereich der Ehrlichkeit, der am entwicklungsbedürftigsten ist. Gott sei Dank stehe ich im Moment kaum in der Versuchung, wilde Lügengebäude zu konstruieren oder böse Rufmordkampagnen anzuzetteln. Während ich sehr bewusst meine Gedanken und Worte auf ihren Wahrheitsgehalt überprüfe, merke ich, wie Gott mich in meiner Entwicklung in diesem Bereich unterstützt. Doch wenn es darum geht, jemandem eine harte Wahrheit offen ins Gesicht zu sagen, der diese Wahrheit unbedingt hören muss, dann merke ich viel zu oft, dass ich zögere.

Ich habe einen Freund, der sich mit seinem Alkoholkonsum langsam selbst zu Grunde richtet; sein Geist und sein Körper zeigen schon deutliche Spuren seiner jahrelangen Abhängigkeit. Das mit anzusehen, macht mich zutiefst traurig; trotzdem habe ich nur ein einziges Mal, vor etwa drei Jahren, den Mut aufgebracht, ihm die Wahrheit über seine Sucht zu sagen. Woche für Woche verschlechtert sich sein Zustand; bald wird sein Leben nur noch an einem dünnen Faden hängen. Warum mache ich den Mund nicht auf? Warum halte ich die Wahrheit zurück?

Ich habe einen anderen Freund, dessen Erziehungsansichten seinen ältesten Sohn langsam kaputt machen. Der Vater ist ein sehr bestimmender Mann, der fest entschlossen ist, seinen 16-jährigen Sohn zu einem Superathleten zu machen. Dabei ist der Junge gar nicht so sportbegeistert; jeder (mit Ausnahme seines Vaters) kann sehen, dass seine Liebe und seine Begabungen viel mehr auf dem Gebiet von Schriftstellerei und Musik liegen. Wie vorauszusehen ist, wird die Beziehung zwischen Vater und Sohn immer schlechter. Der Vater übt ständig Druck auf den Sohn aus; der Sohn zieht sich immer mehr zurück. Warum habe ich den Mann noch nicht darauf angesprochen und ihm gesagt, was ich für die Wahrheit halte? Warum habe ich ihm noch nicht sorgfältig auseinandergesetzt, was mir an der Richtung, in die diese Vater-Sohn-Beziehung steuert, Sorgen macht? Ich habe meinem Freund in den vergangenen Jahren häufig geholfen und ihm Liebe und Respekt erwiesen; er weiß, dass ich nur das Beste für ihn und seine Familie im Sinn habe. Und trotzdem habe ich Angst, die Wahrheit zu sagen. Was ist mit mir los?

Diese beiden Beispiele waren schon ausgesprochen schmerzlich für mich, aber hier ist noch eines: Neulich lernte ich einen Mann kennen, der einer der nettesten, offensten Menschen ist, die ich je getroffen habe. Wir haben uns schon über die verschiedensten Themen unterhalten und ich habe jedes dieser Gespräche genossen. Doch bis heute habe ich noch nicht den Mut gehabt, mit ihm über die wichtigste Wahrheit im Leben zu sprechen – dass Gott ihn liebt und seinetwegen die Himmelstore weit aufgerissen hat. Er hat mir erzählt, dass er noch nie in einer Kirche gewesen ist und keinerlei geistlichen Hintergrund hat. Trotzdem habe ich noch nicht ein einziges Mal mit ihm über die wichtigsten Wahrheiten des christlichen Glaubens gesprochen. Was ist nur los mit mir?

Sie wissen, was mit mir los ist. Es ist wahrscheinlich dasselbe, was mit den meisten von uns los ist: Ich schrecke davor zurück, die Wahrheit zu sagen, weil es mich etwas kosten könnte. Es könnte eine schlechte Stimmung in der betreffenden Beziehung hervorbringen. Ich könnte missverstanden oder zurückgewiesen werden. Was würde geschehen, wenn mein alkoholsüchtiger Freund zu mir sagte, seine Trinkgewohnheiten seien nicht meine Angelegenheit, wenn der sportbegeisterte Vater mir nahelegte, mich aus seinen Familienproblemen herauszuhalten oder wenn mein neuer Bekannter mich in die Schublade »religiöser Spinner« einordnen würde. Wäre das nicht das Ende der Welt?

Die hässliche Wahrheit ist, dass ich viel zu oft um des lieben Friedens willen nicht ehrlich bin. Ich verschweige die Wahrheit, weil sie die Oberfläche meines friedlichen kleinen Lebens-Teiches aufwühlen könnte, und wie viele andere Menschen will ich eigentlich nur meine Ruhe haben. Ich will keine Wellen; ich will eine glatte Oberfläche. Das ist die Wahrheit über mich und ich verabscheue sie.

Wenn ich mit solch schwierigen Situationen konfrontiert werde, muss ich mich an Sprichwörter, Kapitel 3, Vers 3 erinnern: »Liebe und Treue zu anderen sollen bei dir niemals fehlen. Schmücke dich damit wie mit einer Halskette!« Was will der Autor damit sagen? Das Wort für »Treue« im Originaltext kann auch »Wahrheit« bedeuten. Das heißt also, dass wir uns anderen gegenüber an die Wahrheit halten sollen, egal, was kommt, und dass wir sie denen mitteilen sollen, die sie hören müssen. Fällt Ihnen das schwer? Dann hängen Sie sich die Wahrheit um den Hals wie ein Schmuckstück, um sich immer an sie zu erinnern und damit sie jeder an Ihnen sehen kann. Halten Sie sich an die Wahrheit und sprechen Sie sie aus – in Ihrer Ehe, Ihrer Familie, in Ihren Beziehungen, in der Schule oder am Arbeitsplatz und in der Kirche.

Dieser Vers ist ein Versuch des Autors, uns in diesem Bereich aus unserer Wohlfühlzone herauszureißen. Ich nehme an, dass er das tut, weil er die Bedeutung der Ehrlichkeit kannte. Er wusste, dass die Wahrheit die Macht hat, den Kurs eines ganzen Lebens zu verändern; im Gegensatz dazu wusste er aber auch, wie tragisch es ist, wenn eine solche Gelegenheit zur Kursänderung verloren geht, weil Worte der Wahrheit zurückgehalten werden.

Ich bin so dankbar, dass sich im Laufe meines Lebens immer wieder Menschen getraut haben, ehrlich zu mir zu sein. Immer und immer wieder haben die Worte eines anderen meinen Kurs neu ausgerichtet. Als ich noch ein Junge war, fuhr ich auf eine christliche Freizeit, bei der einer der Leiter entdeckte, dass ich zwar religiös war, aber nicht die leiseste Ahnung hatte, was es bedeutete, eine persönliche Beziehung zu Gott zu haben. Er fragte mich, ob mir klar war, was es hieß, Christ zu sein. »Hast du jemals Jesus Christus gebeten, mit dir Kontakt aufzunehmen? Hast du je begriffen, dass er dir mit seinem Tod am Kreuz die Möglichkeiten gegeben hat, alle deine Fehler und Vergehen hinter dir zu lassen und ganz neu anzufangen? Hast du ihn je gefragt, ob er in deinem Leben das Steuer übernehmen will? Wenn nicht: Möchtest du das jetzt tun?« Dieser junge Leiter riskierte eine peinliche Abfuhr eines ziemlich von sich selbst eingenommenen Jungen, doch letztlich führten seine hartnäckigen Fragen dazu, dass ich mich Gott wirklich zuwandte. Wo [illegible]ünde ich heute, wenn es ihm damals mehr um die gute Stimm[illegible]ls um die Wahrheit gegangen wäre?

Später hatte ein älterer Christ den Mut, mich zu fra[illegible] meiner Ziele für die Ewigkeit Bestand hätten. Wir [illegible] Abends in seinem Auto herum und er sagte: »Bill, ich s[illegible] sehr engagiert in eurem Familienbetrieb arbeitest. Ich se[illegible] sehr viel Wert darauf legst, Geld zu machen, Dinge zu [illegible] und ein Leben mit vielen Annehmlichkeiten zu führen. Abe[illegible]as ist mit geistlichen Angelegenheiten? Was ist mit Gottes Absicht, Menschen zu verändern und die Welt zu retten? Du bist bereit, alles in dein Lebensprogramm zu investieren. Aber was ist mit Gottes Programm?«

Es fiel ihm schwer, das zu sagen, weil er sehr genau wusste, wie tief ich in einem System steckte, das mir alles zu bieten schien, was ich mir wünschte. Welchen Grund gab es für mich schon, ihm zuzuhören? Doch seine Worte konfrontierten mich mit einer der fundamentalsten Fragen, die ein Mensch sich stellen kann: »Was werde ich mit meinem Leben anfangen, dem einzigen, das ich habe? Was werde ich tun, um etwas zum Besseren zu verändern, Menschen in ihrem Innersten zu berühren und einen Unterschied in der Ewigkeit zu bewirken?« Diese Frage verfolgte mich und öffnete mir schließlich die Augen für die Berufung, die Gott für mich hatte.

Wieder einige Jahre später sagte ein guter Freund zu mir: »Ich denke, es ist an der Zeit, dass du dir einen guten Seelsorger oder Therapeuten suchst. Ich weiß, dass du viel betest, in der Bibel liest und versuchst, deinen Glauben auch im Alltag praktisch zu leben. Aber ich habe das Gefühl, dass es da eine Verletzung in dir gibt, eine Zerbrochenheit, die du wahrscheinlich nur mit der Hilfe eines sehr erfahrenen Seelsorgers zu Tage fördern und in Ordnung bringen kannst.«

Es gefiel mir nicht, das zu hören. Am liebsten hätte ich dem Kerl gesagt: »Hey, erzähl mir nicht, dass ich einen Seelenklempner brauche!« Natürlich war genau diese Reaktion ein deutlicher Hinweis darauf, dass er Recht hatte, doch so sah ich das zu diesem Zeitpunkt ganz und gar nicht. Ich betrachtete mich selbst als ein Musterbeispiel innerer und äußerer Gesundheit, und er hatte kein Recht, etwas anderes zu behaupten!

Heute bin ich zutiefst dankbar dafür, dass dieser Mann bereit war, das Risiko einzugehen und mir die Wahrheit zu sagen. Es war unbedingt nötig, dass ich sie hörte.

Liebe und Treue (Wahrheit) gegenüber anderen sollen bei uns niemals fehlen, heißt es in den Sprichwörtern. Halten Sie sich an die Wahrheit und sprechen Sie sie aus. Sie können nie wissen, ob, wann und wie Gott Ihre Worte dazu benutzt, das Leben eines anderen Menschen zu verändern.

Zwei Bestandteile

Doch in diesem Vers steckt noch mehr als der Rat, sich an die Wahrheit zu halten und sie auszusprechen. Die Wahrheit ist hier gepaart mit Liebe. Der Autor macht deutlich, dass unsere Halskette aus beiden Komponenten bestehen soll: Liebe und Wahrheit gehören zusammen.

Um wie Christus zu werden, das lehrt uns die Bibel an verschiedenen Stellen, ist es notwendig, die Wahrheit in Liebe zu sagen oder Wahrheit mit Gnade zu kombinieren. Wahrheit gepaart mit Liebe verleiht unseren Worten verändernde Kraft. Eines ohne das andere kann tödlich sein.

Wenn wir lieblos die Wahrheit sagen, können wir andere brutal verletzen. Natürlich haben wir der Wahrheit dann einen Weg gebahnt, doch wir ziehen eine Blutspur hinter uns her.

Dann gibt es wiederum die Menschen, die jeden, der ihres Weges kommt, mit Freundlichkeit und Liebe überschütten, doch ihre sanften Worte nie mit unbequemen Wahrheiten paaren. Begegnungen mit ihnen hinterlassen daher einen sentimentalen, aber kraft- und substanzlosen Eindruck.

Sprichwörter, Kapitel 3, Vers 3 beschreibt das Gegengift für die beiden Extreme Brutalität und Sentimentalität: »Verschreibe dich ganz der Wahrheit, aber reinige deine Worte immer im Geist der Freundlichkeit, Gnade und Liebe.«

Vor einigen Jahren kam ein Mitarbeiter in mein Büro in *Willow Creek* und sagte: »Bill, wir kennen uns jetzt schon sehr lange, und du weißt, dass ich dich gern habe. Meistens bin ich richtig stolz darauf, wie du dich entwickelst und was für eine Person du wirst. Aber es gibt da etwas, was mir Sorgen macht. Können wir darüber reden? Wenn du zustimmst, verspreche ich dir, dass ich mit dir darüber beten werde, dass ich so lange und so oft mit dir darüber diskutieren werde, wie du möchtest, und dich in jeder Hinsicht begleiten werde, die dir etwas bringt. Ich bin bereit, alles zu tun, was uns durch diesen Prozess bringt und näher zueinander führt. Du weißt, dass ich dich schätze und respektiere. Also, können wir darüber reden?«

Was soll man gegen einen solchen Vorschlag einzuwenden haben? Würde ich ihn etwa nach diesem Angebot achtkant aus meinem Büro werfen? Der Mann hatte mir gesagt: »Du bist mir wichtig. Ich schätze unsere Freundschaft und möchte sie bewahren. Ich begleite dich durch alles, was kommt, und helfe dir, wo ich nur kann.« Warum sollte ich mich weigern, die Wahrheit hinter dieser Einleitung zu hören? Der Schlüssel war natürlich, dass ich wusste, dass er mich wirklich mochte und ich ihm wichtig war. Er war mir schon jahrelang ein guter Freund gewesen. Also sagte ich: »Schieß los, ich höre.« Und was er mir dann sagte, erwies sich später als Wendepunkt in meiner Entwicklung als Pastor und als Leiter.

Stellen Sie sich eine Skala mit einem farbig dargestellten Kontinuum vor. Ganz links ist ein blauer Bereich, in dem »Wahrheit« steht. Ganz rechts befindet sich der gelbe »Liebe«-Bereich. In der Mitte des Kontinuums ist eine grüne Zone, wo sich Liebe und Wahrheit vermischen. Wo würden Sie sich selbst auf dieser Skala einordnen?

Sind Sie ein Mensch, der eher im gelben Bereich lebt? Sind Sie froh, dass Sie den Ruf haben, immer ein ermutigendes Wort auf den Lippen zu haben und Ihre Zuneigung großzügig zu verteilen? Aber scheuen Sie sich manchmal davor, die Wahrheit zu sagen, wenn sie unbequem ist? Ist Ihnen der liebe Frieden wichtiger als Ehrlichkeit?

Oder sind Sie eher ein kantiger Typ, der stolz darauf ist, ganz in der blauen Zone zu leben? Haben Sie keine Scheu, Leuten auch unangenehme Dinge ins Gesicht zu sagen, wenn es nötig ist? Mögen Sie es, Leute wieder auf den richtigen Weg zu bringen? Doch ignorieren Sie dabei oft die Tatsache, dass Wahrheit und Liebe untrennbar zusammen gehören? Tendieren Sie dazu, ein wenig brutal vorzugehen?

Wir sind herausgefordert, uns auf den grünen Bereich zuzubewegen und die Fähigkeit zu entwickeln, die Wahrheit in einer so liebevollen Weise auszusprechen, dass wir ein Sprachrohr für Gottes verändernde Kraft werden können.

Ich habe im Laufe der Jahre gelernt, Menschen nicht zu nahe zu kommen, die sich dauerhaft außerhalb des grünen Bereiches bewegen. Mein Herz kann die Stiche nicht verkraften, die diejenigen verteilen, die das Messer der Wahrheit ohne Liebe schwingen. Es tut mir aber auch nicht gut, wenn jemand mich in blinder Akzeptanz mit Liebe und Zuneigung überschüttet. Das fühlt sich zwar eine Weile lang gut an, aber es bietet mir nicht die Herausforderung, die ich brauche, um mich weiterzuentwickeln. Menschen dagegen, die im grünen Bereich leben, sind ein unschätzbares Geschenk! Ich kann ihnen Zugang zu meinem Leben gewähren und weiß, dass ihre Worte meine Unreife, meine Verständnislücken und meine Ichbezogenheit durchdringen können, ohne mich tödlich zu verletzen.

Kannst du mir vergeben?

Ich möchte dieses Kapitel mit einem Rat beschließen, der nicht aus dem Buch der Sprichwörter stammt, aber überlebenswichtig für jeden ist, der alle unehrlichen Verhaltensmuster hinter sich lassen will. Dieser Rat steht im Jakobus-Brief, Kapitel 5, Vers 16 und legt uns nahe, »den Brüdern seine Verfehlungen (zu) bekennen«.

Eine der besten und hilfreichsten Übungen, denen ich mich je verschrieben habe, ist die Disziplin der sofortigen Bekenntnis jeder Art von Unehrlichkeit gegenüber der Person, die davon am stärksten betroffen ist, und zwar sobald ich mir dieser Unehrlichkeit bewusst werde. Danach bitte ich die Person um Vergebung. Manchmal bin ich so von meinem eigenen Fehlverhalten geblendet, dass ich es nicht mehr erkenne, doch sobald ich es bemerkt habe, gehe ich zu der betroffenen Person. Nachdem ich sie um Vergebung gebeten habe, sage ich ihr, dass ich versuche, ein »Wahr-Sager« zu werden, und ich danke ihr dafür, dass sie meine Entschuldigung angenommen hat. Wenn ich nicht ganz so direkt auf meine Unehrlichkeit reagiere, verliere ich meinen inneren Frieden und ein flaues Gefühl nistet sich in meinem Magen ein. Wenn ich meinen Fehler nicht eingesehen, bereut und aus dem Weg geräumt habe, beeinträchtigt das mein Leben schon sehr.

Möchten Sie Ihren Wahrheits-Durchschnitt anheben? Dann versuchen Sie doch einmal diese Übung der Schuldbekenntnis. Beschließen Sie heute, dass Sie jedes Mal, wenn Sie die Wahrheit verschleiert oder nicht zu Ihrem Wort gestanden haben, so schnell wie möglich hingehen und es der betroffenen Person beichten. Aber nehmen Sie nicht an, dass es reicht, die direkten Lügen und absichtlichen Betrügereien einzugestehen. Was ist mit den Gelegenheiten, bei denen Sie versprochen haben, jemanden zu besuchen, und dann nicht kommen? Oder wenn Sie einen Termin vereinbart haben und zu spät kommen? Oder jemandem gesagt haben, Sie melden sich und dann nie anrufen? Ist das ein durch und durch ehrlicher Lebensstil? Gibt das Menschen die Möglichkeit, Ihren Worten Vertrauen zu schenken?

Stellen Sie sich vor, wie sich unsere Familien, Schulen, Arbeitsplätze, Gemeinden und Kirchen verändern würden, wenn wir uns ganz dem Ziel verschrieben hätten, die Wahrheit in Liebe zu sagen. Es ist möglich, aber jeder Einzelne muss bei sich damit beginnen. Wir können niemand anderen dazu bringen, ehrlicher zu werden, doch wir können diese Entscheidung für uns selbst treffen. Und wir können die nötigen Schritte einleiten, um liebevolle »Wahr-Sager« zu werden.

Vielleicht sollten Sie jetzt dieses Buch zur Seite legen und sich eine Weile mit Gott beschäftigen. Vielleicht müssen Sie sich fest vornehmen, weniger zu reden, damit Sie Ihre Worte sorgfältiger abwägen und sicherstellen können, dass jedes davon notwendig und wahr ist. Oder vielleicht ist es auch nötig, die Balance zwischen Wahrheit und Liebe neu abzuwägen; vielleicht müssen Sie sich neu im grünen Bereich ansiedeln und die Extreme von verbaler Brutalität und Sentimentalität vermeiden. Vielleicht sollten Sie aber auch einen Schritt wagen, den Sie noch nie in Erwägung gezogen haben, nämlich die Selbstdisziplin, an jedem Tag ihrem Gegenüber zu bekennen, wo Sie ihm die Unwahrheit gesagt haben.

Wenn Sie das Gefühl haben, dass Sie das Thema »Bekenntnis« besonders betrifft, könnten Sie jetzt damit anfangen, indem Sie Gott Ihre Unehrlichkeiten eingestehen. Wenn Sie das tun, können Sie sicher sein, dass Sie von Gott eine Antwort erhalten, die in etwa so lauten könnte: »Ich weiß, dass du gelogen, übertrieben und Versprechen gebrochen hast. Ich weiß, dass du Halbwahrheiten gesagt und leichtfertig Zusagen gemacht hast. Ich habe sehr gut zugehört, als du mir den Rücken zugekehrt und jeder einzelnen dieser Versuchungen nachgegeben hast. Doch ich liebe dich trotzdem. Egal, wie weit du dich von mir entfernt hast, und egal, wie tief du die Unehrlichkeit in dein Leben eindringen lassen hast – ich liebe dich. Wenn du bereit bist, dich von diesen Dingen abzuwenden, mir dein Herz zu öffnen und mir zu vertrauen, vergebe ich dir, befreie dich von deiner Schuld und verändere Schritt für Schritt dein Leben.«

Wenn Sie während des Betens in Ihrem Inneren eine Stimme hören, die Sie beschimpft, kritisiert und Ihnen ein Gefühl totaler Wertlosigkeit vermittelt, dann ist das nicht Gott. Wenn Sie eine Stimme hören, die Sie sanft davon überzeugen will, wie nett Sie doch eigentlich sind und dass Sie auch meistens gute und wahre Dinge von sich geben, dann ist das vermutlich auch nicht Gott. Denn Gottes Reden hat das perfekte Gleichgewicht von Wahrheit und Liebe. Wenn die Stimme in Ihrem Inneren vollkommene Liebe zu Ihnen ausdrückt, Sie ganz und gar mit all Ihren Schwächen und Stärken annimmt und absolut ehrlich in dem ist, was sie über Ihre guten und schlechten Seiten sagt, dann handelt es sich vermutlich um Gott, der mit Ihnen spricht. Ihm können wir mit Gewinn und Freude zuhören, denn er ist durch und durch wahrhaftig und liebt uns wie niemand sonst.

Kapitel 6

Echte Freunde finden

Viele Jahre lang haben Lynne, Shauna, Todd und ich unsere Sommerferien in unserer Hütte am Michigan-See verbracht. Oft haben wir in der Abenddämmerung auf einer Anhöhe nahe dem Ufer gesessen und die Spaziergänger am Strand beobachtet. Am Strand spazieren zu gehen ist die Haupt-Freizeitbeschäftigung in dem ruhigen, kleinen Ort. Manchmal sehen wir einsame Wanderer, doch meist sind die Leute paarweise oder in kleinen Gruppen unterwegs. Manche gehen schweigend nebeneinander her, doch die meisten scheinen in angeregte Unterhaltungen vertieft zu sein. Dasselbe gilt auch für Leute, die ich unterwegs in ruhigen Seitenstraßen und Parks spazieren gehen sehe. Spazieren gehen und reden scheint einfach gut miteinander zu harmonieren.

Auch ich habe das schon oft genossen, wenn ich mit Familienmitgliedern oder Freunden spazieren gegangen bin, und ich habe festgestellt, dass dabei weder die gesunde Bewegung noch das Ziel eine Rolle spielen. Wichtig ist allein, dass man die Gelegenheit hat, mit jemandem zusammen zu sein, den man mag, und ohne Eile seine Gedanken und Gefühle miteinander teilen zu können.

Wenn jemand also sagt: »Komm, lass uns einen Spaziergang machen«, dann ist das vermutlich eine codierte Einladung zu einem Gespräch. Viele Menschen, mich eingeschlossen, tragen angenehme Erinnerungen an Spaziergänge im Herzen, die für die Entwicklung einer Beziehung sehr wichtig gewesen sind. In manchen Fällen wurde ein Konflikt beigelegt, in anderen ein Geständnis gemacht oder ein Bund geschlossen. So etwas vergisst man nie.

Das Buch der Sprichwörter berichtet auch von solchen »Beziehungs-Gängen«, allerdings nicht von solchen, die ein paar Minuten oder Stunden dauern. Wenn in den Sprichwörtern vom Unterwegssein mit Freunden die Rede ist, dann sind die gemeinsamen Wegstrecken gemeint, die man im Laufe vieler Jahre mit einigen wenigen Begleitern zurücklegen darf.

Die meisten Menschen haben Freunde, Bekannte und Kollegen, die in ihrem Leben ein und aus gehen. Doch wenn wir Glück haben, dann haben wir auch einige wenige wirklich enge Freunde, die im Laufe der Zeit immer wichtiger für uns werden. Abgesehen von unseren Familienangehörigen sind diese Leute die VIPs in unserem Leben. Wir unternehmen Dinge mit ihnen und genießen Zeiten tiefer Gemeinschaft. Unsere Leben sind ganz eng miteinander verflochten.

In der Bibel wird immer wieder von solchen Freundschaften berichtet. Eine besonders aussagekräftige Stelle finden wir in Prediger, Kapitel 4, Verse 9–12:

> »Zwei sind allemal besser dran als einer allein. Wenn zwei zusammenarbeiten, bringen sie es eher zu etwas. Wenn zwei unterwegs sind und hinfallen, dann helfen sie einander wieder auf die Beine. Aber wer allein geht und hinfällt, ist übel dran, weil niemand ihm helfen kann. Wenn zwei beieinander schlafen, können sie sich gegenseitig wärmen. Aber wie soll einer allein sich warm halten? Ein einzelner Mensch kann leicht überwältigt werden, aber zwei wehren den Überfall ab. Noch besser sind drei; es heißt ja: ›Ein Seil aus drei Schnüren reißt nicht so schnell.‹«

Diese und viele andere Stellen legen uns nahe, kleine Teams zu bilden, in denen wir durchs Leben gehen – einen »Förderkreis«, bestehend aus Menschen, die uns helfen, es noch einmal zu versuchen, wenn wir versagt haben, die uns aufbauen, wenn wir entmutigt sind, uns Bürden abnehmen, wenn diese zu schwer für uns werden, uns trösten und stärken, damit wir den Herausforderungen und Schwierigkeiten des Lebens ins Auge blicken können.

Doch das Buch der Sprichwörter enthält auch warnende Worte über den gemeinsamen Lebensweg mit Freunden: »Wer sich zu Klugen gesellt, wird klug; wer sich mit Dummköpfen befreundet, ist am Ende selbst der Dumme« (13,20). Wir alle brauchen ein paar gute Freunde an unserer Seite. Doch der Verfasser dieses Sprichworts rät uns, bei der Auswahl dieser Wegbegleiter sehr vorsichtig zu sein; die falschen Freunde können uns in Schwierigkeiten bringen.

Wenn wir dem Sprichwort glauben schenken können, dann beeinflussen sich Freunde gegenseitig stärker, als wir denken. Obwohl wir uns vielleicht als unabhängige Individuen sehen, sind wir mit unseren Freunden durch eine Art Membran verbunden, eine extrem dünne Haut, durch die kleine Partikel hindurchdringen können. Was zwischen Freunden hin und her wandert, sind Werte, Überzeugungen, Moralvorstellungen, Gewohnheiten und Ziele. Wir tauschen sie aus, auch wenn wir uns dessen gar nicht bewusst sind. Trotz unserer vermeintlichen Unabhängigkeit werden wir also von der Weisheit oder Dummheit unserer Freunde beeinflusst.

Das bedeutet, dass wir unseren Wunsch, uns in die richtige Richtung zu entwickeln, durch die kluge Wahl unserer Freunde fördern können. Wenn wir ein gutes Urteilsvermögen erwerben wollen, sollten wir uns mit Leuten zusammen tun, die für ihre klugen Entscheidungen bekannt sind. Wenn wir unsere Entschlusskraft stärken wollen, ist es klug, sich an Menschen zu halten, von denen man weiß, dass sie zu ihren Vorsätzen stehen. Wenn wir uns wünschen, freundlicher zu werden, sollten wir viel Zeit mit Leuten verbringen, die andere Menschen liebevoll und gnädig behandeln. Wenn wir näher zu Gott kommen möchten, sollten wir uns dem Einfluss von Menschen aussetzen, die uns in dieser Hinsicht ein Stück voraus sind. Die richtigen Freunde auszusuchen ist so, als würden wir unseren persönlichen Förderkreis zusammenstellen; sie werden uns auf unserem Lebensweg eine unschätzbare Hilfe sein.

Doch das Gegenteil trifft ebenso zu. Schlechte Freunde können uns ruinieren. Ihre Dummheit kann auf uns abfärben und unsere Wünsche und Ziele verzerren. Ihr defekter Kompass kann uns vom Kurs abbringen. Ihre Unehrlichkeit kann unser Verständnis von Gott und seinem Wesen untergraben. »Macht euch nichts vor! ›Schlechter Umgang verdirbt gute Sitten‹«, schreibt Paulus in seinem 1. Brief an die Korinther, Kapitel 15, Vers 33. Wenn wir zulassen, dass man uns korrumpiert, müssen wir dafür bezahlen. Ich weiß, dass das wahr ist, denn ich habe es schon in tausend verschiedenen Variationen gehört und erlebt. Es ist unübersehbar, wie oft Menschen, deren Leben irgendwie aus dem Ruder läuft, den Beginn der Abwärtsbewegung auf eine Freundschaft mit der falschen Person zurückführen können.

Wenn ich solche Geschichten höre, versuche ich immer wieder, mich selbst davon zu überzeugen, dass ich ganz anders bin und für mich diese Regel nicht gilt. Ich sage mir, dass ich lange genug mit Gott unterwegs bin und seine Stimme deutlich genug höre, um jede Menge Zeit mit welchen Personen auch immer zu verbringen, ohne dass mich das beeinflusst. Doch als Paulus an die Korinther schrieb: »Macht euch nichts vor!«, da meinte er solche Menschen wie mich. Wenn ich denke, dass ich eine Ausnahme von der Regel bin, mache ich mir etwas vor. Wie jeder andere, werde auch ich mit der Zeit den Menschen um mich herum ähnlich. Nicht umsonst lautet ein Sprichwort: »Zeig mir deine Freunde, und ich sage dir, wer du bist.«

Was für eine Art Mensch will ich werden? Und Sie? Wenn wir das einmal geklärt haben, ist der Rest eher eine Sache der Logik:

Wir entscheiden uns dafür, unseren Weg mit Menschen zu gehen, deren Gedanken, Worte und Taten wir uns zu Eigen machen möchten. Es geht hier nicht um Themen wie Lebensstil, Persönlichkeit, Geistesgaben, Talente oder Karrierestufen; in diesen Bereichen können sich unsere Freunde drastisch von uns selbst unterscheiden. Wovon ich rede, sind die tiefer liegenden Dinge wie Integrität und Charakter. Wenn wir danach streben, die Eigenschaften zu erwerben, um die es in diesem Buch geht – Weisheit, Initiative, Güte, Disziplin, Ehrlichkeit –, dann tun wir gut daran, uns mit Leuten zu umgeben, die diese Qualitäten aufweisen oder ebenso sehr anstreben wie wir selbst. Und während unsere Freundschaften mit diesen Menschen wachsen, entwickeln sich auch unser Charakter und unser Streben Jesus immer ähnlicher zu werden.

Abstand halten!

Das Buch der Sprichwörter macht uns sehr deutlich, dass wir manche Menschen nicht zu nahe an uns heran lassen sollten. Wenn wir negative Charaktereigenschaften in einem Menschen sehen, sollten wir ihn eindeutig von unserer Liste potenzieller Wegbegleiter streichen. Das bedeutet nicht, dass wir jeglichen Kontakt zu dieser Person abbrechen sollten, und es heißt schon gar nicht, dass dieser Mensch Gott gleichgültig wäre. Natürlich ist er Gott wichtig, und wir sollten jede Gelegenheit nutzen, die sich uns bietet, um ihn auf positive Weise zu beeinflussen; wir sollten ihm freundlich begegnen, ihm Gutes tun, ihn lieben und geduldig auf ihn eingehen. Vor allem sollten wir immer wieder mit ihm über Gottes Liebe, Gnade und Vergebung sprechen. Doch er ist definitiv niemand, dem wir unsere tiefsten Gefühle und unsere geistliche Entwicklung anvertrauen sollten.

Die Eigenschaften eines solchen Menschen werden in den Sprichwörtern, Kapitel 6, Vers 16–19 beschrieben: »Sechs Dinge verabscheut der Herr, und das siebte kann er erst recht nicht ausstehen: überhebliche Augen, eine lügnerische Zunge, Hände, die schuldlose Menschen töten, einen Kopf, der böse Pläne ausheckt, Füße, die auf verbrecherischen Wegen laufen, einen Zeugen, der nicht die Wahrheit sagt, und einen Menschen, der Brüder gegeneinander aufhetzt.«

Wenn wir eine oder mehrere dieser Eigenschaften an jemandem bemerken, sollten sofort alle Alarmglocken bei uns läuten. Diese Person sollte nicht zu unserem engsten Freundeskreis gehören. Noch einmal: Das bedeutet nicht, dass wir diese Person als wertlos für uns oder gar Gott betrachten sollten; es heißt nur, dass wir ihr keine Position einräumen sollten, in der sie unser Leben beeinflussen kann.

Lassen Sie uns die sieben negativen Eigenschaften noch etwas näher betrachten. Als Erstes rät uns der Verfasser dieses Verses, enge Beziehungen zu Menschen mit *»überheblichen Augen«* zu meiden. Damit ist jemand gemeint, der eine Aura des »Besserseins« um sich verbreitet, sei es mit Worten oder nur mit seinem oder ihrem Blick: »Ich bin wertvoll; du bist wertlos. Ich leiste tolle Arbeit; du bist ein Stümper. Ich bin gebildet; du bist ein Analphabet. Ich bin schön; du bist gewöhnlich. Ich bin verheiratet; du bist Single. Ich bin berufstätig; du bist nur Hausfrau. Ich bin geistlich reif; du nicht.«

Eine solche Überheblichkeit wird in der Bibel immer wieder gerügt, und jemand, der arrogant ist, bekommt eine unschöne Zukunft vorausgesagt: »Auf Stolz folgt Sturz, nach Übermut kommt Untergang«, prophezeit Sprichwörter, Kapitel 16, Vers 18. Möchten Sie Wegbegleiter, die auf den Abgrund zusteuern? Dann halten Sie sich von Leuten mit überheblichen Augen fern. Lassen Sie nicht zu, dass ihre Sichtweise auf Sie abfärbt und Ihren Blick trübt.

Die zweite als Wegbegleiter ungeeignete Person ist jemand, den wir im vorigen Kapitel beschrieben haben: ein Mensch mit *lügnerischer Zunge*. Wir können nicht Seite an Seite mit jemandem gehen, der es mit der Wahrheit nicht so genau nimmt, ohne Schaden zu nehmen. Früher oder später werden wir den Preis für unsere schlechte Wahl bezahlen und Verletzungen erleiden, weil uns unser Gegenüber anlügt oder betrügt. Und was noch schlimmer ist: Wenn wir mit Menschen Umgang haben, die die Angwohnheit haben, die Unwahrheit zu sagen, laufen wir Gefahr, selbst so zu werden.

Ein Jugendleiter unserer Gemeinde erzählte mir neulich von einer Familie, die auf Grund der Lügen eines halbwüchsigen Sohnes auseinander gerissen wurde. Im Alter von 15 Jahren geriet dieser Junge an eine Clique von Mitschülern, die ihren Eltern sogenannte »kleine« Lügen auftischten – Fehlinformationen darüber, wo sie hingingen, mit wem sie unterwegs waren und was sie taten. Zuerst fühlte der Junge sich nicht wohl dabei; er hatte seine Eltern noch nie belogen. Doch langsam begann er, die Sache in einem anderen Licht zu sehen; als ganz harmlose Verschleierungstaktik, die eben alle praktizierten.

Als die Ehrlichkeit in seinem Kopf erst einmal ihren Absolutheitsstatus verloren hatte, wurde der Abstieg zu immer größeren Betrügereien immer leichter. Er missbrauchte das Vertrauen von fast jedem – seinen Eltern, seiner Freundin, seinen Lehrern. Die Mauer aus Lügen, die er um sich herum aufgebaut hatte, verbarg nicht nur einen Dschungel von Drogenmissbrauch und illegalen Geschäften, die ihn in Konflikt mit dem Gesetz brachten, sondern zwang ihn auch dazu, den beschwerlichen, schmerzhaften Prozess des Wiederaufbaus von Beziehungen zu durchleben.

Machen Sie einen weiten Bogen

Die nächste Art von Leuten, bei denen Sie vorsichtig sein sollten, sind solche mit *»Händen, die schuldlose Menschen töten«. Alles klar,* denken Sie sich jetzt wahrscheinlich. *Ich würde sowieso niemals einen Axtmörder in meinen persönlichen Freundeskreis aufnehmen. Kein Thema.* Doch hier geht es um mehr als das tatsächliche Vergießen von Blut. Unschuldige Menschen können auf ganz verschiedene Arten zerstört werden. Es passiert jedes Mal, wenn schwache oder machtlose Personen von denen unterdrückt und verletzt werden, die Macht haben. Das ist eine Haltung, die Gott zutiefst widerspricht.

Der Verfasser dieses Sprichwortes rät uns, einen weiten Bogen um Menschen zu machen, die ihre Macht missbrauchen. Halten Sie sich fern von Leuten, die andere nicht respektieren. Vermeiden Sie Menschen, deren Herz nicht von den Leiden, Nöten und Bedürfnissen um sie herum angerührt wird. Bleiben Sie auf Abstand, wenn jemand aus der Verletzbarkeit eines anderen Vorteile zieht. Sie können darauf wetten, dass auch Sie früher oder später ein Opfer des Machtmissbrauchs werden, wenn Sie Umgang mit solchen Leuten haben. Schlimmer noch. Ihre Denkweise wird anfangen, auf Sie abzufärben.

Die nächsten beiden Punkte auf der Negativliste sind ein *»Kopf, der böse Pläne ausheckt«* und *»Füße, die auf verbrecherischen Wegen laufen«*. Wir sollten mit Argusaugen auf Leute achten, die in der Lage sind, nicht ganz lupenreine, illegale oder einfach böse Pläne auszuhecken, durchzuführen und zu rechtfertigen. Solche Menschen können unabsehbaren Schaden anrichten, wenn sie uns nahe stehen.

Vor einigen Jahren lernte ich einen Mann kennen, der sich von Gott dazu aufgerufen fühlte, gegen die Produzenten und Vertreiber von pornografischen Filmen und Zeitschriften vorzugehen. Er machte das bereits einige Jahre und hatte mehr über die Pornoindustrie erfahren, als er eigentlich wissen wollte. Als ich ihn fragte, was für eine Art Mann oder Frau sich eine Karriere im pornografischen Bereich aufbaue, insbesondere in der Kinderpornografie, sagte er: »Du wärst überrascht, was die Leute alles rechtfertigen können! In der Pornoindustrie nennen die Regisseure das, was sie da filmen, ›Schaupielerei‹. Der Staat deklariert es als ›Kunst‹ und die Produzenten und Vertreiber sprechen von ›selbständigem Gewerbe‹. In Videotheken heißt es ›Unterhaltung‹. Die Kunden wollen damit ›ein bisschen Spaß‹ haben. Und während sie alle ihr Tun rechtfertigen und umetikettieren, werden Tausende von Kinderseelen missbraucht und zerstört.«

Sehen wir uns aber ein nicht so eindeutiges Beispiel an. Was ist mit einem Mann, der eine Geschäftsidee hat, die an der unteren Grenze der Legalität angesiedelt ist? Auch wenn er diese Grenze ab und zu überschreitet, ist ihm das egal, so lange er nicht erwischt wird. Und wie sieht es mit der Frau aus, die etwas zu großzügig bei ihren Spesenabrechnungen ist und damit einen guten Teil ihrer privaten Ausgaben trägt? Solche Menschen müssten eigentlich von ihrem schlechten Gewissen geplagt werden, bis sie sich entschließen, etwas zu verändern. Wenn sie es allerdings schaffen, mit ihrer Handlungsweise weiterzuleben, dann sollten wir auf Abstand bleiben.

Eine schlechte Wahl

Die nächste zu meidende Person ist ein *»Zeuge, der nicht die Wahrheit sagt«*. Auf den ersten Blick klingt das wie eine Wiederholung der zweiten Warnung vor der lügnerischen Zunge, doch hier wird die rote Fahne vor einer besonderen Form der Lüge geschwenkt: vor Verleumdung. Wenn Sie jemanden kennen lernen, der mit der Verbreitung einer rufschädigenden Information über jemand anderen schnell zur Hand ist oder nicht in der Lage scheint, eine heikle Geschichte für sich zu behalten, gehen Sie auf Abstand – und zwar schnell! In der Nähe dieser Person sind Sie nicht sicher.

Vielleicht hat mich meine relativ öffentliche Form des Dienstes besonders sensibilisiert, wenn es um Vertraulichkeit und Privatsphäre geht, denn es ist mir unmöglich, offen zu sein, wenn ich das Gefühl habe, dass eine Person dazu neigt, lieblos, unehrlich oder hinterhältig über andere zu reden. Selbst in ganz lockeren Situationen halte ich den Mund, wenn ich in der Nähe einer solch »losen Zunge« bin, weil ich mir bewusst bin, dass wahrscheinlich jedes Wort von mir spätestens am nächsten Tag überall im Umlauf ist.

Wie ich zu Anfang dieses Kapitels gesagt habe, gehören Gehen und Reden zusammen. Ein Hauptgrund, warum wir Seite an Seite mit anderen Menschen durchs Leben gehen, ist die Möglichkeit, vor diesen Menschen unsere Seele bloßzulegen, ihnen unsere Geheimnisse anzuvertrauen, unsere Träume zu offenbaren und unsere Vergehen, Fehler und Ängste einzugestehen. Das ist unmöglich, wenn wir nicht ganz sicher sein können, dass nichts von alledem unter welchen Umständen auch immer an die Öffentlichkeit dringt.

Die andere Seite dieser Warnung deutet mitten auf unser eigenes Herz; sie erinnert uns daran, dass man wenigen Vergehen so leicht nachgibt wie der Versuchung zur Verleumdung. Wir alle haben falsche Tendenzen und innere Verletzungen – Unsicherheiten, Ängste, Neid, Selbstsucht –, die uns dazu treiben können, lieblose oder unehrliche Worte über jemand anderen zu sagen und damit seinen Ruf zu ruinieren. Das Letzte, was wir gebrauchen können, ist der Umgang mit Menschen, die es sich zur Gewohnheit gemacht haben, dieser Versuchung nachzugeben. Wie lange würde es dauern, bis wir auch zu »falschen Zeugen« werden?

Der letzte Typ Mensch, den wir nicht in die Nähe unseres persönlichen Förderkreises lassen sollten, ist einer, *»der Brüder gegeneinander aufhetzt«*. In den Sprichwörtern, Kapitel 16, Vers 28 heißt es: »Ein heimtückischer Mensch sät überall Streit, und ein Verleumder bringt Freunde auseinander.« Kennen Sie jemanden, der ständig Streit sät? Haben Sie schon einmal versucht, eine Beziehung zu jemandem aufrecht zu erhalten, der seinen Groll und seine Abneigungen pflegt, dauernd blumenreiche Entschuldigungen erwartet oder chronisch unversöhnlich ist?

Das Buch der Sprichwörter macht deutlich, dass solche Menschen »heimtückisch« sind; sie sind entschlossen, das Falsche zu tun. In der Bibel ist an keiner Stelle die Rede davon, dass wir ein solches Verhalten tolerieren sollten. Ganz und gar nicht. Es widerspricht deutlich unserem Streben nach Integrität, Ehrbarkeit und dem Versuch, Gott ähnlicher zu werden.

Warum ist es so schlimm, Menschen gegeneinander aufzubringen? Weil jeder Mensch, der durch den Tod Jesu Christi am Kreuz wieder in Verbindung mit Gott getreten ist, den Heiligen Geist in sich trägt. Das bedeutet, dass dieser Heilige Geist jedes Mal, wenn ein Problem auftritt, der betreffenden Person ins Ohr flüstert: »Lass uns das richtig machen, lass uns aufpassen, dass wir nicht verletzen und unnötigen Schaden zufügen. Und lass uns dieses Problem so schnell wie möglich lösen.« Jeder, der sich als Nachfolger Jesu bezeichnet, aber trotzdem Spaltungen herbeiführt, hat sich bewusst dafür entschieden, nicht auf die Stimme der Versöhnung zu hören, und sich damit von dem abgewendet, was richtig ist. Das Verhalten eines solchen Menschen steht der versöhnenden Botschaft Jesu Christi entgegen.

Jemand, der es als eine Art Sport betrachtet, über Konflikten zu brüten und Freunde einander zu entfremden, kann keinen Platz in einer Gruppe von Menschen haben, die miteinander durchs Leben gehen wollen. Wegbegleiter sollten darauf vertrauen können, dass jedes Mitglied des Teams danach strebt, Probleme zu lösen und Frieden zu halten. Lesen Sie die Worte Jesu im Matthäus-Evangelium, Kapitel 5, Vers 9: »Freuen dürfen sich alle, die Frieden schaffen; denn sie werden Gottes Kinder sein.« Wen hätten Sie lieber in Ihrem Freundeskreis? Jemanden, der Entzweiung bringt oder Frieden? Die Entscheidung liegt bei Ihnen.

Gegensätze

Lassen Sie uns noch einmal in Erinnerung rufen, was der Autor der Sprichwörter uns rät: Nehmen Sie keine Menschen in Ihren engsten Freundeskreis auf, die überheblich, unehrlich oder ungerecht sind oder die schlechte, illegale oder böse Pläne verfolgen. Außerdem sollten Sie sich von Leuten fern halten, die Lügen über andere verbreiten oder Zwietracht säen. Enge Beziehungen mit solchen Menschen aufzubauen ist ein riskantes Spiel, das leicht schief gehen kann.

Nun schauen Sie sich noch einmal den Schlüsselvers in Sprichwörter, Kapitel 13, Vers 20 an: »Wer sich zu Klugen gesellt, wird klug; wer sich mit Dummköpfen befreundet, ist am Ende selber der Dumme.« In diesem Buch geht es darum, wie das Leben gewöhnlich funktioniert. Nach Aussage der Sprichwörter funktioniert es nicht, wenn wir uns mit der falschen Sorte Menschen umgeben. Wir sollten Umgang mit klugen Menschen haben, die uns positiv beeinflussen.

Weise Menschen sind das Gegenteil von Dummköpfen, das Gegenteil der Leute, um die es auf den letzten Seiten ging. Wir sollten nach demütigen Menschen Ausschau halten, die den Rat anderer annehmen und gerne anderen helfen und sie aufbauen, deren enge Beziehung zu Jesus es ihnen ermöglicht, die Eigenschaften und Menschen zu lieben, die Gott etwas bedeuten.

Wir sollten uns an Leute halten, die bekannt sind für ihre Ehrlichkeit und die uns durch ihr Beispiel anspornen, selbst echter zu werden; deren bloße Anwesenheit uns schon dazu animiert, nachzudenken, bevor wir den Mund aufmachen. Das steht auf meiner persönlichen Hitliste ganz oben: Ich brauche unbedingt Menschen um mich, die sich der Ehrlichkeit verschrieben haben und die sich nicht davor scheuen, mich ebenfalls dazu herauszufordern.

Statt Menschen, die hart und unsensibel sind und ihre Macht missbrauchen, sollten wir uns Freunde suchen, die mitfühlend sind. Von den alttestamentlichen Propheten bis hin zu Jesus legen uns die Leiter in der Bibel immer wieder nahe, für die Freiheit zu kämpfen, Gefallene aufzurichten, Kranke zu heilen, für Verlassene da zu sein, Trauernde zu trösten, Gefangene zu besuchen, Bedürftigen Nahrung und Unterkunft zu geben und noch auf viele andere Arten zu dienen. Stellen Sie sich vor, wie die Welt aussehen würde, wenn Sie und ich diesen Aufrufen gehorchen würden. Stellen Sie sich vor, welche Kraft zum Guten in einer Gruppe von Freunden freigesetzt würde, die sich gegenseitig zu praktischen Liebesdiensten anspornen!

Statt uns mit Menschen zu umgeben, die die Grenzen der Legalität ausdehnen, brauchen wir Freunde, die sich gemeinsam mit uns auf eine höhere Ebene der Integrität entwickeln, statt uns herunterzuziehen. Wenn wir einen Menschen kennen lernen, der so echt und integer ist, dass unser eigenes Gewissen ein wenig anzuschlagen beginnt, dann sollten wir versuchen, die Freundschaft mit dieser Person zu vertiefen.

Anstelle einer scharfzüngigen Person, die unser Vertrauen und vermutlich auch unser Herz brechen wird, sollten wir uns nach Menschen umsehen, denen wir unser Innerstes offenbaren können, mit dem Wissen, dass es bei ihnen sicherer aufgehoben ist als unser Erspartes im Banksafe. Solche Freunde bieten uns die nötige Sicherheit, ungefährdet in unsere tiefsten Tiefen unseres Wesens vorzudringen und es ihnen zu offenbaren. Wenn das in einer Atmosphäre der Gemeinschaft geschieht, kann Wachstum und Heilung geschehen, die anders nicht zu erreichen sind.

Statt eines Menschen, der Zwietracht sät, brauchen wir Freunde mit einer versöhnlichen Einstellung, denen etwas daran liegt, Konflikte schnell und fair anzugehen. In jeder Beziehung gibt es Meinungsverschiedenheiten, doch wenn die Betroffenen auf den leisen Rat der Stimme Gottes in ihrem Inneren hören, können solche Konflikte sogar ein Weg zu persönlicher Weiterentwicklung und einer tieferen Freundschaft sein.

Ist das nicht eine tolle Vorstellung, von Leuten umgeben zu sein, die demütige Seelen, ehrliche Zungen, hilfsbereite Hände, versöhnliche Herzen und offene Ohren haben? Oder klingt es für Sie unrealistisch, mit solchen Menschen durchs Leben zu gehen? Fürchten Sie, dass es schon zu spät sein könnte, um einen solchen Freundeskreis aufzubauen? Dann lesen Sie weiter. Alles, was ich bislang geschrieben habe, entspricht dem gesunden Menschenverstand; es ist eine Aufzählung verschiedener Dinge, die wir eigentlich schon wissen. Doch dieses Kapitel wird jetzt eine Wendung nehmen – auf in den Bananenraum!

Der Bananenraum

Der Bananenraum war ein temperaturbeständiger, hermetisch abriegelbarer, schalldichter Raum im Lagerhaus unseres Familienbetriebs. Als ich als Teenager in unserem Großhandel arbeitete, wusste jeder, dass mein Vater nur dann mit jemandem in den Bananenraum ging, wenn er ein ernstes Wörtchen mit ihm zu reden hatte. Wenn er also einen Mitarbeiter in den Bananenraum bat, dachten alle anderen: »Oh-oh, das wird ernst.« Mit meinem Vater in diesen Raum zu gehen war etwas, das man nicht auf die leichte Schulter nehmen konnte. Es ist niemals ein Mensch im Bananenraum umgekommen und häufig sind die Betreffenden nach einer Diskussion in diesem Raum lächelnd Arm in Arm wieder herausgekommen. Dennoch fürchteten ihn alle. Die offene Aussprache unter vier Augen dort jagte ihnen einen Schrecken ein.

Nun, jetzt ist es an der Zeit für ein »Bananenraum-Gespräch«. Ein ernstes Wörtchen zwischen Ihnen und mir.

Ich bin jetzt seit mehr als zwei Jahrzehnten Pastor. In dieser Zeit habe ich buchstäblich Tausende von intelligenten Christen kennen gelernt, die nur die besten Absichten verfolgten und hartnäckig gesucht haben, bis sie den richtigen Arzt, den richtigen Steuerberater, den richtigen Zahnarzt und sogar den richtigen Tennislehrer gefunden hatten. Doch in Bezug auf die richtigen Begleiter auf ihrem Lebensweg legten sie nicht die geringste Klugheit, Hartnäckigkeit oder kritische Haltung an den Tag. In der Auswahl ihrer Freunde schienen diese sonst durchaus nachdenklichen und entschlossenen Menschen vollkommen passiv, gleichgültig und unmotiviert zu sein.

Ich habe das nie begriffen und hoffe auch, dass es bei mir nie so weit kommt. Abgesehen von unseren nächsten Angehörigen sind unsere engen Freunde einer der wichtigsten Schlüssel zu unserer persönlichen Weiterentwicklung und Lebensfreude. Sie schenken uns unerschöpfliche Vorräte an Einsichten, Weisheit und Hilfe, sie verstärken unsere Freuden und verringern unsere Schmerzen. Sie bereichern unsere Lebensqualität viel mehr als jedes Ziel, das wir uns stecken, jede Anschaffung, die wir uns leisten, und jeder Karriereschritt, den wir uns erarbeiten.

Auf Grund meiner persönlichen Erfahrung weiß ich, dass das Leben nur halb so schön ist, wenn man es nicht mit Freunden teilen kann. Was bringt einem ein Geburtstag, ein Erfolg oder ein Jubiläum, wenn man dieses Ereignis nicht mit Freunden feiern kann? Wozu hat man ein Esszimmer, eine Veranda, ein Gästezimmer oder ein Wochenendhaus, wenn keine Freunde da sind, um sie zu füllen? Wir sind dazu geschaffen, das Leben in einer kleinen Gemeinschaft von guten Freunden zu erleben. Sie bringen die Farbe in die schwarz-weißen Ereignisse des Alltags.

Freunde stützen uns auch, wenn wir oder unsere Familien von einer Tragödie getroffen werden. Sie sind diejenigen, an die wir uns klammern können, wenn das Telefon klingelt und die gefürchteten Worte am anderen Ende der Leitung uns das Blut gefrieren lassen. So sehr ich es verabscheue, daran zu denken, weiß ich doch, dass es jederzeit passieren kann, und ich will nicht allein sein, wenn es soweit ist. Geht es Ihnen auch so? Sprichwörter, Kapitel 17, Vers 17 lautet: »Ein Freund steht allezeit zu dir, auch in Notzeiten hilft er dir wie ein Bruder.« Beständige Liebe und Hilfe in schwierigen Zeiten sind zwei der unschätzbar wertvollen Geschenke, die gute Freunde – Brüder und Schwestern – uns geben. Was spricht dagegen, nach diesen Gaben zu streben?

Leben und Tod

Vor beinahe 20 Jahren gelangte ich zu der Überzeugung, dass ich unbedingt einen persönlichen Förderkreis für mich zusammenstellen musste. Ein Mann, den ich sehr schätzte, ermutigte mich dazu, einige Christen auszuwählen, die mich durch den nächsten Abschnitt meines Lebens begleiten sollten. Ich war naiv genug zu denken: *Vielleicht bringt das ja etwas.* Ich sprach also drei Männer aus meiner Gemeinde an; sie waren alle älter als ich, doch wir hatten große Sympathie füreinander. Wir beschlossen, zusammen herauszufinden, was es bedeutet, gemeinsam durchs Leben zu gehen.

Zuerst trafen wir uns zum Essen und machten später auch Tagesausflüge oder Wochenendtrips zusammen. Ganz langsam öffneten wir einander unsere Herzen und Seelen – eine große Herausforderung für drei gestandene Geschäftsmänner mittleren Alters und einen Pastor von Ende Zwanzig. Mit der Zeit erreichten wir eine Ebene der Vertrautheit, die keiner von uns zuvor erlebt hatte. Wir fühlten uns völlig frei, dem anderen unsere intimsten Geheimnisse anzuvertrauen, ihn mit Vergehen und Fehlern zu konfrontieren, ihn aufzubauen und uns generell gegenseitig in unserer Entwicklung weiterzuhelfen. Es war erstaunlich und wunderbar. Wir sprachen von uns nur als »die Blutsbrüder«.

Und dann, mitten in diesem aufregenden Abenteuer, erfuhr einer der Männer, dass er einen Gehirntumor hatte. Ich werde nie vergessen, wie wir anderen Drei betroffen schweigend zu ihm fuhren. Er war immer ein starker und brillanter Geschäftsmann gewesen, der ein Unternehmen mit Hunderten von Angestellten leitete. Außerdem war er ein liebevoller Ehemann, Vater und Stiefvater. Und jetzt saß er da in seinem Sessel und verlor seine Haare, seine Farbe und seine Kraft – er starb. Stundenlang saßen wir bei ihm, erzählten Witze, lasen aus der Bibel vor, beteten mit ihm, halfen ihm auf die Toilette und brachten ihn schließlich ins Bett, als er müde wurde.

Abend für Abend besuchten wir ihn und fuhren jedes Mal mit einem so dicken Kloß im Hals zurück, dass wir nicht mal miteinander reden konnten. Später, als sich sein Zustand verschlechterte und er ins Krankenhaus verlegt werden musste, besuchten wir ihn dort, unterhielten ihn, schwelgten in Erinnerungen und beteten mit ihm.

Und dann kam der Anruf, dass es mit ihm zu Ende ging. Wir ließen alles stehen und liegen und eilten ins Krankenhaus. Doch als wir in seinem Zimmer ankamen, war er schon tot; wir standen vor seinem Bett, als ein Arzt ihm das Laken über das Gesicht zog. Gemeinsam gingen wir in ein nahe gelegenes Restaurant und saßen schweigend und in tiefer Trauer da.

Ich erinnere mich noch daran, wie ich bei seiner Beerdigung gepredigt habe; die beiden anderen »Blutsbrüder« halfen dabei, den Sarg zu tragen. Ich weiß noch, wie wir am Grab standen und der Sarg langsam hinein gesenkt wurde. Ich weiß noch, wie wir Drei zu unseren Autos gingen, während die Glocken der Kapelle hinter uns läuteten. Ich erinnere mich noch an all das, als wäre es gestern gewesen.

Den Schmerz dieser Trauer hatten wir nicht einkalkuliert, als wir unseren gemeinsamen Lebensweg begonnen hatten. Doch als es geschah, stellten wir fest, dass wir das Beste taten, was man in einer solchen Situation tun kann: Wir bewältigten das Leben und den Tod gemeinsam. Wir lebten, liebten, wuchsen, veränderten uns, lachten und weinten zusammen bis zum Schluss. Später sollten wir alle auf diese Zeit als eine der wichtigsten und prägendsten unseres Lebens zurückblicken.

Ein notwendiges Risiko

Das, was Sie und ich heute erleben, ist unser Leben. Es ist nicht der Vorfilm oder die Werbepause. Dies ist die erste und einzige Chance, die wir in diesem großen Abenteuer namens Leben bekommen. Die Bibel sagt, dass dieses Abenteuer in Gesellschaft erlebt werden sollte. Und deshalb ist die Wahl unserer Wegbegleiter eine der wichtigsten Entscheidungen, die wir treffen können.

Ich möchte Sie mit diesen Worten ein bisschen aufrütteln. Ich möchte, dass passive Menschen mit neuem Elan an Freundschaften herangehen. Es ist einfach zu sagen, dass man wichtigere Dinge zu tun hat, dass das Aufspüren von guten Freunden nicht gerade ganz oben auf ihrer Prioritätenliste steht. Denken Sie nicht, dass diese guten Freunde schon von selbst irgendwann auf Ihrer Fußmatte stehen und sagen werden: »Hallo, hier sind wir. Lass uns den Rest unseres Lebens zusammen verbringen.« So läuft das nun einmal nicht.

Wir müssen in dieser Angelegenheit aktiv werden. Wir müssen Risiken eingehen. Wenn wir unser Leben zum Laufen bringen wollen, brauchen wir ein persönliches Entwicklungshelfer-Team. Wenn wir zu den Menschen werden wollen, als die Gott uns gedacht hat, müssen wir uns mit Menschen umgeben, die uns auf dem Weg ermutigen und herausfordern. Wenn wir das Leben in seiner ganzen abenteuerlichen Fülle erleben wollen, müssen wir eine Gruppe von Freunden aufbauen, die Freud und Leid mit uns teilen. Wenn wir sowieso nur eine Chance im Leben haben – warum diese dann nicht so nutzen, wie Gott es empfiehlt?

Wo fangen wir an? Am besten beschäftigen Sie sich zu Beginn so oft wie möglich mit Leuten, die Sie als potenzielle Mitglieder Ihres »Förderkreises« einschätzen. Wahrscheinlich kennen Sie ja Orte, Aktivitäten oder Veranstaltungen, die die Leute besuchen, deren Freundschaft Sie anstreben. Sie wissen, wo man Leute finden kann, die sich bemühen, Gott besser kennen zu lernen, und die ihre Zeit, Energie und Begabungen dazu einsetzen, etwas zum Besseren zu verändern. Verbringen Sie Ihre Zeit dort, wo solche Menschen leben, arbeiten, sich vergnügen und zur Kirche gehen. Und dann seien

Sie bereit, den ersten Schritt zu tun. Stellen Sie sich vor, reichen Sie Ihre Hand, fangen Sie Gespräche an und sprechen Sie Einladungen aus.

Eines Sonntagmorgens im Herbst des Jahres 1976 verließ ein Mann das Kino, in dem die Gemeinde sich traf, die ich und eine Gruppe von Schülern und Studenten ein Jahr zuvor gegründet hatten. Er war schon fast auf dem Parkplatz angekommen, da kam er noch einmal zurück und fragte mich: »Haben Sie nicht Lust, diese Woche mal mit mir Tennis zu spielen?« Später wurde er einer unserer Gemeindeleiter und darüber hinaus einer der »Blutsbrüder«, von denen ich Ihnen erzählt habe. Wir sind immer noch enge Freunde und werden es auch bleiben, bis einer von uns stirbt.

Was wäre gewesen, wenn er diesen ersten Schritt auf mich zu *nicht* gemacht hätte? Was für wunderbare Abenteuer hätten wir in den 23 Jahren verpasst, die wir nun schon Freunde sind?

Das Abenteuer wartet auf Sie. Der einzige Weg, um zu vermeiden, dass Sie dieses Kapitel in 5 Jahren noch einmal lesen und immer noch am selben Punkt stehen wie heute, ist, ein paar erste Schritte einzuleiten. Vielleicht werden ein oder zwei Ihrer neuen Bekannten Freunde fürs Leben. Es dauert nicht lange, bis Sie merken, dass es unschlagbar ist, wenn ein paar wenige Menschen Sie durch und durch kennen, lieben und von ganzem Herzen unterstützen.

Kapitel 7

Den Ehepartner klug auswählen

Als ich das Buch der Sprichwörter zum ersten Mal las, war ich etwas überrascht, wie offen dort das Thema »Ehe« angesprochen wurde. Nach vielen Jahren des Bibelstudiums und der Analyse bin ich zu dem Schluss gekommen, dass man die zentrale Botschaft des Buches zu diesem Thema mit wenigen Worten zusammenfassen kann: Bau keinen Mist!

Ich denke, der Autor der Sprichwörter würde uns sagen, dass wir uns keine Sorgen machen müssen, wenn wir einen Golfball verschlagen, die Weihnachtsgans anbrennen lassen, eine Beule ins Auto fahren oder ähnliches. Doch, so wird deutlich, wenn es um die Wahl des Ehepartners geht, können wir uns keinen Fehler erlauben, denn das könnte jahre- oder gar lebenslanges Leid und Schmerzen bedeuten.

In vielen Versen macht die Bibel sehr deutlich, dass Gott die Ehe als lebenslange Partnerschaft gedacht hat. Darum sind die Maßstäbe so hoch angelegt und darum verwendet das Buch der Sprichwörter eine so deutliche Sprache, um uns daran zu erinnern, wie unangenehm eine unglückliche Ehe ist. »Lieber eine Schüssel Kraut unter Freunden als der schönste Braten, übergossen mit Haß« (15,17). Jeder, der in einer schwierigen Ehe steckt, weiß, wie es sich anfühlt, vor einem saftigen Steak zu sitzen, auf das man plötzlich gar keinen Appetit mehr hat. Wem ist auch schon nach Essen zu Mute, wenn das Gegenüber einem eher wie ein Fremder erscheint als wie der Ehepartner, und wenn die Distanz zwischen Ihnen beiden tausendmal so groß ist wie der Durchmesser des Tisches, an dem Sie sitzen?

Die Sprichwörter gehen in zwei weiteren, sehr bekannten Versen auf dieses Thema ein: »Lieber ein ruhiger Winkel unter dem Dach als ein ganzes Haus zusammen mit einer nörgelnden Frau« (21,9; dasselbe gilt natürlich auch für einen herrschsüchtigen oder übellaunigen Mann). »Lieber in der Wüste leben als zusammen mit einer zänkischen Frau, die dir auf die Nerven geht«, drückt es Sprichwörter, Kapitel 21, Vers 19 aus. Auch hier ist ein missgelaunter Mann natürlich genauso nervtötend. Kurz gesagt, man ist überall besser dran als in einer verbindlichen Beziehung mit der falschen Person.

Wie kann man vermeiden, in eine solch schmerzliche Lage zu kommen? Wie schafft man es, eine Ehe zu führen, die Liebe, Nähe und Glück bringt statt Einsamkeit, Desillusionierung und Kummer. In seinem Buch »Wie finde ich den Partner fürs Leben?« (Schulte & Gerth, 1993) beschreibt Neil Clark Warren sieben Ursachen für eine falsche Partnerwahl. Weil ich diese Überlegungen so wichtig finde, möchte ich sie in dieses Kapitel einfügen.

1. Lassen Sie sich Zeit!

Oft wird die Entscheidung zum Heiraten von jungen Paaren zu schnell getroffen. Warren zitiert eine Studie der *Kansas State*-Universität, die einen starken Zusammenhang zwischen einer langen Kennenlernphase und einer glücklichen Ehe zeigt. Das Gegenteil zeichnet sich leider ebenso deutlich ab.

Seit über zwei Jahrzehnten versuche ich nun schon, jungen Paaren klar zu machen, dass sie es mit dem Heiraten langsam angehen lassen sollen. Natürlich wollen die wenigsten frisch verliebten Menschen etwas davon hören, dass ihre Beziehung sich erst einmal im Auf und Ab der Zeit bewähren muss. Doch davor dürfen sie ihre Ohren nicht verschließen! Sie erwartet eine tolle Ehe, und die beiden haben fast nichts zu verlieren, wenn sie ihrer Beziehung Gelegenheit geben, sich über einen längeren Zeitraum zu entwickeln. Jeder Monat mehr bestätigt oder unterwandert ihr Zutrauen in die Dauerhaftigkeit ihres Zusammenseins.

Wenn ein Paar nach einer Weile entdeckt, dass die Beziehung nicht das hält, was sie versprochen hat, wenn sie auf unlösbare Probleme stoßen oder der Funke allzu schnell wieder erlischt, haben sie noch keine endgültige Entscheidung getroffen. Es ist besser, die bittere Wahrheit vor der Hochzeit zu erkennen, wenn eine Trennung noch möglich ist, ohne den heiligen Bund der Ehe zu zerstören. Wenn aber die Partner im Laufe der Zeit feststellen dürfen, dass ihre Wünsche (oder zumindest ihre realistischen Erwartungen) in der Beziehung miteinander erfüllt werden, können sie den Schritt zur Ehe mit viel größerer Sicherheit und Freude vollziehen. Das soll nicht heißen, dass man bei den geringsten Problemen gleich einen billigen Rückzieher machen soll. Es geht um etwas tiefer Liegendes.

So schrecklich es für jemanden auf Wolke Sieben auch klingen mag – wenn eine Beziehung ernster wird, sollte man sich zumindest ein weiteres Jahr gönnen, in dem man sich langsam immer besser kennen lernt. Was riskiert man denn, wenn man sich zwei oder auch mehr Jahre Zeit gibt, in denen man sich langsam von gelegentlichen Verabredungen zum Traugottesdienst vorarbeitet? Haben eilige Paare etwa Angst, das wunderbare rosa-rote Verliebtheitsgefühl könnte in dieser Zeit nachlassen?

Und genau das ist der Punkt – es *wird* früher oder später nachlassen! Die Wogen der Glücksgefühle, die romantischen Treffen und die magnetische Anziehungskraft verwandeln sich langsam in etwas anderes. Die Frage ist, in was? Wird aus der Verliebtheit Langeweile? Enttäuschung? Frustration? Leere? Einsamkeit? Traurigkeit? Oder entwickelt sie sich zu einer zutiefst befriedigenden und gegenseitigen Liebesbeziehung? Zu einer Partnerschaft, die gleichzeitig angenehm und herausfordernd, sicher und spannend verläuft? Nur die Zeit kann diese Fragen beantworten.

Ein weiterer Vorteil einer längeren Vorbereitungszeit ist die Tatsache, dass man seine Beziehung dem prüfenden Blick der Eltern und Freunde aussetzt. Wir würden natürlich alle gern von uns behaupten, dass wir weise genug sind, die wichtigen Entscheidungen des Lebens allein zu treffen. Aber das stimmt nicht, schon gar nicht, wenn es um die Liebe geht. Wir brauchen die neutralen Einschätzungen und das Urteilsvermögen von Menschen, die uns gut kennen und unser Bestes im Sinn haben.

Es gibt so vieles, das potenzielle Ehepartner über einander erfahren müssen und die Messlatte liegt sehr hoch. Deshalb sage ich jedem Paar, das es hören will (und auch denen, die es nicht hören wollen): Lasst euch Zeit!

2. Werden Sie zuerst erwachsen!

Der zweite Fehler, der zu einer unglücklichen Ehe führen kann, ist die Tatsache, dass viele Menschen mit der Partnersuche beginnen, wenn sie noch viel zu jung sind. Warum lässt man einen Dreijährigen nicht mit einem Messer spielen? Warum dürfen Achtjährige kein Auto fahren? Warum werden keine Zwölfjährigen Politiker? Weil sie noch nicht die Reife haben, die nötig ist, um mit diesen Situationen verantwortungsvoll umzugehen. Sie sind nicht böse oder dumm; sie sind einfach noch Kinder. Und Kinder sollten nicht die Verantwortung von Erwachsenen haben.

Wenige Entscheidungen im Leben sind so folgenschwer wie die Wahl des Ehepartners. Und dennoch fällen viele Menschen diese

Entscheidung, lange bevor sie die nötige Kombination aus Lebenserfahrung, persönlicher Reife und Entschlossenheit erworben haben, um eine kluge Wahl zu treffen.

Nicht nur ihre eigene Jugend und Unreife hindert sie daran, weise zu entscheiden – da ist ja auch noch der potenzielle Partner. Woher wollen sie wissen, wie und wohin sich diese Person in zwei, drei oder fünf Jahren entwickeln wird, wenn sie ein wenig reifer geworden ist? Experten auf dem Gebiet der psychologischen Entwicklung sagen, dass nur wenige Menschen vor dem 26. Lebensjahr eine gewisse Charakterstabilität haben. Die meisten Leute sind bis dahin vollauf damit beschäftigt, ihre eigene Identität zu finden und die wichtigen Fragen für sich zu beantworten: »Wer bin ich, wenn ich auf eigenen Füßen stehe? Wie löse ich mich von meinem Elternhaus? Was bedeutet es, wenn ich mein eigenes Leben in die Hand nehme?«

Die meisten Menschen, die jünger als 25 Jahre alt sind, stecken auch noch mitten in dem Prozess, in dem sie ihre eigenen Wertvorstellungen festschreiben. Dabei geht es um Fragen wie: »Welche Dinge sind mir wirklich wichtig? Woran glaube ich in Bezug auf das Leben, meine Beziehungen, den Job und die Zukunft? Welche Prioritäten möchte ich setzen? Welche unumstößlichen Grenzen werde ich für mich ziehen?«

In diesem Altersabschnitt vollzieht sich auch die geistliche Entwicklung sehr stark. Auch wenn man aus einem christlichen Elternhaus stammt, stellt man sich Fragen wie: »Glaube ich wirklich an Gott? Glaube ich wirklich daran, dass Jesus der war, der er zu sein behauptete? Ist mir das alles wichtig genug, um mein ganzes Leben darauf aufzubauen und Gottes Ziele anzustreben?«

Wie kann ein Mensch in dieser wichtigen Umbruchphase eine derart wichtige Entscheidung wie die Wahl des Ehepartners treffen? Das ist, als würde man von einer Drehscheibe aus auf ein bewegliches Ziel schießen: beinahe hoffnungslos.

Statistisch gesehen sind die Scheidungsraten bei Paaren am geringsten, die nach dem 29. Lebensjahr geheiratet haben. Die höchsten Scheidungsquoten haben hingegen Paare, die im Teenageralter die Ehe eingegangen sind. Die Chancen für eine gute Ehe sind also schlicht und einfach größer, wenn man zuerst erwachsen wird.

3. Verliebt in die Liebe

Laut Neil Clark Warren ist der dritte Grund, warum Menschen in Bezug auf die Ehe Fehlentscheidungen treffen, die Tatsache, dass sie unbedingt heiraten wollen. Sie sind verliebt in die Vorstellung von Ehe und sehen sie als Antwort auf alle Probleme. *Eine Heirat wird meine Einsamkeit beenden, alle meine inneren Wunden heilen und mich glücklich machen*, denken sie (bewusst oder unbewusst). Oft glauben Menschen, die eine schwierige Kindheit hatten, dass die Ehe sie für alle Schwierigkeiten, Enttäuschungen und Defizite entschädigen wird; eine Heirat wird ihnen das Glück garantieren, das sie bislang vermisst haben.

Aber nichts könnte weiter von der Wahrheit entfernt sein. Eigentlich kann niemand mit einer befriedigenden Ehe rechnen, der mit der Erwartung auf die Suche geht, dass der Partner ihm alles bietet, was ihm bisher gefehlt hat. Ein Ehering verwandelt eine chronisch unzufriedene Person nicht automatisch in ein fröhliches Energiebündel, und die Vereinigung zweier fehlerhafter, verwundeter menschlicher Wesen vermindert keineswegs die Herausforderungen, die das Leben an uns stellt.

4. Es geht nicht darum, jemand anderem einen Gefallen zu tun

Der vierte fatale Fehler bei der Partnerwahl besteht darin, dass man einer anderen Person zuliebe verfrüht heiratet; meist um Eltern oder Freunden einen Gefallen zu tun. Subtile Andeutungen bei Familienfeiern, weniger subtile Hinweise auf den Hochzeiten von Freunden und konkrete Fragen wie: »Und? Wann werdet ihr zwei euch das Jawort geben? Wird es nicht langsam Zeit, ernst zu machen?«, können ein Paar zu vorschnellen Entscheidungen verleiten.

Vor allem, wenn um sie herum immer mehr Leute heiraten, kommen Fragen auf. Ein Partner muss her, sonst denken die anderen am Ende noch, man hat keinen abbekommen oder es stimmt irgendetwas nicht.

Noch schlimmer ist es, wenn man jemand anderem zuliebe eine bestimmte Person heiratet – weil der strebsame junge Mann den Eltern so gut gefällt oder weil die beste Freundin schon immer gesagt hat, man sei das ideale Paar.

5. Sich gegenseitig wirklich kennen lernen

Wieder andere Paare treffen falsche Entscheidungen, weil das Spektrum der Erlebnisse und Erfahrungen, die sie mit ihrem potenziellen Partner gesammelt haben, noch nicht breit genug ist. Manche Paare heiraten, ohne je eine schwierige Zeit zusammen durchgestanden zu haben. Sie hatten nie eine ernsthafte Meinungsverschiedenheit auszufechten und haben nie einen wirklich schmerzlichen Kompromiss schließen müssen. Sie sind nie zusammen durch Geldnöte gegangen und haben die Welt des anderen nie wirklich kennen gelernt. Es gibt Paare, die vor ihrer Hochzeit noch nie miteinander gebetet haben, die den Freundeskreis des Partners nicht kennen und nie Zeit mit der Familie des anderen verbracht haben.

Paare, die sich immer nur zu wohl geplanten Verabredungen treffen, haben vermutlich eine Menge Spaß, aber sie werden einander nicht wirklich intensiv kennen lernen. Möglichst viele verschiedene Erlebnisse und Erfahrungen miteinander zu teilen und genau zu beobachten, wie der potenzielle Partner sich in den verschiedenen Situationen verhält, ist die einzige Möglichkeit, einen realistischen Blick darauf zu werfen, wie die Zukunft mit diesem Menschen aussehen könnte.

6. Unrealistische Erwartungen

Viele Paare machen den Fehler, sich für die Ehe zu entscheiden, ohne ihre Erwartungen auf ihre Realitätstauglichkeit überprüft zu haben. Meiner Frau Lynne und mir ging es da nicht anders.

Ich bin in einer Familie aufgewachsen, in der mein Vater und meine Mutter jeweils eine vergleichsweise große Unabhängigkeit pflegten. Mein Vater war oft wochenlang auf Geschäftsreisen unterwegs und vergaß manchmal sogar, meiner Mutter vorher mitzuteilen, dass er wegfuhr. Dann rief er von unterwegs aus an und sagte: »Liebling, ich komme heute nicht zum Abendessen; ich bin in Kapstadt.« Und meine Mutter antwortete nur: »In Ordnung, Schatz. Danke, dass du angerufen hast.« So war das bei uns zu Hause.

Lynnes Eltern waren genau das Gegenteil. Sie standen sich extrem nah; ihr Vater arbeitete nur ein paar Häuser weiter und kam oft zum Mittagessen nach Hause. Er ging nie aus, außer gemeinsam mit seiner Frau, und er verreiste nur, wenn alle gemeinsam in den Familienurlaub fuhren.

Wenn Lynne und ich darüber geredet hätten, bevor wir heirateten, hätten wir sicher festgestellt, dass dies ein potenzielles Problem werden könnte. Doch wir unterhielten uns nie darüber. Wahrscheinlich dachten wir nicht einmal daran. Wir nahmen wohl beide an, dass der andere nicht einfach dem Beispiel seiner Eltern folgen würde. Doch wir irrten uns. Natürlich hatten wir beide nicht vor, die Ehe unserer Eltern zu kopieren, aber tatsächlich fanden wir beide, dass unsere jeweiligen Eltern es richtig machten, und hegten die Hoffnung, dass wir irgendwie zusammen das Muster entwickeln würden, mit dem wir aufgewachsen waren. Leider waren das aber vollkommen unterschiedliche Muster.

Und dann vergaß ich eines Tages, Lynne mitzuteilen, dass ich kurzfristig einen Termin in Los Angeles wahnehmen musste. *Kein Beinbruch,* dachte ich. Ich rief sie abends vom Hotel aus an und sagte ihr, dass ich in L. A. war. *Ein Genickbruch*, fand sie. Und von da an begannen wir, sehr ernsthaft über die Erwartungen zu reden, die wir jeweils an unseren Partner und unsere Beziehung hatten.

Glauben Sie mir, es ist viel besser, wenn man diese Dinge vorher geklärt hat. Zukünftige Eheleute sollten über verschiedene Beziehungsmodelle reden und sie gegeneinander abwägen. Es kann hilfreich sein, die Ehen befreundeter Paare zu betrachten und auszuwerten: »Können wir uns unsere Ehe so vorstellen? Was müsste anders laufen?« Wenn Ihr zukünftiger Partner sagt: »Mir gefällt, wie die Schneiders miteinander umgehen«, dann forschen Sie nach, was genau gemeint ist. Reden Sie darüber, wie Sie miteinander kommunizieren wollen, wie Sie sich faires Streiten vorstellen, wie Sie Entscheidungen treffen wollen, wie viel Zeit Sie miteinander verbringen möchten und wie viel »Ferien vom anderen« Sie brauchen. Reden Sie über Erwartungen bezüglich Geschäftsreisen, gemeinsamer Urlaube, des gemeinsamen Lebensrhythmus, Ihre individuellen Freundeskreise und der Zeit, die Sie mit gemeinsamen Freunden verbringen wollen. Es ist überlebenswichtig, dass Sie Ihre Erwartungen verstehen und angleichen. Ihr Ehemenü muss die gleiche Geschmacksrichtung haben!

Auch die Rollenverteilung in der Ehe muss geklärt werden. Wollen Sie beide Ihre Karriere verfolgen? Was ist mit Kindern? Wer übernimmt welche Aufgaben? Wer trägt wofür Verantwortung? Wer ist für die Finanzen zuständig? Wer hat das letzte Wort? Wird einer von Ihnen das Marschtempo und die Richtung angeben oder möchten Sie eine Ehe führen, in der sich beide Partner gleichermaßen Gottes Weisungen unterstellen und ihm das Steuer anvertrauen?

Dies alles sind wichtige Fragen. Wenn Sie sich darin auf vage Annahmen statt auf gemeinsame Entscheidungen verlassen, können Sie fast sicher mit Komplikationen und Konflikten rechnen. Reden Sie darüber, bevor die Umstände Sie dazu zwingen.

7. Die wunden Punkte kennen

Schließlich gehen viele Paare eine Ehe ein, ohne sich zuvor mit Auffälligkeiten im Verhalten des anderen auseinandergesetzt zu haben, die auf verborgene alte Verletzungen oder Probleme zurückgehen.

Wenn man ein Boot kaufen will, ist der erste Schritt die sorgfältige Prüfung – eine gründliche, professionelle Überprüfung des Objektes unter dem Gesichtspunkt, ob ein Kauf in Frage kommt. Diese Prüfung auf Herz und Nieren wird zu Tage bringen, ob das Boot schon einmal gesunken ist, ob es auf einer Sandbank aufgelaufen ist, ob der Mast gebrochen war oder irgendein anderer Schaden entstanden ist. Auch werden eventuelle Maschinenschäden aufgedeckt. Die gesamte Geschichte des Bootes muss durchleuchtet werden. Dasselbe gilt für den Kauf eines Autos, eines Hauses oder eines Rennpferdes.

Ein kluger Käufer beschafft sich so viele Informationen über das Objekt seiner Begierde wie nur möglich. Es geht nicht darum, dass man ein Boot oder Auto mit einer nicht ganz makellosen Vergangenheit generell nicht kaufen sollte – man sollte nur darüber Bescheid wissen und den Handel offenen Auges schließen. Die Risiken müssen bekannt sein. Man muss genau erfahren, was passiert ist und was geschehen ist, um den Schaden zu beheben. Was hat ihn verursacht? Welche Reparaturarbeiten wurden ausgeführt? Was wurde getan, damit sich das Problem nicht wiederholt?

Manchmal denke ich, zukünftige Ehepartner sollten einen kompletten Bericht über ihr Leben mit sich herumtragen, aus dem man ihre Vergangenheit ersehen kann. Es ist nur fair, dass der potenzielle Partner weiß, welche traumatischen Erlebnisse der andere hinter sich hat, wie diese sein Leben beeinflusst haben und wie er bisher damit umgegangen ist. Zukünftige Partner verdienen eine Antwort auf Fragen wie: »Was ist mit dir passiert? Wie sehr hat dich das verletzt? Was hast du getan, um den Schmerz zu lindern?«

Im Verlauf dieses Kapitels werde ich noch weiter auf dieses Thema eingehen, doch an dieser Stelle möchte ich deutlich machen, dass wir alle auf irgendeine Weise verletzt sind. Das macht uns nicht unbedingt beziehungsunfähig, aber es wirkt sich auf unsere zukünftige Ehe aus. Von daher ist es nur weise und fair, vor der Eheschließung über all diese Dinge zu sprechen.

Und was nun?

Sie möchten sich das Leid ersparen, mit einem nörgelnden, missgelaunten, unzufriedenen, zornigen Partner zusammenzuleben oder selbst einer zu sein? Sie möchten sich nicht in der Dachkammer verkriechen müssen, um mal ein wenig Frieden zu haben? Dann überstürzen Sie Ihre Eheschließung nicht. Heiraten Sie nicht, weil Sie ein hoffnungsloser Romantiker sind oder weil Sie jemandem beweisen wollen, dass Sie gut genug sind, um geheiratet zu werden. Schließen Sie nicht den Bund fürs Leben, bevor Sie eine breite Basis an gemeinsamen Erfahrungen gewonnen haben und bevor Sie gemeinsam erarbeitet haben, welche Art von Beziehung Sie führen wollen. Heiraten Sie nicht, bevor Sie nicht die wunden Punkte und schmerzlichen Erinnerungen kennen, die Sie beide mit in die Ehe bringen.

Ich weiß, dass das eine lange Liste von Negativ-Geboten ist. Doch die Liste der Frustrationen, Schmerzen und Enttäuschungen, die entsteht, wenn man diese bewährten Richtlinien missachtet, ist viel, viel länger und oft wächst sie Jahr für Jahr an. Wenn Sie gerade auf »Brautschau« sind oder über eine Heirat nachdenken, gehen Sie bitte zurück zu Dr. Warrens Liste, überprüfen Sie mit ihrer Hilfe Ihre Beziehung sorgfältig und tun Sie dann, was nötig ist, um diese fatalen Fehler zu vermeiden. Denken Sie nicht, Sie seien eine Ausnahme, für die diese Warnungen nicht gelten.

Doch was ist mit der positiven Seite der Partnerwahl? Was tun wir, wenn wir die Negativpunkte ausgeschlossen haben? Welche Eigenschaften sollten wir denn nun bei unserem Lebenspartner suchen?

Im Gegensatz zu dem, was man allgemein sagt, haben Statistiken und Nachforschungen erwiesen, dass das, was am stärksten zu einer gelingenden Ehe beiträgt, möglichst viele Gemeinsamkeiten sind. Ja, ich weiß, es heißt, dass sich Gegensätze anziehen. Das stimmt auch, sie ziehen sich an – aber später im Verlauf der Beziehung stoßen einen oft gerade die Eigenschaften des Partners ab, die man anfangs so attraktiv fand. Damit will ich nicht sagen, dass sich Unterschiede in der Persönlichkeit der Partner zwangsweise negativ auf die Beziehung auswirken müssen (mehr dazu im nächsten Kapitel). Aber eine Beziehung, die auf den Unterschieden zwischen zwei

Menschen aufgebaut ist, also auf der Anziehung der Gegensätze, und die keine solide Basis an Gemeinsamkeiten hat, steuert unausweichlich auf Probleme zu.

Mit diesem Gedanken im Hinterkopf lassen Sie mich Ihnen fünf wichtige Bereiche vorstellen, in denen Sie eine gewisse »Kompatibilität«, das heißt Übereinstimmung, haben sollten, bevor Sie vor den Traualtar treten.

1. Der Gott-Faktor

Der erste und wichtigste Bereich, in dem Partner sich einig sein müssen, ist ihre Beziehung zu Gott. »Gott ernst nehmen ist gut für das Leben«, steht in den Sprichwörtern, Kapitel 19, Vers 23. »Satt und zufrieden verbringt er die Nacht, ohne vom Unglück erschreckt zu werden.« Wenn das stimmt, könnte man folgern, dass es auch gut für eine Beziehung ist, wenn die Partner Gott in gleichem Maße ernst nehmen. Tatsächlich steckt die Bibel voller Hinweise darauf, dass das so ist.

Der Apostel Paulus schrieb an die Christen in Korinth: »Macht keine gemeinsame Sache mit Ungläubigen!« (2 Kor 6,14). Das gilt auch für andere Bereiche, aber in keiner anderen Beziehung sind wir so eng mit der Sache eines anderen verbunden wie in der Ehe. Das bedeutet, dass jemand, der Gott liebt und versucht, ihn immer besser kennen zu lernen und in seinem Sinne zu leben, niemals eine Person heiraten sollte, die diesen Glauben und diese Zielsetzung nicht hat. Wie soll man ein ganzes Leben mit jemandem verbringen, mit dem man die wichtigsten Grundüberzeugungen nicht teilt?

Viele alleinstehende Christen widersprechen diesem Gedanken. Der Grund dafür ist ganz offensichtlich: Es beschränkt die Auswahl drastisch! Für viele Singles klingt dieser Rat daher engstirnig und verbohrt. Sie denken: *Gott gönnt mir wohl gar nichts! Ich liebe nun mal diese Person, auch wenn sie kein Christ ist. Na und? Was soll daran so schlimm sein?*

Wenn man jedoch ernsthaft über diesen Rat nachdenkt, beginnt man zu verstehen, dass er der Idee einer grundsätzlichen Einigkeit entspringt. Auch hier bestätigen Nachforschungen, dass Ehen zwischen seelenverwandten Menschen tendenziell befriedigender verlaufen als solche, in denen die Partner nur wenige tiefe Gemeinsamkeiten haben. Und was könnte einen Menschen tiefer und nachhaltiger betreffen als die eigene Spiritualität? Was beeinflusst die

Kernidentität eines Menschen stärker als das Wissen, ein Kind Gottes zu sein? Was verändert ein Herz mehr als die Erfahrung, vom Gott des Himmels geliebt zu werden? Was erfüllt das Leben eines Menschen mit mehr Bedeutung als die ständige Herausforderung, diesen Gott ganz persönlich zu erleben? Wenn Sie Christ sind, können Sie sich dann wirklich vorstellen, mit einem Menschen verheiratet zu sein, der nichts mit dem anfangen kann, was Ihre Identität bestimmt, Ihr Herz formt und Ihrem Leben seinen Sinn gibt?

Es ist eine Sache, wenn Partner nicht dieselbe Begeisterung für Fußball oder chinesisches Essen aufbringen können. Wenn genügend andere Bereiche der Partnerschaft befriedigend sind, kann ein Paar auch mit größeren Differenzen leben. Doch wenn für einen Partner Gott und das Leben mit ihm das Herzstück seiner Existenz ist und für den anderen nicht, entstehen tiefe Dissonanzen. Wenn ein Partner sich zutiefst danach sehnt, Gott näher zu kommen und anderen von ihm zu erzählen, und dem anderen ist all das vollkommen gleichgültig, dann wird es in dieser Ehe einen großen Bereich der Einsamkeit geben.

Vor kurzem hielt ich einen Vortrag bei einer Konferenz für junge Führungskräfte in Seattle. Im Anschluss daran sprach mich ein junger Mann sehr direkt an: »Vor drei Jahren habe ich Sie und Ihre radikalen Ansichten noch zutiefst gehasst. Heute mag ich Sie richtig und habe tiefen Respekt vor Ihnen.« Auf meinen verwirrten Blick hin sprach er weiter: »Lassen Sie mich Ihnen das erklären. Ich bin Christ, und mein höchstes Ziel war es immer, Gott besser kennen zu lernen und ihm näher zu kommen. Doch vor einigen Jahren verliebte ich mich Hals über Kopf in eine Frau, die keine Christin war. Ich war ein bisschen besorgt, weil sie sich so gar nicht für meinen Glauben interessierte, aber sie war eine tolle Frau, und ich war fest entschlossen, sie zu heiraten. Dann habe ich das Buch ›Eheleben – Ehe lieben‹ gelesen, das Sie zusammen mit Ihrer Frau geschrieben haben. Als ich das Kapitel über geistliche Kompatibilität gelesen hatte, war ich stinksauer, weil Ihre Worte mir meinen ganzen Lebensplan durcheinander brachten. Doch je länger ich darüber nachdachte, desto mehr begriff ich, dass ich auf ein Desaster zusteuerte, wenn ich eine Frau heiratete, deren Herz nicht so für Gott schlug wie meines. Also trennte ich mich von der vermeintlich großen Liebe meines Lebens. Wir waren beide am Boden zerstört und Sie standen nicht gerade ganz oben auf der Liste unserer besten Freunde. Ein Jahr später lernte ich eine wunderbare Frau kennen, die Gott ebenso ernst nimmt wie ich. Im vergangenen Monat haben wir geheiratet.

Danke, dass Sie mich dazu herausgefordert haben, auf eine Frau zu warten, mit der ich das teilen kann, was für mich das Wichtigste im Leben ist. Wir gehen zusammen in die Kirche und erfahren gemeinsam mehr über Gott. Wir halten uns an den Händen, wenn wir mit ihm reden. Das Leben ist für mich zu einem wunderbaren Abenteuer geworden, dass wir gemeinsam erleben. Ich kann mir gar nicht vorstellen, wie es sein muss, all das nicht mit der Person teilen zu können, der ich lebenslange Treue versprochen habe!«

Ich habe diese Geschichte schon in hundert Variationen gehört. Leider auch die umgekehrte Version: »Vor fünf Jahren habe ich einen Vortrag von Ihnen gehört, in dem Sie über geistliche Einheit sprachen«, erzählte mir eine junge Frau. »Doch ich hielt mich für klüger. Schließlich wusste ich es ja besser. Also habe ich einen Mann geheiratet, der nicht an Gott glaubt. Dass ich mit ihm nicht über meine Erlebnisse, Freuden und Probleme auf meinem Weg mit Gott reden kann, ist für mich die schmerzlichste Erfahrung meines Lebens.«

Eine andere Frau sagte: »Ich gehe jeden Sonntag allein in die Kirche. Mein Mann will nichts mit Gott zu tun haben, und es gefällt ihm nicht, dass ich in die Kirche gehe. Jeden Abend, wenn ich die Kinder ins Bett bringe und mit ihnen bete, kommt er ins Zimmer und verspottet mich.«

Stellen Sie sich die Disharmonie in dieser Familie vor. Sie betet und ihr Mann lacht sie aus. Was wird passieren, wenn diese Kinder in die Schule kommen und ihr Vater die Mutter immer noch wegen ihres Glaubens verhöhnt? Wahrscheinlich lachen die Kinder irgendwann mit.

In unserem eben erwähnten Buch »Eheleben – Ehe lieben« (Projektion J Verlag, 1997) haben Lynne und ich beschrieben, wie wichtig es ist, dass Ehepartner im Glauben an Gott einen gemeinsamen Kompass für ihr Leben, ein gemeinsames Wertesystem und eine gemeinsame Kraftquelle für schwierige Zeiten finden. Diese lebenswichtigen Dinge muss man gemeinsam haben. Wenn Sie sich in einer Beziehung befinden, die auf eine Ehe zusteuert, stellen Sie sich bitte die Frage, ob das bei Ihnen der Fall ist. Den biblischen Rat bezüglich geistlicher Kompatibilität zu missachten ist vermutlich die gefährlichste Entscheidung, die Sie in Ihrem Leben treffen können. Bitte tun Sie es nicht!

2. Der Charakter-Faktor

»Der Aufrichtige wird von seiner Redlichkeit geleitet, der Hinterhältige wird von seiner Falschheit umgebracht« (11,3). Dieses Thema durchzieht das gesamte Buch; immer und immer wieder wird uns gesagt, dass ein aufrichtiger Charakter Menschen auf Wegen leitet, die sie zu einem guten Ende führen, während verräterische Worte oder Handlungsweisen in den Ruin führen.

Was das im Hinblick auf die Wahl des Ehepartners bedeutet, ist klar. Wie kann man darauf hoffen, eine gute Ehe mit einer Person aufzubauen, der es an Integrität fehlt? Vielleicht können zwei Menschen, die gleichermaßen unehrlich sind, zu einer wenn auch fragwürdigen Harmonie finden, doch jemand, der danach strebt, aufrichtig vor Gott und den Menschen zu leben, muss unbedingt einen Partner finden, der dieses Ziel teilt. Das bezeichne ich gerne als »charakterliche Kompatibilität«.

Stellen Sie sich eine Ehe vor, in der ein Partner sich ganz der Aufrichtigkeit verschrieben hat, während der andere die Tendenz hat, die Wahrheit ein wenig zurechtzubiegen. Oder in der der eine Partner Versprechen und Abmachungen einhält, während der andere dazu neigt, sie zu brechen. Oder einer geht sehr verantwortungsvoll mit Geld um, so dass es möglich ist, etwas zur Seite zu legen, zu spenden und anderen zu helfen, während der andere sorglos damit um sich wirft. Oder ein Partner ist diszipliniert und fleißig, der andere dagegen faul. Oder der eine ist sexuell absolut treu, während dem anderen das zu kleinkariert erscheint. Bei diesen Beispielen handelt es sich nicht um kleinere Meinungsverschiedenheiten. Charakterliche Dissonanzen treiben einen Keil zwischen die Partner, der schließlich die Ehe zerstören kann.

Die charakterliche Kompatibilität bestimmt den Grad des Vertrauens in einer Ehe. Ohne diese gibt es keine Grundlage, auf der man aufbauen könnte. Deswegen sollten Sie auf diesem Gebiet keine faulen Kompromisse schließen. Wenn Sie über eine Heirat nachdenken, sehen Sie sich Ihren Partner genau an. Haben Sie vollstes Vertrauen in seine Integrität? Können Sie ihm in jeder Hinsicht vertrauen?

3. Der Emotions-Faktor

Der dritte Bereich, in dem Sie einig sein müssen, hat mit emotionaler Gesundheit zu tun. Das bedeutet nicht, dass Ehepartner unbedingt die gleiche Art haben müssen, mit Gefühlen umzugehen, oder dass sie auf dem Weg zu emotionaler Gesundheit exakt am gleichen Punkt sein müssen. Aber es heißt, dass sie eine Ebene erreicht haben müssen, auf der sie die emotionale Vergangenheit des anderen kennen, verstehen und auf der sie sicher sein können, dass ihre gemeinsame Zukunft nicht von Geheimnissen, unbekannten Verletzungen oder Komplikationen aus der Vergangenheit gefährdet wird.

Ich muss jetzt schmerzhaft direkt werden. Der Mensch, den Sie heiraten möchten – der Mann oder die Frau, deren Hand Sie unter dem Tisch halten und der oder die im Kerzenlicht so unwiderstehlich gut aussieht –, ist in einer fehlerhaften Familie mit fehlerhaften Eltern und gemeinen Geschwistern aufgewachsen. Höchstwahrscheinlich haben auch ein paar ziemlich verbogene Freunde, schlechte Lehrer und fehlerhafte Pastoren den Weg dieser Person gekreuzt. Sie können sicher sein, dass Ihr Schatz es nicht ohne ein paar böse emotionale Kratzer und Beulen durchs Leben geschafft hat. Doch welche Verletzungen waren das? Wie viel Schaden haben Sie angerichtet? Hat der Heilungsprozess begonnen? Diese Fragen müssen Sie in der Kennenlernphase unbedingt ansprechen.

Ich erinnere mich noch gut an einen jungen Mann, der seiner hübschen, christlichen Freundin gerade einen Heiratsantrag machen wollte. Er beschrieb sie mir, und als ich nebenbei nach ihrem familiären Hintergrund fragte, sagte er: »Oh! Da muss man sich keine Gedanken machen. Ihr Vater hat zwei Ehen und zwei Scheidungen hinter sich und ihre Mutter ist Alkoholikerin, aber sie hat nie zugelassen, dass sich das auf sie auswirkt. Sie ist wirklich stark, wissen Sie. Ich bin sicher, dass sie damit keine Probleme hat.«

»Okay«, sagte ich. »Ich möchte Ihnen auf keinen Fall raten, dieses Mädchen nicht zu heiraten. Aber vielleicht sollten Sie sich noch etwas mehr Zeit lassen und sich ihre Familiengeschichte gemeinsam noch einmal genauer ansehen.«

Er winkte ab. »Ich sage ihnen doch, sie hat keine Probleme damit. Ich kenne sie durch und durch. Wir gehen seit Monaten miteinander, und ich kann Ihnen sagen, dass sie über dem Ganzen steht. Ich werde sie heiraten, und ich bin ganz sicher, dass es keine Probleme geben wird.«

Wollen Sie eine Wette darüber abschließen, wie diese Ehe sich entwickeln wird, wenn die Partner sich nie ernsthaft damit auseinandergesetzt haben, was es bedeutet, in einer so zerrütteten Familie aufgewachsen zu sein? Ich fürchte, dass dieses Paar einen ziemlich steinigen Weg vor sich hat.

»Der Erfahrene sieht das Unglück kommen und bringt sich in Sicherheit«, steht in den Sprichwörtern, Kapitel 22, Vers 3. »Der Grünschnabel läuft mitten hinein und muß es büßen.« Letzteres ist leider genau das, was viele Paare tun. Ich habe unendlich viele Geschichten von Männern und Frauen gehört, die wussten, dass ihr Partner schwere Verletzungen aus der Vergangenheit mit sich herumtrug und die die damit verbundenen Gefahren kannten; trotzdem haben sie gedacht, sie könnten einfach darüber hinweggehen und alles würde am Ende gut werden. Und dann finden sie sich in einem Alptraum wieder, weil sie die Gefahren nicht ernst genommen haben. Schwere Verletzungen aus der Vergangenheit können eine tief verwurzelte Angst vor Intimität zur Folge haben, verborgene Aggressionen, immer wiederkehrende Selbstmordgedanken, chronische Depressionen, lähmende Unsicherheit, Panikzustände, Besessenheiten und Zwänge; Kodependenz, Alkoholismus und andere Süchte. Ich könnte noch vieles mehr auflisten. Emotionale Verletzungen dieser Art können geheilt werden – aber nur, wenn sie erkannt und ernst genommen werden.

Ein Paar sollte sich viele Stunden und über einen langen Zeitraum hinweg mit den verschiedenen emotionalen Beulen und Kratzern auseinandersetzen, die beide in ihrem Leben davongetragen haben. Sie müssen einander ehrlich auch von schlimmen Dingen wie Missbrauch in der Kindheit, Zerbruch der Familie, Suchtproblemen von Elternteilen, ausgeprägten Schwierigkeiten in der Schule, gestörten Beziehungen mit Geschwistern oder anderen Situationen oder Verhaltensmustern erzählen, die physischen oder emotionalen Schaden bei ihnen verursacht haben.

Dies wird dadurch erschwert, dass viele junge Menschen sich ihrer Verletzungen gar nicht bewusst sind. Darum setze ich mich so sehr dafür ein, dass junge Paare vor der Ehe einzeln und gemeinsam zu einem guten Seelsorger oder Therapeuten gehen, der die richtigen Fragen stellt, tief in die Vergangenheit eintaucht und ungesunde Verhaltensmuster und Denkstrukturen entlarvt. Eine solch kompetente Begleitung kann eine unschätzbare Hilfe sein, um potenzielle Gefahrenquellen zu erkennen. Und es ist auch keineswegs schändlich oder peinlich, solche Hilfe in Anspruch zu nehmen! Wenn Sie selbst anfangen wollen, die Vergangenheit Ihres Partners zu erforschen, könnten folgende Fragen für den Anfang hilfreich sein:

- »Wer waren die wichtigsten Menschen in deinem Leben und wie haben sie dich behandelt?«

- »Was ist deine schönste Erinnerung?«
- »Was ist deine schlimmste Erinnerung?«
- »Was hat dir an eurem Familienleben am besten gefallen?«
- »Welches Ereignis oder welche Situation hat dich mehr verletzt als alles andere?«
- »Mit welchen negativen Gefühlen hattest du als Kind zu kämpfen?«
- »Welche negativen Gefühle belasten dich heute?«

Die meisten Paare, die eine solche voreheliche Beratung durchlaufen haben, sind nachher besser für die Ehe und auch für ihr Leben generell gerüstet. Eine gute Freundin von Lynne und mir ist in einer Familie aufgewachsen, die von Alkoholismus, sexuellem Missbrauch und Scheidung geprägt war. Als diese junge Frau 20 Jahre alt war, musste sie sich eingestehen, dass sie nicht in der Lage war, eine gesunde Beziehung zu einem Mann aufzubauen. Sie suchte sich einen guten Seelsorger. Sechs Jahre später heiratete sie einen netten jungen Mann und die beiden führen eine der besten Ehen, die ich kenne. Sie hat sich ehrlich ihren emotionalen Verletzungen gestellt und die Schritte eingeleitet, die Heilung versprachen. Und die Investition hat sich gelohnt.

Ganz egal, wie stark uns die unschöne Realität des Lebens verwundet hat – es ist möglich, Hilfe zu bekommen und heil zu werden. Für uns alle wird dieser Prozess unser ganzes Leben in Anspruch nehmen, doch je eher wir damit anfangen, desto besser geht es uns und unserem zukünftigen Ehepartner.

4. Der Gesprächs-Faktor

Der vierte Bereich, in dem die Ehepartner zusammenpassen sollten, betrifft die Kommunikation. Die Grundidee, dass zwei Menschen auf eine sehr tiefe Art miteinander kommunizieren, klingt einfach, ist aber sehr schwierig umzusetzen. Viele Ehen scheitern, weil die Partner »einfach nicht richtig miteinander reden können«. Anfangs mag eine junge Frau den schweigsamen, ruhigen Typ noch imponierend finden. Und ein junger Mann findet die geheimnisvolle Art seiner neuen Bekannten irgendwie faszinierend. Doch Schweigen und Geheimnisse sind tödlich für eine Ehe. Glücklich verheiratete Paare nennen als einen der Gründe für ihre gelingende Ehe immer auch die Tatsache, dass sie miteinander über alles reden können.

Und damit sind nicht das Wetter und die Kinder gemeint. Es geht darum, dass man gelernt hat, sich von Seele zu Seele zu unterhalten. In den Sprichwörtern, Kapitel 20, Vers 5 steht: »Guter Rat liegt tief im Herzen eines Menschen wie Wasser in einem Brunnen: wer Erfahrung hat, holt ihn herauf.« Paare, die eine reife Beziehung führen, haben gelernt, wie sie liebevoll und geduldig die tiefsten Gedanken und Gefühle des anderen zu Tage fördern können. Sie stellen die richtigen Fragen, sie hören zu, sie fragen noch einmal nach, sie warten ab, sie haken sanft nach, sie bestätigen, sie ermutigen. Sie bieten dem anderen eine sichere Umgebung, um sich zu öffnen und wahre Intimität zuzulassen. Doch das erfordert zwei Menschen, die willens sind, miteinander zu reden und einander zuzuhören. Es wird nicht geschehen, wenn beide nur reden, aber nicht zuhören wollen. Auch nicht, wenn ein Partner grundsätzlich die Rolle des Redenden einnimmt und der andere immer den Zuhörer spielt. Ein echter Dialog erfordert den vollen Einsatz der beiden Parteien.

Paare, die eine reife Beziehung führen, lernen auch, die Wahrheit in Liebe auszusprechen und Konflikte zu lösen, ohne den Anderen zu verletzen und die Sicherheit der Beziehung zu untergraben. Sie lernen, wie sie über ihre Hoffnungen, Erwartungen und Träume reden können, ohne dass der Andere sich dumm vorkommt. Sie werden einander zu gegenseitigen Ermutigern und Trainern.

Wie ist es mit Ihnen und Ihrem Partner? Können Sie miteinander reden? Können Sie zuhören? Können Sie sich langsam in das Herz des Anderen hineinfühlen? Sind Sie zumindest beide bereit, es zu lernen?

5. Der Chemie-Faktor

Der letzte Kompatibilitäts-Bereich bezieht sich auf die körperliche Anziehung. Obwohl sich buchstäblich alle Welt mit diesem Thema beschäftigt, habe ich in den 20 Jahren, die ich in meiner Jugend meine Heimatgemeinde besuchte, nie einen Pastor etwas dazu sagen hören. Es war fast so, als ob diese Magie, die Chemie, die Leidenschaft zwischen zwei Menschen etwas Illegales wäre; ein Thema, das man besser der »Welt« überließ, das tabu war. Dabei stammt das kraftvollste Beispiel körperlicher Leidenschaft nicht etwa von Shakespeare oder aus Hollywood, sondern aus der Bibel.

Im Buch Genesis lesen wir von einem Mann namens Jakob, der eine Frau kennen lernte. Ihr Name war Rahel. Jakob fühlte sich so stark zu Rahel hingezogen, dass er weinte, als er sie zum ersten Mal küsste (Gen 29,11). Danach bewirkte diese Anziehung, dass er sieben Jahre für Rahels Vater arbeitete, um sich ihre Hand zu verdienen (ich denke, ich werde diese Stelle bald einmal dem Freund meiner Tochter vorlesen).

Jakob lebte in dieser Zeit bei Rahels Familie, so dass sie sich in diesen sieben Jahren immer besser kennen lernten. Die Bibel erzählt, dass sie sich so sehr liebten, dass ihnen die sieben Jahre nur wie ein paar Tage schienen. Hier schien eine ganz gewaltige Anziehungskraft am Werk zu sein!

Doch dann gab es eine kleine Komplikation: Nach Ablauf der sieben Jahre fand Rahels Vater, dass ihre ältere Schwester Leah vor Rahel verheiratet werden müsste. Also betrog er Jakob und verheiratete ihn ohne dessen Wissen mit Leah. Da es damals noch erlaubt war, mehrere Frauen zu haben, sagte er Jakob dann, dass er auch Rahel bekommen könne, wenn er nochmals sieben Jahre für ihn arbeitete. Und Jakob tat es.

Der Punkt ist, dass Gott jeden von uns so gemacht hat, dass er eine starke Anziehung zu einer bestimmten anderen Person empfinden kann. Wenn potenzielle Ehepartner diese gegenseitige magische Anziehungskraft nicht erleben, stimmt etwas nicht. In den Sprichwörtern, Kapitel 5, Verse 18–19 heißt es: »Freue dich an der Frau, die du jung geheiratet hast! […] Ihre Brüste sollen dich immer berauschen, in ihren Armen kannst du dich selbst vergessen.« Könnte es ein deutlicheres Bild für die körperliche Komponente der Liebe geben?

Kathryn Johnson hat ein Buch mit dem Titel »Glücklich verheiratet« geschrieben. Darin hat sie hundert Paare, die schon lange glücklich miteinander verheiratet sind, nach ihrem »Erfolgsrezept« befragt. Zu ihrer Überraschung war bei fast allen die gegenseitige körperliche Anziehung sowohl für den Beginn als auch für die Erhaltung ihrer Beziehung von größter Wichtigkeit. Die körperliche Anziehung erwies sich auch auf lange Sicht als starker Stabilisator und große Bereicherung der Ehe.

Obwohl eine starke körperliche Anziehung einem Menschen die Enthaltsamkeit vor der Ehe ziemlich schwer macht, ist sie von unschätzbarem Wert. Viele Ehepaare betrachten die Leidenschaft füreinander als Geschenk Gottes, das ihnen über manch schwierige Zeit hinweg geholfen hat.

Damit will ich nicht sagen, dass Sie die erstbeste Person heiraten sollen, die ihr Herz höher schlagen lässt und bei der Sie ein gewisses Kribbeln in der Magengegend verspüren. Aber Sie dürfen die Wichtigkeit der gegenseitigen körperlichen Anziehung nicht unterschätzen. Sie ist ein wichtiger Teil im Gesamtbild einer gesunden Ehe.

Wenn Sie über die 7 gefährlichen Fehler bei der Wahl des Ehepartners und die 5 Kompatibilitäts-Faktoren nachdenken, halten Sie sich auch ein letztes Sprichwort vor Augen: »Pläne ohne Beratung schlagen fehl; durch gute Ratgeber führen sie zum Ziel« (15,22). Treffen Sie diese wichtigen Entscheidungen nicht allein. Suchen Sie den Rat der weisesten, reifsten und in der Beziehung zu Gott erfahrensten Menschen, die Sie kennen – Eltern, Lehrer, Pastoren, Ehepaare, deren Beziehung Sie bewundern und die schon lange zusammen sind. Schöpfen Sie aus möglichst vielen solcher Quellen. Schildern Sie diesen Menschen ganz genau Ihre Lage. Und dann hören Sie auf das, was sie Ihnen sagen, ganz egal, wie hart es sein mag. Hören Sie gut zu!

Gott hat die Ehe erfunden. Seine Absicht war, dass sie uns Freude und Erfüllung bringt, aber sie ist auch eine große Herausforderung. Wir brauchen Menschen, die uns vom Beginn dieses Abenteuers an zur Seite stehen. Ein guter Anfang ist der beste Weg, um auch zu einem guten Ende zu kommen.

Kapitel 8

Starke Familien aufbauen

(Teil I: Stabile Ehen)

Mein Leben lang habe ich Menschen bewundert, die die Fähigkeit besitzen, eine kluge und mitreißende Rede zu halten, obwohl sie mit komplexen Herausforderungen konfrontiert werden. Denken Sie zum Beispiel an Winston Churchills Rede, die er hielt, als Frankreich 1940 Hitler unterlegen war und auch England dem Krieg ins Auge blicken musste. Während viele der Meinung waren, dass ein Friedensvertrag mit Deutschland ausgehandelt werden müsse, war Churchill überzeugt, dass England kämpfen sollte.

Er sprach sein entmutigtes Volk, dessen Zukunftsaussichten düster waren, mit folgenden Worten an: »Wir müssen in Frankreich kämpfen, wir müssen auf den Meeren kämpfen, wir müssen mit wachsender Kraft und Hoffnung in der Luft kämpfen, wir müssen unsere Insel verteidigen, koste es, was es wolle; wir müssen an den Stränden kämpfen, an den Landungsstegen, in den Feldern und auf den Hügeln und auf den Straßen; wir dürfen uns niemals unterwerfen.« Und damit verwandelte er Angst in Hoffnung und das Blatt wendete sich.

Oder denken Sie an eine andere große Rede des 20. Jahrhunderts. Im Sommer 1963, als die Rassenunruhen in Amerika überhand nahmen, plante Martin Luther King Jr. eine Massenveranstaltung in Washington. Was würden die 250 000 Menschen dort hören? Einen Aufruf zu Gewalt und Hass? Nein, sie hörten die weltberühmten Worte »Ich habe einen Traum …« – einen Traum von Einheit zwischen Menschen verschiedener Hautfarben, einen Traum von Menschenwürde, der der Bürgerrechtsbewegung eine klare Richtung gab und uns noch heute bewegt.

Während wir uns an der Schwelle zum 21. Jahrhundert befinden, sehen wir uns mit einer der größten Herausforderungen der Welt konfrontiert: starke Familien aufzubauen. Wohl kaum jemand würde leugnen, dass die Zukunft für allzu viele Familien finster aussieht; viele erklären sogar die Grundidee von Familie für tot – und das aus gutem Grund. In zu vielen Familien brodelt unbemerkt hinter einer schönen Fassade ein tiefer Hass, der irgendwann aufbrechen wird.

Gibt es heute jemanden, der zur komplexen Krise der Familie grundlegende Dinge zu sagen hat, die wirklich weiterhelfen? Wer könnte die Bücher, Artikel und Studien zählen, die zu diesem Thema geschrieben wurden? Wir haben Glück, dass uns all diese Materialien zur Verfügung stehen. Oder etwa nicht? Statt auf den Wogen dieser Informationsfülle zu segeln, scheinen viele Familien darin zu ertrinken. All die Informationen lassen uns oftmals nur noch verwirrter, frustrierter und hilfloser zurück.

Der Autor des Buchs der Sprichwörter steht am Rand dieser Informationsflut. Er durchschneidet die Komplexität des Themas mit der Feststellung, dass es zwei lebenswichtige Komponenten gibt, mit denen man starke Familien aufbauen kann: stabile Ehen und effektive Erziehungsmethoden. Man kann es komplizierter ausdrücken, doch am Ende sind es nur diese beiden Aspekte, die wirklich einen Wandel von Hoffnungslosigkeit und Frustration, die viele Familien kennzeichnen, zu zielgerichteter Energie herbeiführen.

… bis dass der Tod uns scheidet

Die Schlüsselaussage für eine stabile Ehe wird in den Sprichwörtern, Kapitel 5, Verse 18–19 zusammengefasst: »Freue dich an der Frau, die du jung geheiratet hast. Sie soll dir viele Kinder schenken! Anmutig wie ein Gazelle ist sie. Ihre Brüste sollen dich immer berauschen, in ihren Armen kannst du dich selbst vergessen.«

»Freue dich an der Frau, die du jung geheiratet hast«; damit gibt uns der Autor das erste Kriterium für eine stabile Ehe: Dauerhaftigkeit. Die Ehe ist der Eckstein, auf dem die Familie errichtet wird. Wie kann eine Familie Bestand haben, wenn das Fundament wackelt? Der einzige Weg, die Familie – den Baustein der Gesellschaft – zu stärken, ist, dauerhafte Ehen anzustreben und zu pflegen.

Ich sage das nicht leichthin. Meine Frau Lynne und ich haben nie ein Geheimnis daraus gemacht, dass unsere Ehe einen enormen Arbeitsaufwand erfordert – mehr als die meisten anderen Ehen, die wir kennen. Wir sind nun fast 25 Jahre verheiratet, und es scheint, als müssten wir immer noch hart um jeden kleinen Schritt auf dem Weg zum ehelichen Glück ringen. Alte Verletzungen, Unterschiede in der Persönlichkeit und der Druck eines sehr öffentlichen Lebens lasten zusätzlich auf uns. Doch wir beten, reden, suchen Rat, disziplinieren uns, wachsen, verändern uns, schließen Kompromisse, geben Fehler zu, entschuldigen uns, schrauben unsere Erwartungen herunter, erinnern uns an unsere Versprechen, schauen in die Zukunft und weigern uns einfach aufzugeben. Diese Ehe haben wir für unser ganzes Leben geschlossen, und wir danken Gott für jeden Schritt, der uns der Freude ein wenig näher bringt.

Warum muten wir uns all das zu? Weil wir wissen, dass wir eine stabile Ehebeziehung als Grundlage für eine starke Familie brauchen. Es wäre zu schön, wenn »stabil« immer gleichbedeutend mit »einfach und fröhlich« wäre. Leider ist es das manchmal nicht. Manchmal heißt »stabil« einfach, dass wir uns an unsere Versprechen halten, ausharren und weiter auf das Ziel zugehen.

Ist es das wert? Wir denken ja. Neulich verbrachten wir mit der ganzen Familie ein Wochenende in Kalifornien, um den College-Abschluss unserer Tochter Shauna zu feiern. Zusammen bereiteten wir die riesige Party vor, zusammen begrüßten wir alte und neue Freunde, zusammen beendeten wir das Wochenende mit einem feudalen Muttertagsfrühstück in unserem Hotel und dann verabschiedeten wir uns tränenreich voneinander. Mit uns nahmen wir einen Schatz wunderschöner gemeinsamer Erinnerungen. Vielleicht sind sie für uns umso kostbarer, weil sie nicht selbstverständlich sind, sondern hart erarbeitet wurden.

Die einzige Art der Liebesbeziehung, die der Autor der Sprichwörter kennt, ist eine lebenslange. Er würde sich wahrscheinlich all das moderne Gerede von »Lebensabschnittspartnern« und Scheidungen »in gegenseitigem Einvernehmen« anhören, und dann würde er wiederholen: »Freue dich an der Frau, die du jung geheiratet hast. Wenn du heiratest, dann bleib auch verheiratet. Schließ Kompromisse. Such dir Hilfe. Arbeite daran. Faste, bete und bemühe dich immer und immer wieder. Tu alles, was nötig ist, um zusammenzubleiben, und mach das Beste daraus. Es gibt keinen anderen Weg, eine starke Familie aufzubauen.«

Sich in der Mitte treffen

Doch der Autor der Sprichwörter trägt uns nicht nur auf, zusammenzubleiben. Er macht die Angelegenheit noch komplizierter, indem er uns befiehlt, uns an der ganzen Sache auch noch zu freuen! »Beiß nicht nur die Zähne zusammen und ertrag es«, sagt er. »Finde dich nicht mit einer Art geschlossenem Strafvollzug oder einer friedlichen Koexistenz ab. Nimm dir mehr vor! Finde tiefe Freude in deiner Ehe!« Und als ob das noch nicht genug wäre, malt er auch noch ein Bild sexueller Leidenschaft und einer dauerhaften, tiefen emotionalen Verbindung: »Ihre Brüste sollen dich immer berauschen, in ihren Armen kannst du dich selbst vergessen.« Das klingt gut. Aber wie erreicht man dieses Ziel?

Man kommt ihm näher, indem man auf jedem kleinsten Bruchteil der Gemeinsamkeit aufbaut: jedes gemeinsame Interesse, jede gemeinsame Wertvorstellung, jedes gemeinsame Ziel, jede gemeinsame Freude, jedes gemeinsame Hobby, jeder gemeinsame Dienst. Wenn wir nichts von alledem gemeinsam haben, müssen wir Kompromisse schließen, uns verändern und in neue Richtungen entwickeln, bis wir etwas gemeinsam haben.

Lynne und ich fahren beide für unser Leben gern in unsere Hütte am Michigan-See. Doch wenn wir angekommen sind, tendieren wir dazu, gleich in unterschiedliche Richtungen loszurennen. Es gibt nichts, was ich lieber tue, als stundenlang mit dem Boot draußen auf dem See zu sein. Und Lynne kennt keine schönere Beschäftigung, als endlos lange Strandspaziergänge zu machen. Beide Aktivitäten sind gut für uns als Individuen; sie stärken und erfrischen uns. Aber sie trennen uns auch voneinander.

Also tauscht Lynne regelmäßig die Stille des Strandes mit dem Motorgeräusch eines Rennbootes oder dem Schaukeln eines Seglers. Obwohl ihr Segeln grundsätzlich Spaß macht, muss sie sich ziemlich in Geduld üben, um mein neu gefundenes Interesse an Rennbooten zu verstehen. Doch sie gibt sich die größte Mühe.

Umgekehrt gehe ich mit ihr am Strand spazieren. Eigentlich finde ich immer noch, dass man ein bestimmtes Ziel haben sollte, wenn man zu Fuß losgeht, aber langsam lerne ich, Lynnes Auffassung zu begreifen, dass der Weg das Ziel ist.

Während Lynne sich bemüht, das aufregende Gefühl der Geschwindigkeit beim Rennbootfahren nachzuvollziehen, lerne ich, das Gefühl von warmem Sand auf nackter Haut zu genießen, den Schrei der Möwen und das sanfte Rauschen der Wellen wahrzunehmen. Keine schlechten Lernziele für uns beide, finde ich.

Ganz offensichtlich betrachten Lynne und ich das Leben aus nahezu gegensätzlichen Blickwinkeln. Obwohl wir durchaus in den meisten der zuvor genannten Kompatibilitätsbereichen zueinander passen, könnten wir in Bezug auf unseren Persönlichkeitsstil kaum unterschiedlicher sein. Das ist bei vielen Ehepaaren der Fall. Trotz unseres Grundbedürfnisses, unser Leben in jeder Hinsicht mit einem Partner zu teilen, heiraten wir oft jemanden, der das Gegenteil von uns selbst ist … und wünschen nachher, wir hätten es nicht getan!

Was uns in diese »Gegensätze ziehen sich an«-Richtung treibt, ist ein unbewusster Wunsch nach Ergänzung. In diesem Begriff steckt nicht umsonst das Wörtchen »ganz«. In einem Menschen, der ganz anders ist als wir, sehen wir Züge, die unsere Persönlichkeit zu vervollständigen scheinen. Wir sehen Stärken, die unseren Schwächen entgegen wirken. Wir sehen Eigenschaften, die wir selbst gerne hätten. Wir sehen jemanden, dessen Anderssein uns abrunden und komplett machen kann.

Das Bedürfnis nach Ganzheit ist gut. Aber leider läuft es meistens folgendermaßen, wenn Gegensätze sich angezogen haben: Nehmen wir den kühlen, logisch denkenden mathematisch begabten Michael, der sich Hals über Kopf in die gefühlsbetonte, künstlerisch veranlagte, freigeistige Bettina verliebt. Unter dem Einfluss von Bettinas Spontaneität und Lebendigkeit fühlt sich Michael weniger steif und viel näher an seiner kindlichen Seite. Seine praktische und vorausdenkende Art wiederum gibt Bettina das Gefühl, weniger chaotisch und stattdessen erwachsener zu sein. Und schon treten sie im guten Glauben vor den Altar, dass ihre Unterschiede sie gegenseitig weiterbringen werden.

Sechs Monate später sehen sie sich an und sagen: »Wir sind ja so verschieden, aber wir ziehen uns ganz bestimmt nicht an!« Die romantische Flamme, die von ihrem gegenseitigen Wunsch nach Ergänzung genährt wurde, wird langsam von der Zugluft ihrer Unterschiedlichkeiten erstickt. Warum geschieht so etwas?

Michael und Bettina fühlten sich zueinander hingezogen, weil sie sich nach Ganzheit sehnten. Sich mit einer Person zusammenzutun, die uns hilft, »rund« zu werden, ist gut. Doch was Michael und Bettina nicht bedacht haben, ist die Tatsache, dass wir nur ergänzt werden können, wenn wir die gewünschten Eigenschaften zu unseren eigenen machen, wenn wir von unseren Partnern lernen und die Züge verinnerlichen, die sie mitbringen, so dass wir zu einer ausgeglichenen Persönlichkeit werden.

Unglücklicherweise sind sich die meisten von uns nicht einmal bewusst, dass wir uns alle nach dieser Art der Ergänzung ausstrecken sollten. Wir sind der Annahme aufgesessen, dass es auf wundersame Weise genügt, als eine Hälfte des Ganzen durchs Leben zu gehen.

Also erfüllt jeder Partner die speziellen Verantwortlichkeiten »seiner« Hälfte. Er sorgt für die Logik; sie steuert die Emotionen bei. Oder sie ist der ruhende Pol und er hat die spontanen Einfälle. Je länger sie sich lediglich dafür verantwortlich sehen, ihre jeweiligen

Beiträge zum Ganzen zu leisten, desto verhärteter und extremer werden sie in ihren gegensätzlichen Positionen – bis zu dem Punkt, an dem das Gleichgewicht der Gegensätze zur Polarisation führt.

Das muss nicht zwangsläufig passieren. Doch der einzige Weg, es zu vermeiden, ist die romantische Sichtweise der Gegensätze aufzugeben und auf eine individuelle Ganzheit zuzusteuern. Wir sollten voneinander lernen, die Stärken des anderen in unser Leben einzubauen. Wie viel besser ginge es Michael und Bettina, wenn sie versuchen würden, beide logisch zu denken und trotzdem voller lebendiger Gefühle zu stecken; Stabilität zu erlangen und trotzdem die Freiheit zu spontanen Einfällen zu haben; ernsthaft zu sein und trotzdem für jeden Spaß zu haben.

Lynne und ich sind beide extreme Persönlichkeiten. Darum ist es so schwierig für uns, miteinander verheiratet zu sein. Andererseits sind wir auch gut füreinander. Außerhalb unserer Ehe haben wir keine Schwierigkeiten damit, auch mit Leuten gut auszukommen, die ganz anders sind als wir selbst. Da haben wir es aber auch in der Hand, wie nah wir solche Leute an uns heran lassen. Wenn sie unbequem werden, können wir uns zurückziehen. Aber in der Ehe ist das nicht möglich. Da können wir nichts vermeiden und nicht wegrennen, wenn es uns zu viel wird. In der Ehe sind wir gezwungen, uns mit dem anderen und mit uns selbst auseinanderzusetzen, wir sind gezwungen, Kompromisse zu schließen und uns zu verändern – oder unglücklich zu werden. Und ob es uns gefällt oder nicht: Alles, was uns zur Veränderung zwingt, ist gut!

In den Sprichwörtern, Kapitel 27, Vers 17 steht: »Eisen wird mit Eisen geschärft, und ein Mensch bekommt seinen Schliff durch Umgang mit anderen.« Das gilt auch für den Umgang mit dem Ehepartner. Mit jemandem verheiratet zu sein, der so sensibel und tiefgründig ist wie Lynne, hat mich definitiv »geschliffen«. Es hat mich herausgefordert, meine eigenen Fähigkeiten in Bezug auf Sensibilität und Tiefgang auszuweiten, was wiederum meine Effektivität als Pastor, Freund und Vater erhöht hat. Mit jemandem verheiratet zu sein, der so zielgerichtet, entschlossen und diszipliniert ist wie ich hat Lynne »geschliffen«, indem es sie herausgefordert hat, ihre Gaben konstruktiver einzusetzen und praktische Anwendungsmöglichkeiten für ihre Einsichten und kreativen Ideen zu finden.

Wir haben unsere Ehe in der Auffassung begonnen, großartige Hälften eines Ganzen abzugeben. Uns war nicht klar, dass wir uns bis zu dem Punkt würden verändern müssen, an dem wir beide fähig waren, Ganzheitlichkeit in die Ehe einzubringen. Auch war uns nicht bewusst, dass die Ehe der Ort ist, an dem wir am meisten Lektionen für unser Leben lernen und uns persönlich weiterentwickeln – ein Werkzeug, das Gott dazu benutzen würde, uns »rund« zu machen. Wir sind noch lange nicht am Ziel, aber ganz deutlich macht unsere Ehe uns besser – im Sinne von fähiger, kompetenter, gesünder, reifer, ausgeglichener, heiler und ganzer.

Und dabei entdecken wir etwas Wunderbares: »Ergänzte« Menschen stolpern immer wieder über gemeinsame Freuden, selbst wenn sie sehr unterschiedlich sind. Warum? Weil solche Menschen bereit sind, Neues auszuprobieren. Sie öffnen sich für neue Ideen, erlernen neue Fähigkeiten, begegnen neuen Bekannten, trauen sich an neue Herausforderungen heran und haben den Mut, die Wahrheit zu sagen. »Ganze« Menschen haben keine Angst davor, das Risiko der Liebe einzugehen; sie können sich beugen, ohne zu brechen, und Kompromisse schließen, ohne sich selbst aufzugeben; sie können sich mit einem anderen in der Mitte treffen und sich mit dem anfreunden, was sie dort finden … und sie können sich zusammen freuen!

Investieren Sie weiter

Doch selbst wenn Paare an diesen Punkt gelangen, an dem sie das Zusammensein einfach genießen können – oder wenn sie zu den Glücklichen gehören, denen das schon von Anfang an leicht fiel –, dürfen sie nie die Zügel schleifen lassen, wenn es um die Arbeit an der Beziehung geht. Jede Ehe, auch die beste, erfordert ständige Aufmerksamkeit und Einsatz.

In den vergangenen 25 Jahren haben die anderen Pastoren von *Willow Creek* und ich Hunderte von Paaren getraut und ihren Start in das gemeinsame Leben beobachtet. Von all diesen Ehen wiesen die, die ich wachsen und gedeihen sah, eine wichtige Gemeinsamkeit auf: Beide Partner waren und sind bereit, große Investitionen in Form von Zeit und Energie in die Ehe zu stecken. Sie haben sich zu regelmäßigen Ausgeh-Abenden, Frühstückstreffen und Wochenendausflügen verpflichtet. Die meisten von ihnen haben sich bemüht, gemeinsame Hobbys zu entwickeln. Andere haben Bücher und Artikel zu Ehethemen miteinander gelesen oder sich Vortragskassetten angehört. Wieder andere haben zusammen Eheseminare besucht oder sich einer Kleingruppe angeschlossen, in denen sie sich mit anderen Paaren, die auch an ihrer Ehe »arbeiten«, über ihre Erkenntnisse und Probleme austauschen.

Jede gute Ehe ist das Ergebnis von echtem, dauerhaftem Engagement beider Partner und keiner von uns kann vor diesem Hintergrund Trägheit rechtfertigen. Und trotzdem habe ich harmonische Beziehungen sich verschlechtern und schließlich sterben sehen, einfach weil sie vernachlässigt wurden. Wie tragisch, wenn eine Ehe mit einer Scheidung endet, weil die Partner es versäumt haben, die Beziehung zu nähren, zu pflegen und ihr Leben einzuhauchen, obwohl sie ihnen einmal so wichtig war.

Suchen Sie Hilfe!

Neulich sprach ich mit einer Frau, die gerade eine Scheidung hinter sich hatte. Die Geschichte, die sie mir erzählte, war so vorhersehbar wie der Sonnenuntergang: »Wir sind langsam auseinander gedriftet. Ich wusste, dass etwas nicht stimmte, aber mein Mann wollte nicht darüber reden. Also habe ich so getan, als sei alles in Ordnung. Doch in den nächsten zehn Jahren wurden die Distanz und die Kälte zwischen uns immer größer und stärker und irgendetwas in mir ist einfach gestorben. Seine Weigerung, über alles zu reden, war der Anfang vom Ende, das ist mir jetzt klar.«

Wieder eine schmerzvolle Scheidung und ein paar Kinder mehr auf der Welt, die sich fragen, ob es eigentlich auch Eltern gibt, die zusammenbleiben. Was wäre wohl geschehen, wenn die Frau 10 Jahre zuvor, beim ersten Hinweis auf Probleme, zu ihrem Ehemann gesagt hätte: »Oh nein, so nicht! Wir werden unsere Beziehung nicht einfach aufgeben, ohne auch nur den geringsten Versuch zu unternehmen, die Probleme zu lösen. Wir werden nicht einfach voneinander wegdriften. Wir werden zugeben, dass wir Hilfe brauchen, und diese dann auch in Anspruch nehmen.« Was wäre geschehen, wenn sie zu guten Freunden, einem Pastor oder einem christlichen Therapeuten gegangen wären und gesagt hätten: »Wir machen gerade eine schwierige Zeit in unserer Ehe durch. Helft ihr uns, darüber hinwegzukommen? Könnt ihr uns einen Rat geben?«

Wenn man Eheprobleme gleich zu Beginn angeht, ist die Wahrscheinlichkeit, dass man sie lösen kann, sehr hoch. Es ist noch nicht so lange her, dass die Partner vor dem Traualtar standen, sich verliebt in die Augen schauten und sich nichts mehr wünschten, als ihr Leben zusammen zu verbringen. Selbst wenn dieses Gefühl unter einem Haufen liebloser Worte, verletzter Gefühle, ungelöster Konflikte und verborgener Feindseligkeit begraben ist, kann man es wieder ans Tageslicht fördern, wenn man möglichst bald Hilfe sucht. Also warten Sie nicht länger. Wenn Sie auch nur den kleinsten Hinweis finden, dass etwas in Ihrer Ehe nicht in Ordnung ist, dann reden Sie darüber. Wenn Sie das Problem nicht allein lösen können, holen Sie sich Rat von außen. Und dann können Sie Ihre Beziehung wieder genießen und weiter festigen, so dass Sie Ihren Kindern eine stabile Umgebung bieten können.

Der scharlachrote Buchstabe

Bevor wir zum nächsten Thema übergehen, möchte ich ein Problem ansprechen, das das Buch der Sprichwörter als eine der größten Gefahren für die Ehe ansieht: Ehebruch. Wohl wissend, dass ein Seitensprung vielen Beziehungen und Familien den Todesstoß gibt, spricht der Autor das Thema so direkt wie nur möglich an: »Aber wer mit der Frau eines anderen Ehebruch begeht, muss den Verstand verloren haben. So etwas tut nur einer, der sein Leben leid ist! Schläge bekommt er und dazu Schmach und Schande, die er nie wieder los wird« (6,32–33).

Ehebruch ist eine so destruktive Tat, sagt der Autor, dass es jemandem, der ihn vollzieht, nur an Verstand fehlen kann. Welcher intelligente Mensch würde wohl etwas tun, das zu Feindseligkeit, Schande und Trennung von Ehepartner und Kindern in gleich zwei Familien führt? »Es macht keinen Sinn, also tu es nicht«, sagt der Verfasser der Sprichwörter. »Zieh es noch nicht einmal in Betracht!«

Der Autor ist sich der zerstörerischen Kraft des Fremdgehens so sehr bewusst, dass er sogar vor den Gefahren eines »harmlosen« Flirts warnt. Dabei geht es nicht darum, Freundschaften zum anderen Geschlecht komplett zu unterbinden, und dieser Vers sollte auch nicht dazu anregen, solche Freundschaften argwöhnisch zu betrachten. Der Autor sieht sich auch nicht als Spielverderber, der wirklich harmlose Kontakte zwischen mehreren Paaren oder einer gemischt geschlechtlichen Gruppe durch starre Gesetzlichkeit verdammt. Doch wenn es zu der Art von unterschwelligem Flirten kommt, die letztlich zu sexueller Versuchung und zum Ehebruch führen kann, spart er wiederum nicht mit scharfen Ermahnungen. Flirten kann gefährlich sein!

In den Sprichwörtern, Kapitel 7, Verse 15–23 warnt er einen jungen Mann vor den Winkelzügen einer Frau, die ihn verführen will, indem er ihre eigenen Worte benutzt:

»›Ich wollte dich immer schon kennenlernen. Da bist du nun! Ich habe mein Bett mit weichen, bunten Tüchern aus Ägypten bezogen, mit Essenzen von Myrrhe, Aloe und Zimt habe ich es besprengt. Komm mit! Wir lieben uns die ganze Nacht durch bis morgen früh, wir wollen einander genießen! Der Mann ist nicht zu Hause, er macht gerade eine lange Reise. Er hat genug Geld mitgenommen und kommt frühestens in vierzehn Tagen wieder.‹ Mit solchen Worten redet sie auf ihn ein, und schließlich hat sie ihn überredet. Er folgt ihr – wie ein Ochse, der zum Schlachtplatz geführt wird. Mit Ketten an den Füßen geht er seiner Strafe entgegen, dieser unverbesserliche Narr! Er weiß nicht, daß es um sein Leben geht – bis ein Pfeil ihm die Leber durchbohrt, bis er gefangen im Netz hängt wie ein Vogel!«

Heutzutage wird statt der bunten Tücher und der Myrrhe vermutlich eher ein schönes Feuer im Kamin und eine Flasche guter Wein angeboten. Der Zweck ist der gleiche: Die Frau malt dem jungen Mann ein verführerisches Bild vor Augen und schlägt ihm ganz unverhohlen vor, die Nacht miteinander zu verbringen.

Sie hält ihm den Köder hin und er beißt an. Doch am Ende wird es ihn, wenn man den Sprichwörtern glaubt, das Leben kosten.

»Achtung! Lebensgefahr!«, sagt der Autor. Es ist schon bedenklich genug, wenn man gedankenlos ein etwas zweideutiges Gespräch anfängt. Doch wenn dann noch eine verführerische Umgebung, ein schwacher Moment und die falsche Person dazukommen, befinden Sie sich auf dem beinahe direkten Weg zu einer sexuellen Verfehlung, die das Potenzial hat, Ehen, Familien und Leben zu zerstören.

Starke Familien können nur auf dem Fundament einer stabilen, dauerhaften liebevollen ehelichen Beziehung entstehen. Deshalb müssen wir einen weiten Bogen um alles machen, was diese Beziehung untergräbt oder gefährdet. Wir können es uns nicht leisten, der Macht von Versuchungen und Verführung naiv gegenüberzutreten, selbst wenn wir in einer gut funktionierenden Ehe leben. »Darum seid auf der Hut!«, schreibt Paulus im 1. Brief an die Korinther, Kapitel 10, Vers 12. »Wer meint, daß er sicher steht, soll aufpassen, daß er nicht fällt!« Niemand von uns ist vor Versuchungen sicher. Und das gilt besonders in Bezug auf einen Seitensprung, denn die Realität des Ehelebens kann sich kaum mit den Fantasien messen, die eine außereheliche Affäre weckt. Allerdings kann man keine Familie auf Fantasien aufbauen. Nur die Ehe, die auf gegenseitiger Hingabe, individuellem Heilwerden und beziehungsmäßiger Weiterentwicklung beruht, bietet ein Fundament, das stark genug dafür ist.

Nach mehr als 20 Jahren als Pastor habe ich den Überblick über die Anzahl der Ehemänner und -frauen verloren, die mir einen Seitensprung gestanden und herzzerreißend und reuevoll darüber weinten. Fast jeder von ihnen sagte: »Ich habe damit alles kaputt gemacht, das wir aufgebaut hatten. Wenn ich die Uhr doch nur zurückdrehen und dann die richtige Entscheidung treffen könnte!«

Ganz egal, wie unbefriedigend oder schmerzlich Ihre Ehe im Moment ist oder wie viel scheinbar irreparabler Schaden entstanden ist – Ehebruch ist niemals die Lösung. Selbst wenn Sie sich sicher sind, dass Ihre Ehe von Anfang an ein Fehler war und selbst wenn diese Ehe Ihnen nie auch nur ansatzweise das gegeben hat, was Sie sich erhofft oder erträumt hatten – selbst dann ist Fremdgehen keine Alternative, die Sie irgendwie rechtfertigen könnten.

Ein Seitensprung wird den Schmerz nicht verringern; er wird ihn langfristig und unausweichlich verschlimmern. Ehebruch wird der hässlichen Mixtur aus Enttäuschung und Verletzung, die Sie jetzt schon verspüren, noch Verrat und Betrug hinzufügen. Und wenn die Sache herauskommt, was immer irgendwann geschieht, dann werden der Schock und die Schande viel größer sein, als Sie es sich vorgestellt haben.

Es gibt immer andere Möglichkeiten, selbst wenn es um Ihre Ehe wirklich schlimm bestellt ist. Eine Eheberatung, an der einer oder sogar beide Partner teilnehmen, ist die erste Möglichkeit; auch wenn man so das Ziel einer befriedigenden Ehe nicht sofort erreicht, kann eine gute Beratung den beiden Partnern helfen zu lernen, wie sie ein zufriedenes Leben führen können, selbst wenn ihre Ehe nicht so läuft, wie sie sich das erhofft haben. Eine andere Alternative ist es, sich stärker auf die Beziehung mit Gott und auch mit Verwandten und Freunden zu stützen und sich von dort einen Teil der Zuwendung zu holen, die man vom Partner erwartet und die er nicht immer geben kann. Das kann einen Menschen auch daran erinnern, dass die Ehe zwar ein wichtiger Teil des Lebens, aber nicht alles ist. Es ist möglich, ein erfülltes und freudiges Leben zu führen, auch wenn man in einer schwierigen Ehesituation steckt.

Ein guter Berater kann Paaren auch helfen, ihre Erwartungen anzupassen. Viele von uns gehen mit unrealistischen Vorstellungen in die Ehe; in manchen Fällen könnte kein menschliches Wesen den hohen Anforderungen genügen, die wir stellen. Andere haben zwar an sich angemessene Erwartungen, die aber für ihre spezielle Ehe mit ihrer speziellen Kombination von Persönlichkeiten nicht realistisch sind. Statt die ideale Traumehe anzustreben, sollten wir uns dazu entschließen, das Beste aus dem gegebenen Potenzial zu machen, das unsere Ehe bietet.

In einer »angeschlagenen« Ehe ist manchmal eine Trennungszeit der nächste notwendige Schritt auf dem Weg zur Heilung. Die Bibel macht deutlich, dass in manchen extremen Fällen eine Scheidung erlaubt ist, doch selbst diese schwere Zeit ist besser zu ertragen, wenn nicht auch noch das Trauma eines Ehebruchs dazu kommt.

Für manche von Ihnen war es vielleicht sehr unangenehm, diese Passage zu lesen, weil Sie schon einen Seitensprung oder eine Scheidung hinter sich haben. Die Erinnerung ist noch zu frisch und schmerzlich. Ich möchte Sie daran erinnern, dass der Gott der Gnade immer eine zweite Chance für fehlerhafte Menschen wie Sie und mich anbietet. Dieser Gott sagt jedem Einzelnen von uns: »Ich weiß, dass du die Grenzen überschritten und ein paar dumme Fehler gemacht hast. Aber ich biete dir meine Gnade und Vergebung an. Komm zu mir und nimm sie an. Und von heute an kannst du weitermachen, ohne diese Fehler zu wiederholen.« Als Christen folgen wir einem Christus, der nicht gekommen ist, um uns zu verdammen, sondern um uns zu retten und uns auf einen Kurs zu bringen, der zu einem erfüllten Leben voller Frieden und Freude führt.

Ich habe dieses Kapitel »Starke Familien aufbauen« genannt, weil eine funktionierende Liebesbeziehung zwischen Mann und Frau die Grundlage der gesamten Familie ist. Wenn sie mit vermeintlich unüberwindbaren Eheproblemen konfrontiert werden, versuchen sich heute viele Menschen aus dem Dilemma zu retten, indem sie den Begriff »Familie« neu definieren. Doch hat irgendjemand bisher wirklich eine bessere Idee gehabt als Gottes Vorstellung von einer Familie, in der eine Mama und ein Papa in liebevoller Harmonie zusammenleben und ihren Kindern ein sicheres und stabiles Zuhause bieten?

Wenn das das beste Ziel ist, sollten wir dann nicht alle Stoppschilder auf dem Weg eliminieren? Manche von uns werden härter daran arbeiten müssen, als sie sich je hätten träumen lassen; wir alle werden feststellen, dass es keine Schleichwege und Abkürzungen zu einer guten Beziehung gibt. Es erfordert immer mehr Zeit, mehr Tränen, mehr Kompromisse, mehr Gebet, mehr Demut und mehr Reife, als wir erwartet hatten. Es erfordert, dass wir uns wie Erwachsene benehmen, wenn wir uns lieber wie verwöhnte Kinder aufführen würden, und es erfordert, dass wir die Welt mit den Augen eines anderen betrachten, wenn wir lieber bei unserer vertrauten Sichtweise bleiben würden. Und es bedeutet, dass wir uns immer weiter in einem unendlichen Prozess engagieren, wenn alles in uns danach schreit aufzugeben.

Schwere Herausforderungen? Ja, aber wir müssen uns ihnen stellen. Was wir als Eltern in unserer Ehe tun, wird unsere Kinder zutiefst beeinflussen. Kein Ehepaar wird es schaffen, eine perfekte Einheit zu bilden, aber sind wir den Kindern nicht zumindest den ernsthaften Versuch schuldig? Je fester die eheliche Bindung der Eltern ist, desto sicherer fühlen sich Kinder mit den Eltern, Geschwistern, mit sich selbst und mit Gott.

Eine stabile Ehe ist der Anfang der Familie. Doch um gute Eltern zu werden, brauchen wir Rat und Hilfe. Auch zu diesem Thema haben die Sprichwörter einiges zu sagen, und so geht es im folgenden Kapitel darum, wie wir konstruktiv auf unsere Kinder einwirken können, damit sie zu ausgeglichenen und lebensfrohen Menschen heranwachsen.

Kapitel 9

Starke Familien aufbauen

(Teil II: Effektive Erziehung)

Ich kenne viele Menschen, deren Leben nicht gut läuft. Das liegt nicht daran, dass sie schlechter sind als andere oder sich nicht genügend Mühe geben. Es ist so hart für sie, weil sie von Eltern erzogen wurden, die nicht wussten, wie sie ihre Kinder systematisch und liebevoll in die Unabhängigkeit begleiten können und die ihnen vor allem nicht die Eigenschaften und Tugenden vorgelebt haben, die man für ein glückliches, erfülltes Leben braucht. Was meinen Sie wohl, was diese nun erwachsenen Kinder darum geben würden, wenn sie ihre Kindheit noch einmal bei klugen Eltern verleben dürften?

Ich habe andere Menschen kennen gelernt, deren Leben gut läuft. Nicht etwa, weil sie nie mit Schwierigkeiten, Herausforderungen, Schmerz oder Enttäuschungen zu kämpfen gehabt hätten, sondern weil sie die innere Kraft haben, ihr Leben zu leben, ganz egal, mit welchen Widrigkeiten sie konfrontiert werden. Oft schreiben diese Menschen ihre Fähigkeit, auch widrige Umstände anzunehmen, der Tatsache zu, dass sie das Glück hatten, von weisen Eltern erzogen worden zu sein. Und sie würden dieses Geschenk um nichts in der Welt missen wollen. Ich weiß, wie sie empfinden. Mein Vater ist vor mehr als 20 Jahren gestorben, doch er hat mir ein Erbe, nämlich Weisheit, hinterlassen, das mir noch heute jeden Tag von Nutzen ist.

In den Sprichwörtern, Kapitel 31, Verse 26–29 heißt es über eine Frau und Mutter: »…was sie redet, hat Hand und Fuß; mit freundlichen Worten gibt sie Anweisungen und Ratschläge.« Und als Folge davon: »Ihre Kinder sind stolz auf sie, und ihr Mann lobt sie: ›Es gibt viele tüchtige Frauen‹, sagt er, ›aber du bist die allerbeste!‹« Menschen, die von weitblickenden, klugen Eltern großgezogen wurden, wissen, dass der Wert dieser Erziehung unschätzbar ist.

Aber auch umgekehrt gilt: Die Freude von Eltern, die ihre Kinder aufwachsen und den Weg der Weisheit einschlagen sehen, ist unvergleichlich.

Vor Jahren schon ist mir klar geworden, dass es mir ziemlich egal war, ob meine Kinder später einmal in einem großen Haus lebten, ein großes Einkommen bezogen oder sozialen Erfolg genossen. Das

Wichtigste war mir, dass sie Gott den gebührenden Platz in ihrem Leben einräumten und dass sie seine Weisheit in jedem Lebensbereich anstrebten. Ich wollte die Freude erleben, von der in den Sprichwörtern, Kapitel 15, Vers 20 die Rede ist: »Ein verständiger Sohn macht seinen Eltern Freude.«

Gegenseitiger Segen

Vor nicht allzu langer Zeit hatte ich die Gelegenheit, meine Kinder in Kalifornien zu besuchen, wo sie aufs College gehen. Ich hatte sie seit sechs Wochen nicht gesehen, was die längste Trennungszeit seit ihrer Geburt war. Nach einem Vortrag an der Westküste traf ich mich mit ihnen und einigen ihrer Freunde zum Abendessen.

Während des Essens hörte ich, wie einer seiner Freunde meinen Sohn Todd fragte, was er am Wochenende vorhabe. »Ich fahre runter nach L. A.«, erklärte Todd. »Einer meiner Freunde baut da eine Jugendarbeit auf und ich will ihm helfen. Da sind einige echt gute Leutchen in der Kirche, und es ist super, dass ich ihnen dabei helfen kann, eine Gruppe aufzubauen, in der sie sich wohl fühlen, in ihrem Glauben weiterkommen und zu der sie ihre nichtgläubigen Freunde einladen können.«

Später an diesem Abend bekam ich mit, dass Shauna eine Freundin zu einer Bibelgruppe einlud, die sie besuchte. Danach sprachen sie und ihre Freunde darüber, dass sie verschiedene Entscheidungen getroffen hatten, um ihre Freizeit sinnvoller zu verbringen, besser mit ihrem Geld umzugehen und sich mehr zu disziplinieren.

Ich war so erfreut von alledem, dass ich die anderen bat, uns zu entschuldigen und meinen Kindern einen kurzen Spaziergang um den Block vorschlug. Und unterwegs sagte ich ihnen, wie stolz ich auf sie war und wie glücklich sie mich machten.

Damit will ich nicht sagen, dass meine Sprösslinge perfekt sind oder ich jede Entscheidung begrüße, die sie treffen. An dem eben erwähnten Abend zeigte mir Shauna ihre neue Tätowierung, von der ich nicht besonders angetan war (Todd hatte sich schon vor Jahren eine machen lassen – oder waren es zwei?).

»Darüber wird es im Himmel bestimmt keine Diskussionen geben!«, beruhigten sie mich beide.

»Das könnte stimmen«, gab ich zu, »aber zwischen jetzt und dann schon!«

»Ach, Papa, reg dich ab!«

Puh!

Tätowierungen hin oder her – Kinder und Eltern, die nach Weisheit streben, bringen einander viel Freude. In den Sprichwörtern, Kapitel 17, Vers 6 steht: »Alte Leute sind stolz auf ihre Enkel, und Kinder sind stolz auf ihre Eltern.« In unserer Gesellschaft sind Kinder und Eltern nur allzu oft erbitterte Gegner; fast erwartet man dies schon. Doch Gott hatte ein ganz anderes Bild von Familie im Sinn, in dem Eltern und Kinder als Verbündete leben, die stolz aufeinander sind.

Der Vers aus Sprichwörter, Kapitel 13, Vers 24 hat eine gewisse traurige Berühmtheit erlangt, doch geht es in den Erziehungsratschlägen der Sprichwörter nur selten um Disziplinierungsmaßnahmen. Das Hauptgewicht liegt auf Ermutigung und Lehre. Das gesamte Buch der Sprichwörter ist als Brief eines Vaters an seinen Sohn aufgebaut; die Mutter hat ebenso großen Einfluss (vgl. 1,8) und der Grundton ist freundlich und warmherzig.

Wie werden ruhige Gespräche zwischen Eltern und Kindern und von gegenseitigem Stolz geprägte Familienbeziehungen möglich? In zahlreichen Sprichwörtern geben die Verfasser Eltern und Kindern gleichermaßen die Verantwortung dafür. Kinder werden dazu aufgefordert, den Weisungen ihrer Eltern zu folgen, ihnen zuzuhören, ihre Beschlüsse zu akzeptieren und ihrer Weisheit zu gehorchen. An einem Punkt der Geschichte, an dem es zwischen den Generationen an Respekt mangelt wie noch nie zuvor, ist das keine geringe Herausforderung; es ist beinahe eine kleine Kulturrevolution, wenn der Autor verlangt, dass Kinder dem allgemeinen Trend eben *nicht* entsprechen, sondern ihre Eltern als Rollenvorbilder nehmen sollen.

Viele junge Leute würden sagen, dass ihre Eltern ihnen nicht viel Grund gegeben haben, zu ihnen aufzublicken. In manchen Fällen ist eine solche Aussage nur eine Ausrede für mangelnden Respekt, doch in allzu vielen Fällen ist es die traurige Wahrheit. Die wenigsten Eltern scheinen in der Lage zu sein, die Herausforderung zu meistern, die eine Elternschaft wie die in den Sprichwörtern geschilderte bedeutet – und glauben Sie mir, es ist eine gewaltige Herausforderung! Wir sind als Eltern dazu aufgerufen, praktische Anweisungen für ein gelingendes Leben und unser Wissen darüber weiterzugeben, wie unsere Gesellschaft funktioniert, eine liebevolle und ausgeglichene Begleitung zu bieten und lebenswichtige Werte und zeitlose Weisheit zu lehren und vorzuleben.

Wie viele Eltern kennen Sie, die es zu ihrer obersten Priorität gemacht haben, diese schwierige Aufgabe zu bewältigen? Was würde das bedeuten? Weniger Stunden in der Firma, vor dem Fernseher oder auf dem Sportplatz zu verbringen? Einen einfacheren Lebensstil zu führen? Mehr Stunden gemeinsam zu verbringen? Sich mehr damit zu beschäftigen, gute Bücher zu lesen, nachzudenken und mit Menschen zu sprechen, die viel Lebenserfahrung haben?

Zum Einstieg denken Sie bitte über die Sprichwörter nach, die ich Ihnen in den folgenden Abschnitten dieses Kapitels vorstellen möchte.

Liebe und Grenzen

Kinder sind ein Geschenk Gottes – eine Belohnung, wie wir in Psalm 27, Vers 3 lesen – und sollten entsprechend behandelt werden. Sie sollten hoch geschätzt und wertvoll sein. Sie sollten hunderttausendmal hören, dass ihre Eltern ganz verrückt vor Liebe nach ihnen sind. Sie sollten in einer Umgebung aufwachsen, in der Liebesbeweise und Bestätigung so selbstverständlich sind wie Atmen.

Studien über die kindliche Persönlichkeitsentwicklung belegen, dass die meisten Erwachsenen, die im Leben gut klarkommen, auf eine Kindheit zurückblicken können, in der sie zumindest von einem Elternteil bedingungslose Liebe erfahren haben. Menschen dagegen, die sich mühsam durchs Leben kämpfen, sich nicht einfügen können und in Depressionen, Kriminalität oder extremes Leistungsdenken verfallen, können sich meist nicht daran erinnern, bedingungslos geliebt worden zu sein. Um normal aufzuwachsen, scheint ein menschliches Wesen ein übernormales Maß an Liebe erfahren zu müssen.

Ich denke, dem Autor der Sprichwörter war klar, dass das menschliche Herz diese bedingungslose Liebe braucht. Die Aufforderung »Freue dich!« ist kein neutraler, passiver Ausdruck. Sie beinhaltet Aufregung, Glück und ein feierliches Gefühl. Und genau das ist die Atmosphäre, die ein Baby von Anfang an in seinem Zuhause umgeben sollte. Oder ein Kleinkind, das zu Mama oder Papa rennt und in den Arm genommen werden will. Oder ein Schulkind, das am Abendbrottisch aufgeregt und begeistert von den Erlebnissen des Tages berichtet. Oder einen Teenager, der über seine Träume, Ziele und Ängste spricht. Eine solche emotionale Umgebung bildet das Fundament für ein gelingendes Leben.

Doch der Autor der Sprichwörter läuft nie Gefahr, sentimental zu werden. Es gibt aber auch die andere Seite der Erziehung. Die Realität ist, dass diese Geschenke Gottes etwas an sich haben, das Elternschaft zu einer intensiven, charakterbildenden Herausforderung macht. Und es gibt keine Ausnahmen. Das Erziehungs-Drama beansprucht Eltern immer bis an die Grenzen menschlicher Leidensfähigkeit und darüber hinaus.

Was ist die Quelle dieser Schwierigkeiten? In den Sprichwörtern, Kapitel 22, Vers 15 heißt es: »Kinder neigen zu Dummheiten.«

Schon seit Jahrhunderten streiten sich die Leute darüber, ob Kinder unschuldig und gut zur Welt kommen und schlechte Eigenschaften und Vorstellungen erst von ihren Eltern und ihrer Umgebung übernehmen oder ob sie schon mit einem natürlichen Hang zum Unfug geboren werden. Der oben zitierte Vers lässt keinen Zweifel daran offen, wie die Bibel dies sieht. Die theologische Schlussfolgerung ist, dass Kinder von Geburt an genauso fehlerhaft und egoistisch sind wie erwachsene Menschen.

Die meisten Eltern können dies bestätigen. Ich weiß noch genau, dass ich bei Shaunas Geburt und beim ersten Blick in ihre Augen ganz sicher war, dass sie eine Ausnahme sei. Ganz sicher brütete im Herzen dieses kleinen Engels kein rebellischer Geist und ganz bestimmt hatte sie keinen Funken Aufsässigkeit im Leib. Sie war perfekt.

Wenige Jahre später erkannte ich, dass ich mich im Irrtum befand. Shauna ist zweieinhalb Jahre alt und fährt mit ihrem Dreirad auf dem Bürgersteig. Lynne sagt ihr immer wieder, dass sie nicht weiter als bis zu dem großen Baum am Ende unseres Grundstücks fahren soll, doch natürlich radelt Shauna immer wieder daran vorbei. Schließlich kniet sich Lynne vor sie hin, schaut ihr tief in die Augen und sagt sanft, aber bestimmt: »Shauna, ich möchte dich nicht bestrafen. Aber wenn du noch einmal weiter als bis zum Baum fährst, muss ich es tun. Ich möchte, dass du das weißt.« Shauna hält ihrem Blick stand, dann dreht sie sich um, hält ihr ihren kleinen Popo hin und kräht: »Na, dann kannst du mich auch jetzt gleich verhauen, Mama!«

Lynne war total verblüfft. Wie konnte ihre süße, hübsche, perfekte Tochter sich nur derart verhalten? Sie war noch keine drei Jahre alt! Wie würden erst ihre Teenagerjahre werden? Wie sollten wir das überleben? An diesem Tag begannen wir, das altbekannte Gebet aller Eltern zu sprechen: »Gott, steh uns bei! Wir haben keine Ahnung, was wir mit diesem Kind anstellen sollen!«

Alle Eltern haben das schon gebetet, Lynne und ich haben den Eltern-Weckruf schon recht früh erhalten, aber er trifft alle Eltern einmal. Was tun wir, wenn er erschallt? Wir bemühen uns, das sensible Gleichgewicht zwischen bedingungsloser Liebe und notwendigen Grenzen aufzubauen und zu halten. Es war nur zu offensichtlich, dass Shauna beides brauchte.

Verse wie die Passage aus Sprichwörter, Kapitel 24, Vers 13 bieten uns Hilfestellung: »Erzieh deinen Sohn mit Strenge. Eine Tracht Prügel bringt ihn nicht um. Aber wenn du ihm seine Unarten austreibst, wirst du ihm das Leben retten.« Natürlich sollte keine Art der Disziplinierung in Gewalt gegenüber einem Kind ausarten und darf auch nicht als Mittel zum Abreagieren benutzt werden, wenn ein Elternteil die Beherrschung verliert. Doch diese Bibelstelle besagt, dass Strafen eine Form von Liebe sein können und dass Eltern, die es ablehnen, ihre Kinder zu disziplinieren, möglicherweise deren Leben ruinieren. Seinen Kindern die nötige Erziehung vorzuenthalten, ist, als würde man sich zurücklehnen und zusehen, wie sie auf den Abgrund zusteuern.

Es würde zu weit führen, jetzt detailliert auf die verschiedenen Disziplinierungsmaßnahmen einzugehen (Klapse, Hausarrest, Alleinsein, Entzug von Fernsehzeiten etc.), aber jede Familie sollte eine Form finden, die für sie funktioniert. Weil Shauna sehr willensstark und unempfindlich war, schienen Klapse nicht der richtige Weg, um sie zur Vernunft zu bringen. (Wenn Lynne den berühmten Satz losließ: »Das tut mir mehr weh als dir«, dann war das buchstäblich wahr, denn sie litt unter der Verteilung der Klapse weit mehr als Shauna.) Doch wie sehr Shauna es hasste, auch nur für fünf Minuten allein in ihrem Zimmer sein zu müssen! Die Androhung dieser Maßnahme half ihr, über ihr Verhalten nachzudenken.

Der Kernpunkt dieses Verses ist, dass wir Eltern einen angemessenen Weg finden müssen, wie wir die Einstellung und das Verhalten unserer Kinder positiv beeinflussen können. Wenn wir das nicht tun, lassen wir unsere Kinder einfach so aufwachsen, ohne dass sie Grenzen, Einschränkungen, Konsequenzen, Verantwortung und Zuverlässigkeit kennen lernen. Und damit garantieren wir ihnen lebenslange Schwierigkeiten und Schmerzen.

Der Hang zu Rebellion, zur Egozentrik, ja selbst zu ausgesprochener Bosheit, der in jedem Kind steckt, wächst so langsam zu einer dunklen, treibenden Kraft an, die es immer mehr um sich selbst kreisen lässt und so schließlich von anderen Menschen entfernt und in den persönlichen, zwischenmenschlichen, beruflichen und geistlichen Ruin treiben kann. Darum dürfen Eltern nicht müde werden, ihren Kindern jeden Tag bedingungslose Liebe zu zeigen und ihnen gleichzeitig Grenzen zu setzen, die ihnen helfen, ihren Charakter zu formen, gute Gewohnheiten zu entwickeln und ein Gefühl für Richtig und Falsch zu bekommen.

Aus meiner Erfahrung mit der Erziehung unserer beiden Kinder kann ich sagen, dass es eine der größten Herausforderungen meines Lebens gewesen ist, das empfindliche Gleichgewicht zwischen Liebe und Grenzen zu halten. Wann sagt man: »Na ja, man muss ein Kind auch mal Kind sein lassen« und lässt ihnen etwas durchgehen und wann ist es nötig, durchzugreifen und zu sagen: »Halt! Dieses Verhalten verletzt eine Grenze«? Wann sollten wir uns in Entscheidungsprozesse unserer Kinder einmischen, um sie vor Schaden zu bewahren, und wann halten wir uns zurück und lassen zu, dass sie aus ihren Erfahrungen lernen, auch wenn diese schmerzhaft sind? Wann sollten wir sanft trösten und wann energisch korrigieren? Wann ermutigen und wann ermahnen wir? Wann ist was angebracht?

Diese Fragen haben mich immer und immer wieder zu Gott getrieben. Und dabei habe ich entdeckt, dass das kein schlechter Ort für Eltern ist. Wenn wir demütig und offen zu Gott kommen und seine Weisheit suchen, bietet er uns Hilfe: durch die Bibel, durch inspirierende Bücher, durch weise Freunde, durch Ratgeber und Seelsorger und durch die Stimme des Heiligen Geistes in uns.

Kompetenz und Zuversicht

Der zweite Vers, den ich näher betrachten möchte, ist Sprichwörter, Kapitel 22, Vers 6, in dem steht: »Bring einem Kind am Anfang seines Lebens gute Gewohnheiten bei, es wird sie auch im Alter nicht vergessen.« Dieser Spruch enthält zwei Verständnisebenen.

Die erste ist eine generelle Aussage zur Kindererziehung, die beinhaltet, dass Wertesysteme und Verhaltensmuster, die man einem Kind in frühen Jahren vermittelt, in seinem Leben Wurzeln schlagen und zu seinen eigenen werden. Mit anderen Worten: Wenn wir unseren Kindern früh Dinge wie Ehrlichkeit, Mitleid, Freundlichkeit, Respekt, Fleiß und Verantwortlichkeit vorleben und beibringen, werden sie diese Eigenschaften auch in ihrem Leben verinnerlichen.

Ebenso läuft es ab, wenn wir unseren Kindern dabei helfen zu begreifen, dass es einen Gott gibt, der sie liebt, ihnen Vergebung möglich macht und ihnen helfen will. Normalerweise werden Kinder irgendwann dieses geistliche Erbe als ihr Eigentum annehmen. Wie andere Sprichwörter auch ist dieser Vers kein Versprechen; er spricht keine Garantie dafür aus, dass unsere Kinder positiv auf unseren Einfluss reagieren werden. Doch er ist wie so oft ein klarer Hinweis darauf, wie es im Leben normalerweise läuft und was wir grundsätzlich erwarten können.

Doch in diesem Vers gibt es noch eine zweite Ebene. Viele Bibelforscher nehmen an, dass der Autor Eltern auffordern wollte, ihren Kindern bei der Entdeckung und Entwicklung ihrer natürlichen Neigungen, Begabungen und Fähigkeiten zu helfen. Nach dieser Interpretation bedeutet das, dem Kind dabei zu helfen, dass es seinen individuellen, einmalig gestalteten Platz im Leben findet.

Auch ich bin zu der Überzeugung gelangt, dass das größte Geschenk, das wir unseren Kinder über unsere bedingungslose Liebe und das Setzen von notwendigen Grenzen hinaus geben können, unsere Hilfestellung bei der Entdeckung ihrer ganz speziellen, gottgegebenen Begabungen ist. Sie können dann schon in jungen Jahren feststellen: »Ich bin wirklich gut in dieser besonderen Tätigkeit. Es macht mir Spaß, diese bestimmte Sache zu machen. In diesem speziellen Bereich bin ich kompetent.« Während unsere Kinder aufwachsen und sich weiter in die Welt hinauswagen, werden sie unweigerlich auch angegriffen, beleidigt, kritisiert und aus verschiedenen Richtungen boykottiert. Kinder, die bereits ein Bewusstsein für ihre Fähigkeiten und Kompetenzbereiche und damit ein stabiles Fundament für ihr Selbstwertgefühl haben, sind enorm im Vorteil, wenn sie sich solchen Anfeindungen gegenübersehen.

Solche Kinder werden außerdem auch die tiefe Freude verspüren, die man empfindet, wenn man etwas tut, das man liebt. Ich habe einmal ein kleines Kind sagen hören: »Irgendwas in mir fängt an zu leben, wenn ich Bilder male.« Die Mutter, die es zu der Entdeckung und Entwicklung dieser Leidenschaft ermuntert hat, stand in der Nähe und strahlte vor Stolz. Sie erlebte die Freude, das Selbstwertgefühl und die Zuversicht ihres Kindes wie eine wunderschöne Blütenknospe wachsen zu sehen.

Vor einiger Zeit lernte ich einen Architekten kennen, der als Meister seines Faches galt. Als ich ihn fragte, wie er dazu gekommen sei, gerade diesen Beruf zu ergreifen, sagte er: »Als ich sieben Jahre alt war, bemerkte mein Vater, dass ich Interesse an Mechanik und ein Talent für komplizierte Konstruktionen hatte. Daraufhin kaufte er mir Bausätze und Bausteine und ähnlichen Kram. Später half er mir dabei, Baupläne für ein Baumhaus zu zeichnen, und überwachte persönlich meine Arbeit daran. Dann sorgte er dafür, dass ich Unterricht im technischen Zeichnen bekam, und half mir schließlich, einen Studienplatz für Architektur zu ergattern. Ich musste hart arbeiten, um mir meine heutige Position zu verdienen, aber er ist derjenige, der mich auf den Weg gebracht hat.«

Ich fragte weiter, ob ihm seine Arbeit Spaß mache. »Sie macht mir nicht nur Spaß, sie begeistert mich!«, entgegnete er. »Zur Arbeit zu gehen fühlt sich an, als würde ich meinem liebsten Hobby nachgehen. Ich genieße jeden einzelnen Tag.« Meine nächste Frage war, ob er diese Berufung wohl von allein entdeckt hätte, und er meinte: »Auf keinen Fall. Ich hätte ja als Kind gar nicht gewusst, dass es so etwas wie Architektur überhaupt gab. Ich wusste nicht, dass an meiner Leidenschaft fürs Bauen und Entwerfen etwas Besonderes war, etwas, das man zu einem Beruf machen konnte. Wenn mein Vater nicht so stark auf mich eingegangen wäre, hätte ich das wohl nie ernst genommen.«

Bei anderer Gelegenheit fragte ich die Geschäftsführerin eines Verlages danach, wie sie zu ihrer Karriere gekommen sei. Sie erzählte, dass ihre Eltern schon von klein auf zwei Dinge an ihr bemerkt hätten: Sie liebte Bücher und sie war immer die Anführerin sämtlicher Nachbarskinder. Ihre Eltern sagten ihr früh, dass Lesen und Leiten offenbar ihre Grundneigungen seien und dass das ganz wichtig für sie zu wissen sei, weil sie sich später einen Beruf suchen müsse, in dem sie die Gelegenheit habe, zu lesen und zu leiten. Und heute leitet sie einen Verlag. Wie wichtig waren die Beobachtungen ihrer Eltern? Sie hat ihr ganzes Leben darauf aufbauen können. Das ist für mich ein perfektes Beispiel dafür, wie man einem Kind hilft, seinen ganz persönlichen Weg zu entdecken.

Es ist unendlich wichtig, dass wir Eltern dieses Thema richtig anpacken! Es erfordert große Entschlossenheit, eine sorgfältige Beobachtung und viel Weisheit von Gott, doch wenn wir es richtig machen und den Begabungen unserer Kinder Flügel verleihen, haben wir ihnen ein unschätzbar wertvolles Geschenk gemacht! Und als Folge davon werden auch wir beschenkt, denn es gibt für Eltern nichts Schöneres, als ihre Kinder dabei zu beobachten, wie sie ihre Begabungen einsetzen und ihre Leidenschaften verfolgen. Lynne und ich haben uns in der Erziehung unserer Kinder einige grobe Schnitzer zu Schulden kommen lassen, aber wir haben uns immer sehr dafür eingesetzt, unsere Kinder in ihrer Individualität zu fördern.

Als Shauna noch sehr klein war, wurde deutlich, dass in ihrer Persönlichkeit zwei ganz verschiedene Dimensionen vertreten waren, die beide gefördert werden mussten. Zuerst einmal war sie eine begeisterte Leseratte. Sie konnte schon im Kindergartenalter lesen und hatte bald alle Folgen von »Unsere kleine Farm« verschlungen (wohlgemerkt als Buch, nicht die Fernsehserie!), und das mehrfach. Wenn wir sie ließen, hatte sie sogar beim Essen ein Buch vor der Nase, beim Spazierengehen, im Auto, einfach überall. Eine andere hervorstechende Eigenschaft war ihre Begeisterungsfähigkeit – für sie war alles ein Ereignis, ein Fest, ein Abenteuer, und wenn irgendwo ein paar Menschen versammelt waren, war sie immer bestrebt, im Mittelpunkt zu stehen.

Doch als sie ins Teenageralter kam, wurde sie immer unsicherer. Welche Seite ihrer Persönlichkeit war nun wirklich sie selbst – die eifrige, Bücher verschlingende Schülerin oder die kontaktfreudige Unterhalterin? Sie war sehr erleichtert, als wir ihr erzählten, dass sie schon von klein auf beide Seiten in sich gehabt habe und dass beide Seiten gut und förderungswürdig seien. Für uns ist es eine Freude zu beobachten, wie sie ihr Studium der Englischen Literatur verfolgt und ihr Fachgebiet liebt und wie sie ihre gesamten Sommersemesterferien als Mitarbeiterin in einem christlichen Jugendcamp verbringt, wo sie für die Programmplanung zuständig ist (was unter anderem bedeutet, dass sie umwerfende, ideenreiche Partys für die anwesenden Kids organisieren darf). Zu sehen, wie unsere Kinder heranwachsen und die Fähigkeiten und Eigenschaften entwickeln, die sie im Ansatz schon als Kleinkinder aufgewiesen haben, ist einfach wunderbar. Ja, es erfordert viel Aufmerksamkeit und Mühe, aber das ist es zehnfach wert!

Letztes Jahr fand ich auf meinem Büroschreibtisch einen Zettel meines Sohnes Todd, auf dem stand: »Papa, ich wollte dir nur sagen, dass ich unheimlich stolz auf dich bin.« Ich las ihn und wäre beinahe in Tränen ausgebrochen. Heute ist Todd ein starker, unabhängiger und in sich ruhender junger Mann, aber als Kind war er sehr übersensibel und oft ängstlich. Mir war klar, dass er einerseits gefördert und angespornt werden musste, um Selbstsicherheit zu entwickeln, dass er aber andererseits immer die Bestätigung brauchte, dass er seine Sache gut machte. Also lobte ich bei jeder Gelegenheit seine kleinsten Fortschritte, seine Erfolge und Fähigkeiten und sagte ihm so oft wie möglich, wie stolz ich auf ihn war. Was für ein Geschenk, dann dasselbe von ihm gesagt zu bekommen!

Er schrieb weiter: »Ich erkenne immer deutlicher, warum du dich mir gegenüber so und nicht anders verhalten hast. Du hast mich immer herausgefordert. Und so bin ich immer zuversichtlicher mir selbst und Gott gegenüber geworden. Gerade letzte Woche habe ich an die vielen Erfahrungen denken müssen, die ich als Kind machen durfte und die viele Kids nie erleben, weil ihre Eltern sie nie richtig gefördert haben. Danke für alles! Danke für all die Liebe und Ermutigung und Hilfe, die du in mich investiert hast. Ich hab dich lieb!«

Gehe ich Ihnen schon mit den Geschichten und Lobeshymnen über meine Kinder auf die Nerven? Sie können froh sein, dass ich einen einfühlsamen Lektor habe, sonst hätte ich Ihnen noch viel mehr von Shauna und Todd vorgeschwärmt. Aber sehen Sie, es gibt nichts, von dem ich lieber erzähle als von meinen Kindern, weil nichts mir mehr Freude macht als sie. Verstehen Sie mich nicht falsch – Lynne und ich sind alles andere als perfekte Eltern gewesen und unsere Kinder sind auch nicht fehlerlos. Aber gerade die Unterschiede zwischen Lynne und mir, die unser Zusammenleben so schwierig machen, haben uns bei unserer Elternschaft sehr geholfen.

Wenn Sie dieses Kapitel noch einmal Revue passieren lassen, werden Sie feststellen, dass Erziehung viel mit Balance zu tun hat – das Gleichgewicht zwischen Liebe und Grenzen, Bestätigung und Förderung, Beratung und Zuhören, Einmischung und Zurückhaltung. Mit Gottes Hilfe haben Lynne und ich gemeinsam unsere individuellen Stärken dazu einsetzen können, unseren Kindern diese ausgeglichene Erziehung zu geben. Tatsache ist, dass die Persönlichkeitsentwicklung von Shauna und Todd nur unzulänglich gewesen wäre, wenn sie nur von mir oder Lynne allein aufgezogen worden wären. Sie brauchten unsere ergänzende »Erziehungsgemeinschaft« – und sie brauchen sie noch.

Ich möchte mit dieser Aussage nicht in einer offenen Wunde bei alleinerziehenden Elternteilen bohren, die sich schmerzlich bewusst sind, dass ihre Situation nicht ideal ist. Aber ich möchte Paare dazu ermutigen, das Wohlergehen ihrer Kinder im Auge zu behalten und gemeinsam an einer größeren Einheit in ihrer Beziehung und auch der Erziehung zu arbeiten. Und ich möchte auch die Gemeinde dazu auffordern, den Nöten dieser alleinerziehenden Mütter und Väter mit Liebe, Unterstützung und Ermutigung zu begegnen. Wir sollten diesen Eltern helfen, damit ihre Kinder das gesunde Gleichgewicht erleben, das sie so sehr brauchen.

Noch ein letztes Wort an alle, die in der Herausforderung der Elternschaft stehen: Denken Sie daran, dass Sie jederzeit Zugang zu Gott haben und seine Hilfe in Anspruch nehmen können. Unser weiser und liebevoller Vater kann unsere Defizite auffüllen und gibt uns gerne all die Liebe und Weisheit, die wir brauchen, um starke Familien aufzubauen.

Kapitel 10

Mitgefühl entwickeln

Erfahrungsgemäß gibt es in jeder Nachbarschaft eines. Und vermutlich hat jeder Angst davor, selbst eines zu werden. Ich spreche von dem unglücklichen Kind, das aus irgendwelchen Gründen zum Gegenstand des allgemeinen Spotts gemacht wurde, über das alle ihre Witzchen machen. Es ist der kleine Junge aus dem Haus an der Ecke, der kleiner ist als die anderen Jungen. Oder das Mädchen, das immer Second-Hand-Klamotten trägt. Es ist das Kind, das zu einer ethnischen Minderheit gehört oder dem es an athletischen Fähigkeiten fehlt oder das körperlich behindert ist. Es ist kaum vorstellbar, wie grausam Kinder zu einem solchen Wesen sein können.

Es gibt immer irgendein Kind, das einen hohen Preis dafür bezahlen muss, dass es einfach so ist, wie es ist. Es gibt immer jemanden, auf dem alle gnadenlos herumhacken … es sei denn, es gibt einen »Verteidiger«. In manchen Nachbarschaften gibt es ein älteres Kind, das – warum auch immer – beschließt, den armen Tropf zu beschützen und zu verteidigen.

In diesem Kapitel werden wir auf eine Gruppe von Leuten eingehen, die aus verschiedenen Gründen vor Schwierigkeiten stehen. Auf ihnen wird herumgehackt. Sie werden als Außenseiter behandelt. Sie stehen den Angriffen hilflos gegenüber, denen sie jeden Tag ausgesetzt sind. Das Buch der Sprichwörter bezeichnet diese Leute generell als »die Schwachen« oder »die Armen«. Offensichtlich sind hier Menschen gemeint, die in finanzieller, sozialer und beruflicher Hinsicht zu kämpfen haben, aber auch solche, die mental, physisch, emotional oder geistlich benachteiligt sind.

In diesem Kapitel wird es darum gehen, wie wir als Nachfolger Jesu Christi auf diese Kategorie von Menschen eingehen sollten. Doch zuerst müssen wir uns bewusst machen, dass »die Schwachen« einen sehr mächtigen Verteidiger ganz in ihrer Nähe haben, der sagt: »Wenn ihr euch mit den Schwachen anlegt, legt ihr euch mit mir an!« Ich spreche von Gott. Im ganzen Buch der Sprichwörter drückt Gott immer wieder seine besondere Liebe zu den Armen aus, denen sein ganz besonderer Schutz gilt.

»Wer die Schwachen unterdrückt, beleidigt ihren Schöpfer. Wer Hilflosen beisteht, ehrt ihn« (14,31). Ein solches Verhalten gegenüber anderen Menschen widerspricht in allem Gottes Wesen. Das Gegenstück zu diesem Vers ist Sprichwörter, Kapitel 19, Vers 17, wo denjenigen eine Zusage gemacht wird, die Gnade und Mitgefühl zeigen: »Bedürftigen helfen heißt Gott etwas leihen, der wird es voll zurückerstatten.« Dabei geht es nicht nur um Geld; was immer wir zur Verfügung stellen – Zeit, Fähigkeiten, Ressourcen oder Talente –, ist eine Leihgabe an Gott, und er verspricht, dass wir diesen Einsatz nicht bereuen werden.

Dieses Prinzip zieht sich durch das gesamte Buch der Sprichwörter. »Einem gütigen Menschen wünscht man Gutes, weil er sein Brot mit den Armen teilt« (22,9). »Wer seinen Mitmenschen mit Verachtung begegnet, macht sich schuldig; aber freuen darf sich, wer sich um die Hilflosen kümmert« (14,21). »Wer den Armen hilft, leidet niemals Mangel; aber wer seine Augen vor der Not verschließt, dem mangelt es nicht an Verwünschungen« (28,27). Ein Dutzend ähnlicher Verse behandeln denselben Punkt: Der Gott des Universums empfindet so viel für die Schwachen und Armen, dass er jedem von uns seinen Segen zusagt, der sich mit den Nöten und Bedürfnissen dieser Menschen identifiziert und sich für sie einsetzt. Und diejenigen, die eine Mauer um sich errichtet haben und den Schwachen und Armen kaltherzig begegnen, müssen damit rechnen, später die Konsequenzen zu tragen. »Behandle die Schwachen schlecht und du wirst dich mit mir anlegen«, sagt er. »Tu den Schwachen Gutes und du wirst von mir gesegnet werden.«

Vorsicht – es geht hier nicht darum, sich zu sagen: »Ich möchte mit guten Gaben von Gott überschüttet werden, also kümmere ich mich jetzt mal um die Schwachen.« Wir können uns keine Fleißpunkte im Himmel erarbeiten, indem wir nur geben, um im Gegenzug etwas dafür zu erhalten. Wir haben da keinen kleinen Schleichweg entdeckt, der uns ewige Glückseligkeit verspricht. Es geht darum zu erkennen, wie sehr die Schwachen und Armen Gott am Herzen liegen und wie sehr er ihre Nöte vertritt. Es geht darum zu begreifen, dass wir, um Gott wirklich näher zu kommen, seine Anliegen zu den unseren machen müssen, dass wir an dem leiden müssen, was ihn traurig macht, und Verteidiger der Menschen werden, deren Anwalt er ist.

Und das bringt uns zum Zweck dieses Kapitels: Es soll darum gehen, praktische Anregungen aus dem Buch der Sprichwörter aufzugreifen, wie wir Mitleid für andere in unseren Herzen pflanzen und kultivieren können. Wie können wir aus unserer Apathie oder Isolation heraus kommen? Wie können wir das Volumen unserer Herzen erweitern, so dass es mehr als unsere Familien und engen Freunde umfasst? Wie können wir mehr als nur die kleine, sichere Welt innerhalb unseres Gartenzauns akzeptieren lernen? Wie bringen wir uns dazu, einen Dienst aufzubauen oder einen Beruf zu ergreifen, der den Armen und Schwachen hilft?

Die Augen öffnen

Ein Teil der Antwort auf diese Fragen finden wir in der zweiten Hälfte von Sprichwörter, Kapitel 28, Vers 27: »... wer seine Augen vor der Not verschließt, dem mangelt es nicht an Verwünschungen.« Diese Worte machen deutlich, dass der erste Schritt auf dem Weg, unsere Herzen für die Armen und Schwachen zu öffnen, darin besteht, unsere Augen für sie zu öffnen. Wir müssen der Versuchung widerstehen wegzublicken. Wir müssen uns dazu entscheiden, den Dingen ins Gesicht zu blicken. Wir müssen uns dazu zwingen, die tägliche Realität derer wahrzunehmen, die ein zerbrochenes Leben führen.

Jeder einzelne Mensch in meinem Bekanntenkreis, der ein mitfühlendes Herz hat, kann genau die Gelegenheit und die Zeit festlegen, als seine oder ihre Augen für die Bedürfnisse der Schwachen geöffnet wurden. Ich weiß noch sehr gut, wie es bei mir geschah. Ich war 16, und mein Vater wollte mir dabei helfen, erwachsen zu werden. Also drückte er mir ein paar Flugtickets in die Hand und schickte mich allein auf eine zweimonatige Reise durch Afrika, den Mittleren Osten und Europa.

Eine meiner ersten Stationen war Nairobi, die Hauptstadt von Kenia, und das erste, was ich dort sah, waren Bettler, die sterbend auf der Straße lagen. Ich habe immer noch die aufgetriebenen Hungerbäuche, die ausgemergelten Glieder und die von Fliegen bedeckten Gesichter vor Augen, und ich fühle immer noch diesen Knoten in meinem Magen. Und ich höre noch immer Gottes Stimme, die zu mir sagt: »Das verändert alles, nicht wahr? Denn jetzt hast du es gesehen.«

Bis zu diesem Moment hatte ich noch nie wirkliche Armut gesehen; selbst die Obdachlosenheime in meiner Heimatstadt Kalamazoo in Michigan waren weit von dem Zustand in den Straßen von Nairobi entfernt. Bittere Armut und Tod durch Verhungern waren für mich sehr abstrakte und weit entfernte Begriffe gewesen. Doch als mir die Augen geöffnet wurden, wurde die Realität plötzlich sehr real, sehr tragisch und sehr quälend für mich.

Ich hatte eine Entscheidung zu treffen. Würde ich meine Augen offen halten oder sie schnell wieder schließen? Würde das, was ich gesehen hatte, mein Blickfeld ausfüllen oder würde ich wegsehen? Würde ich mein Leben danach ausrichten, die Nöte dieser Menschen im Zentrum meiner Aufmerksamkeit zu halten? Oder würde ich einem selbstsüchtigen Zeitplan erlauben, die Armen in eine abgelegene Ecke meines Bewusstseins zu schieben, wo sie mir nicht länger Schuldgefühle machen konnten?

Die Frage, ob wir die Augen offen halten oder nicht, bestimmt, ob wir in unserem Mitgefühl wachsen oder nicht. Der Prozess, unsere Herzen für diese Menschen zu vergrößern, beginnt immer damit, dass wir uns entscheiden zu sehen.

Vor einer Weile aß ich mit den Mitgliedern einer bekannten und erfolgreichen Musikgruppe zu Abend. Diese Christen erzählten mir von ihrer Arbeit mit Straßenkindern in einer der größten und gefährlichsten Städte der Vereinigen Staaten. Sie verwenden das Geld, das sie mit der Musik verdienen, um Jugendcafés, Nachhilfeprogramme, Konzerte und Bibelstunden zu finanzieren, und darüber hinaus investieren sie noch eine Menge ihrer persönlichen Zeit und Mittel in diese Arbeit. Jedes Mitglied der Gruppe verbringt mindestens einen Monat im Jahr ausschließlich dort in der Stadt mit den Kindern.

Als ich endlich eine Gelegenheit hatte, ihren begeisterten Bericht über ihr Projekt zu unterbrechen, fragte ich, warum sie all das taten. Ein Bandmitglied sagte: »Wir haben dieses Projekt angefangen, weil es so dringend notwendig war. Die Kids, mit denen wir arbeiten, stehen am Rand eines Abgrunds. Es gibt so gut wie keine Hoffnung für sie, wenn nicht jemand etwas tut.«

Ein anderer fügte hinzu: »Und wir tun mehr, als Geld hineinzustecken, weil wir die Kinder persönlich kennen lernen wollen. Wir müssen immer wieder daran erinnert werden, wie das wirkliche Leben dieser Kids aussieht. Sonst drehen wir uns viel zu schnell wieder nur um unser eigenes Leben und vergessen alles andere.«

Ein dritter sagte: »Wir möchten nicht werden wie so viele erfolgreiche Musiker, die völlig in Selbstbeweihräucherung und einen narzisstischen Lebensstil abdriften und sich nur noch mit sich selbst und ihrem nächsten Konzert beschäftigen. Wir möchten für andere Menschen und ihre Bedürfnisse da sein, aber das ist nicht möglich, wenn wir uns in unsere kleine heile Welt zurückziehen.«

Was taten diese Musiker? Sie planten ihre Termine so, dass sie ihre Augen für die Anliegen der Schwachen und Armen offen halten mussten. Was war das Ergebnis? Ihre Herzen wurden größer und weiter. Sie pflanzten und hegten Mitgefühl.

Haben Sie schon einmal Ihre Augen und Ihr Herz für die Welt außerhalb ihres sicheren und bequemen Lebens geöffnet? Wächst Ihr Herz an dem, was Sie wahrnehmen? Wenn Sie sich ehrlich fragen, ob Sie heute mehr Mitgefühl empfinden als vor fünf Jahren, was wäre die Antwort?

Es ist nicht schwer, seine Augen für die Armen, Bedürftigen, Schwachen, Unterdrückten und Vernachlässigten zu öffnen. Es gibt viele Wege, wie man neu sehen lernen kann. Setzen Sie sich in einem Altenheim in den Speisesaal und sehen Sie einfach nur hin. Gehen Sie in eine städtische Klinik und sehen Sie sich auf der Kinder-Intensivstation die Babys drogensüchtiger Mütter an, die schon abhängig auf die Welt kommen. Parken Sie vor einer Armenküche und sehen Sie genau hin. Besuchen Sie eine Drogenklinik. Oder lesen Sie einfach mit offenen Augen die Zeitung, und nehmen Sie Dinge wahr, die Sie sonst überlesen.

In unserer Gemeinde unternehmen wir regelmäßig mit 50 oder 60 Teilnehmern Fahrten in die Innenstadt von Chicago. Diese »Visions-Trips« sind dazu gedacht, den »gut bürgerlichen« Gemeindemitgliedern die Augen für die Nöte der Armen und die Arbeit unserer Partnergemeinden zu öffnen, die dort tätig sind. Auf dem Weg in die Stadt erklärt ein Mitarbeiter im Bus die verschiedenen Dienste und Einsatzmöglichkeiten, bei denen unsere Gemeinde mitwirkt. Im Lauf des Tages haben die Teilnehmer dann Gelegenheit, all die genannten Projekte zu sehen. Was geschieht, wenn diese Leute die Augen für die Not um sich herum öffnen? Meist hören sie ähnliche Worte wie ich damals in Nairobi: »Das verändert alles, nicht wahr? Denn nun hast du es gesehen …« Und sie wissen, dass es wahr ist.

Die Hände ausstrecken

Wenn wir die Augen aufmachen, beginnt die Saat des Mitgefühls unausweichlich in unseren Herzen aufzugehen. Doch was sie zum Erblühen bringt, ist persönlicher Einsatz – wir müssen den Armen und Schwachen durch praktische Hilfe dienen. Sprichwörter, Kapitel 31, Vers 20 beschreibt eine mitfühlende Person als jemanden, der den Armen und Notleidenden »reichlich und gern« gibt.

Einer der berühmtesten Schauspieler der Welt gibt Bedürftigen schon seit längerer Zeit »reichlich und gern«: Paul Newman gründete vor mehr als zehn Jahren die Nahrungsmittelfirma *Newman's Own*. 80 Millionen Dollar aus den Einnahmen dieses Unternehmens hat er seither in verschiedene Hilfsorganisationen und Projekte investiert. Ich las neulich einen Artikel über ein Camp für krebskranke Kinder, das Newman aufgebaut hat. Gelegentlich besucht er dieses Camp, stellt sich mit einem Wägelchen hin und schenkt den todkranken Kindern Limonade aus. Als der Autor des Artikels ihn fragte, warum er das tue, sagte der Schauspieler achselzuckend: »Na ja, weil es mir Freude macht.« Das klingt ganz so, als hätte das langjährige Spenden und Limonadeausschenken sein Herz gewaltig erweitert!

Ein ähnlicher Artikel stand neulich über einen Mann aus meiner eigenen Gemeinde in der Zeitung, der einen sehr kreativen Einfall hatte, wie er Bedürftigen helfen konnte. Nachdem er bei einem Hilfseinsatz in der Dominikanischen Republik beim Bau eines Hauses für eine obdachlose Familie geholfen hatte, beschloss er, die Kaffeebohnen aufzukaufen und zu importieren, die manche Einwohner der Slums hinter ihren Hütten zogen. Sein kleines Importunternehmen versorgt diese hart arbeitenden Menschen mit einem geringen, aber regelmäßigen Einkommen, so dass zumindest die Ernährung der Familie gesichert ist, und es regt, wenn auch in bescheidenem Rahmen, die örtliche Wirtschaft an. Was ihn dazu bewegt, seine Zeit und Energie in dieses nicht sehr lukrative Unternehmen zu unvestieren, ist das Wissen, dass jede Kaffeebohne, die er importiert und verkauft, eine potenzielle Segnung für eine dominikanische Familie darstellt.

Es gibt viele Christen, die sich in Wirtschaft, Marketing, Importgeschäft, Verkaufsförderung, Ökonomie, Bankwesen und vielen anderen Bereichen hervorragend auskennen. Doch allzu oft wird all das Wissen einfach nur eingesetzt, um Profit zu machen. Was würde wohl geschehen, wenn weltweit Christen zu überlegen begännen, wie sie ihr Fachwissen, ihre Möglichkeiten, Ressourcen, Gelegenheiten, Verbindungen, Produkte, Vertriebsschienen und Kräfte einsetzen könnten, um das Schicksal der Armen zu verbessern? Denken Sie an sich selbst, Ihre Familie und Ihre Firma. Welche Möglichkeiten gibt es für Sie?

Es gibt so viele Arten, zu dienen und zu helfen. Viele Schulen bieten Nachhilfeprogramme für Kinder in schwierigen Lebenssituationen an; andere unterstützen Hilfsprogramme für Dritte-Welt-Länder, an denen Schüler teilnehmen können. In den meisten Städten gibt es Armenküchen und Unterkünfte für Obdachlose, in denen immer Helfer gebraucht werden. Die Organisation *Habitat for Humanity*, die Häuser für Bedürftige baut oder repariert, sucht ständig Freiwillige für Baueinsätze – handwerkliche Fähigkeiten sind willkommen, aber nicht zwingend notwendig. Auch verschiedene Gefängnisseelsorge-Programme sind immer dankbar für Freiwillige, die Bibelkurse in Strafvollzugsanstalten durchführen und Häftlinge seelsorgerlich betreuen. Missionswerke wie »Jugend für Christus«, »Jugend mit einer Mission«, »Campus für Christus« und viele andere bieten die unterschiedlichsten Möglichkeiten für Kurz- und Langzeiteinsätze, bei denen vor allem jungen Menschen in Not geholfen wird. Und auch Organisationen, die alte Menschen betreuen, suchen ständig Helfer.

Viele Kirchen und Gemeinden haben ganz individuelle Hilfsprogramme für die Bedürftigen ihrer Gegend entwickelt – seien es Kinderbetreuungsangebote für alleinerziehende Eltern, soziale Bauprojekte, Hilfstransporte in Krisengebiete oder andere Formen wohltätiger Aktionen. All dies sind wunderbare Möglichkeiten, das wachsende Mitgefühl in unseren Herzen ganz praktisch umzusetzen.

In unserer Gemeinde gibt es ein spezielles Betreuungsprogramm für behinderte Kinder. Die Eltern solcher Kinder können selten am Gottesdienst oder anderen Gemeindeveranstaltungen teilnehmen, weil sie ihre Kinder nie allein lassen oder in eine normale Kindergottesdienstgruppe eingliedern können. Also bietet ein Team von Freiwilligen in einem eigenen Raum in *Willow Creek* eine besondere Betreuung für diese Kinder an, bei der jeweils ein Betreuer ausschließlich für ein Kind da ist, während die Eltern den Gottesdienst besuchen.

Ganz sicher gibt es auch in Ihrer Gemeinde solche oder ähnliche Gelegenheiten zu dienen – oder Sie können selbst welche organisieren. Wie steht es zum Beispiel um die Alleinerziehenden in Ihrer Kirche? Oder Familien, die mit der chronischen Krankheit eines Kindes oder Elternteils zu kämpfen haben? Oder Witwen, die mit Verlust und Einsamkeit leben müssen? Diese Menschen und viele andere könnten von einfachen Akten des Mitgefühls enorm profitieren.

Neulich kaufte eine Bekannte von mir für ihre Familie ein. Sie war in Eile, weil sie zum Abendessen Gäste erwartete, und musste deshalb einen ärgerlichen Ausruf unterdrücken, als sie bemerkte, dass sie sich die langsamste Schlange ausgesucht hatte. Vor ihr an der Kasse stand eine Frau, die wild in ihrer Tasche herumsuchte, während die Kassiererin sie anschnauzte: »Was soll das heißen, Sie haben kein Geld dabei?« Der erste Gedanke meiner Bekannten war: *Warum stelle ich mich immer in der falschen Schlange an? Kann diese Frau denn keine Rücksicht darauf nehmen, dass ich es eilig habe?* Auch die anderen Kunden um sie herum beschwerten sich mehr oder weniger deutlich.

Doch dann spürte meine Bekannte ein leises Anklopfen des Heiligen Geistes, der ihr vorschlug, dass sie die Einkäufe der Frau bezahlen sollte. »Aber, Herr«, sagte sie (natürlich unhörbar), »das Geld sehe ich doch nie wieder. Und mein Mann wird dafür kein Verständnis aufbringen. Und außerdem –«

Dann sah sie die Frau genauer an, ihren völlig aufgelösten Zustand und ihre schäbigen Kleider, und sie dachte an die Kinder, die vermutlich zu Hause auf die Frau warteten. Und ihr fiel ein, was Gott schon alles für sie getan hatte. Lächelnd lehnte sie sich vor und sagte zu der Kassiererin: »Rechnen Sie bitte meine Sachen zu den Einkäufen dieser Dame dazu und ich bezahle dann alles zusammen.«

Sie erzählte mir, dass sie wie auf Wolken nach Hause gefahren sei. Auf ganz ungeplante, nicht termingerechte und nicht vorhersehbare Weise hatte sie ihre Augen geöffnet und ihre Hand ausgestreckt und Gott hatte sie dafür mit tiefer Freude beschenkt. Ich kann diese Geschichte nicht aufschreiben, ohne dass mir die Tränen in die Augen steigen. Uns bieten sich tausend Gelegenheiten und Gott flüstert uns zu: »Los, tu es! Zeig Mitgefühl. Biete deine Hilfe an. Es lohnt sich!« Alles, was wir tun müssen, ist darauf zu reagieren.

Die Freude des Gebens

Gestern musste ich einige Überweisungen tätigen und meinen Kindern das Geld schicken, das sie für ihre monatlichen Ausgaben auf dem College brauchen. Es war eine sehr emotionale Angelegenheit. Mich von Geld zu trennen macht mich immer traurig; dagegen kann ich nichts machen. Ich bin eben von Kopf bis Fuß Holländer. Doch es gibt drei Arten von Schecks, die ich leichten Herzens unterschreibe (selbst als Holländer).

Der erste ist die monatliche Spende an die Gemeinde. Die Verfasser der Bücher des Neuen Testaments vertreten eine sehr weit gefasste Sicht des Spendens und machen deutlich, dass wir all unsere

Einkünfte als Eigentum Gottes ansehen und sie im Rahmen unserer Möglichkeiten mit anderen teilen sollten (vgl. Mt 6,19–34; 19,16–30; Lk 12,3–34; 16,1–5; Apg 2,44–45; 4,32–37; 2 Kor 9,6–15; 1 Tim 6,17–19 u.v.a.). Für mich bedeutet diese Zahlung daher einen Weg, Gott zu ehren und seine Arbeit voranzubringen. Es ist auch eine Möglichkeit, ihm dafür zu danken, dass ich gesund bin, einen Job habe, Menschen, die ich liebe, und ein Einkommen, dass es mir erlaubt, für meine Familie zu sorgen und gleichzeitig auf Bedürfnisse anderer Menschen eingehen zu können.

Wenn ich meine Überweisung tätige, freue ich mich an dem Gedanken, dass ein Teil meiner Spende an bestimmte Organisationen geht, die Armen helfen, zum Beispiel in Chicago, in Mexiko, in der Dominikanischen Republik und anderswo auf der Welt. Ich bin so dankbar dafür, dass ich diese Gelegenheiten habe, Gott zu ehren und die Kapazität meines Herzens zu erweitern, indem ich anderen helfe.

Eine weitere Zahlung, die ich freudigen Herzens leiste, ist die Unterstützung für ein Patenkind in der Dritten Welt. Ich bin sicher, dass viele von Ihnen auch eine solche Patenschaft übernommen haben und damit eine Organisation unterstützen, die bedürftigen Kindern ein besseres Leben ermöglicht. Es ist nur recht und billig, dass wir das tun. Im Jakobus-Brief, Kapitel 2, Verse 15–16 steht: »Nehmt einmal an, bei euch gibt es einen Bruder oder eine Schwester, die nichts anzuziehen haben und hungern müssen. Was nützt es ihnen, wenn dann jemand von euch zu ihnen sagt: ›Ich wünsche euch das Beste; ich hoffe, daß ihr euch warm anziehen und satt essen könnt!‹ – aber er gibt ihnen nicht, was sie zum Leben brauchen?« Ergänzend schreibt Johannes: »Angenommen, jemand hat alles, was er in der Welt braucht. Nun sieht er seinen Bruder Not leiden, verschließt aber sein Herz vor ihm. Wie kann er dann behaupten, er liebe Gott? Meine lieben Kinder, unsere Liebe darf nicht nur aus schönen Worten bestehen. Sie muß sich in Taten zeigen, die der Wahrheit entsprechen: der Liebe, die Gott uns erwiesen hat« (1 Joh 3,17–18). Wer sind unsere »Brüder und Schwestern in Not«? Das kann jeder Mensch sein, der schwierige Zeiten durchlebt. Wir können nicht jedem helfen, der Hilfe braucht. Aber es gibt viele Bedürfnisse, denen wir sehr wohl begegnen können und sollten.

Der dritte Scheck, den ich gern ausschreibe, ist der, den Lynne und ich jedes Jahr zu Weihnachten in den Spendenkorb legen. Gemeinsam mit vielen anderen Gemeindemitgliedern haben wir uns dazu entschlossen, an jedem Weihnachtsfest Geld für einen Fonds zu spenden, der ausschließlich für Bedürftige eingerichtet wurde. Keine

Spendenaktion in unserer Gemeinde wird mit mehr Spannung erwartet und ausgezählt als diese Weihnachtsspende. Es ist immer eine unglaubliche Erfahrung, wenn wir uns gemeinsam über die Summe freuen, die dabei zusammenkommt. Wir können Gottes Zustimmung zu dieser Aktion förmlich spüren.

»Welches Lied, Francis?«

Der dritte Schritt, um ein mitfühlendes Herz zu entwickeln, ist, Beziehungen zu Bedürftigen aufzubauen. Wenn wir unsere Augen öffnen und unsere Hände ausstrecken, beginnen unsere Herzen, sich zu erweitern. Doch nichts nährt ein mitfühlendes Herz besser als persönliche Beziehungen zu Menschen, die Hilfe brauchen.

Mein Vater leitete beinahe 25 Jahre lang jeden Sonntagnachmittag eine Singstunde mit einer Gruppe von rund 100 armen, geistig behinderten Frauen in der städtischen Psychiatrie. Er fühlte sich von Gott dazu berufen, dies zu tun, und ich bin sicher, dass er es immer noch machen würde, wenn er noch am Leben wäre. Ich habe erst kürzlich überlegt, was wohl diesen großen See an Mitgefühl in einem eigentlich knallharten, überbeschäftigten, gestressten Geschäftsmann speiste. Was hat sein Herz über all die Jahre so weich gehalten?

Ich glaube, dass es zum großen Teil daran lag, dass er diese Frauen persönlich kannte. Er schrieb viele Schecks aus, um bestimmte Bedürfnisse zu erfüllen, die sie hatten, und das Wissen, dass sein Geld zu ihrem Wohlbefinden beitrug, erfreute ihn zutiefst. Doch was sein Herz ständig größer machte und ihn immer neue Wege finden ließ, noch mehr für sie zu tun, war die Tatsache, dass diese Frauen im Laufe der Zeit für ihn zu Individuen mit eigenen Persönlichkeiten und Lebensgeschichten geworden waren, die es wert waren, dass man für sie sorgte und sie achtete.

Manchmal schleifte er mich zu einer solchen Singstunde mit. Ich hörte zu, als er fragte, ob eine der Frauen einen besonderen Liedwunsch hatte. Wenn sich eine meldete, sprach er sie mit Namen an: »Welches Lied sollen wir singen, Francis?« oder: »Was ist dein Lieblingslied, Joanne?« Ich erinnere mich noch an die Namen, weil ich so beeindruckt war, dass er sie alle kannte. Am Ende der Stunde stellte er sich an die Tür und nahm jede einzelne der 100 Frauen zum Abschied in den Arm. Manchmal brachte die eine oder andere ihm einen zerknitterten Schokoriegel mit oder ein kleines Briefchen. An

Weihnachten besorgte er für jede der Frauen ein Geschenk. Wie hätte ein solches persönliches Engagement nicht das Mitgefühl in seinem Herzen nähren sollen?

Neulich sprach ich mit einem Studenten, der für eine Organisation arbeitet, die persönliche Beziehungen zwischen Nichtbehinderten und Menschen mit Down-Syndrom fördert. Die Organisation arrangiert das erste Treffen, und danach kümmert sich der Student oder die Studentin darum, den Behinderten zu Veranstaltungen, zum gemeinsamen Kochen oder zu einem Hauskreis einzuladen. Das Herz dieses jungen Mannes, mit dem ich sprach, war durch die langjährige Freundschaft mit einem Jungen, der am Down-Syndrom leidet, so stark sensibilisiert und erweitert worden, dass er nun für diese Organisation arbeitete. Die Beziehung zu dem Behinderten hat ihn so stark beeinflusst, dass er sich nun dafür einsetzt, auch anderen Menschen diese Erfahrung zu ermöglichen.

Eine unserer Mitarbeiterinnen in der Dominikanischen Republik schrieb mir vor kurzem von einem Treffen mit einer Gruppe von Frauen, die versuchen wollen, eine Art Gemeindebank einzurichten. Bei dieser Bank können dann die Nachbarn Kredite aufnehmen und so Kleinunternehmen gründen, um ihre Familien zu ernähren. Immer und immer wieder stoßen sie dabei auf Mauern der Diskriminierung und Ungerechtigkeit, die die Armen so oft umgeben. Meist fühlt sich diese Mitarbeiterin, als würde sie mit ihren Versuchen, den Frauen zu helfen, eine verlorene Schlacht schlagen. Aber sie hält durch. Warum? Weil sie diese Frauen kennt; weil sie weiß, wie hart sie arbeiten und gegen welche Hindernisse sie zu kämpfen haben. Ihr Mitgefühl für sie motiviert sie dazu, weiterzumachen.

Den Geist der Sache erfassen

Der Grund, warum eine persönliche Beziehung zu Menschen in Not uns so tief verändert, ist ganz einfach: Das ist Gottes Art, an die Dinge heran zu gehen. Das behaupte ich, denn genau das hat er getan, als er uns in geistlicher Armut leben sah und Jesus schickte. Sehen Sie sich die Bibelstelle aus dem 2. Korinther-Brief, Kapitel 8, Vers 9 an: »Ihr wißt, was Jesus Christus, unser Herr, für euch getan hat. Er war reich und wurde für euch arm; denn er wollte euch durch seine Armut reich machen.«

Das bedeutet, dass Jesus so stark von Mitgefühl erfüllt war, dass er den geistlichen Reichtum und Überfluss des Himmels verließ, um

33 Jahre auf diesem bedürftigen, leidenden Planeten zu verbringen, damit geistlich verarmte Menschen wie wir wieder mit Gott vereint werden, geistliche Erneuerung erleben und uns auf den Himmel freuen dürfen. Aber er hat noch mehr getan als das. Indem er bei uns gelebt hat und gestorben ist, hat er uns nicht nur die Rettung angeboten, sondern dazu auch noch das unvergleichliche Geschenk seiner Freundschaft. »Ich möchte euch kennen lernen«, sagte er mit Worten und Taten. »Ich möchte euch die Hand der Gemeinschaft hinstrecken und jeden Tag des Lebens an eurer Seite sein.«

In einem früheren Kapitel habe ich erwähnt, dass wir dazu neigen, den Leuten ähnlich zu werden, mit denen wir durchs Leben gehen. Der Punkt ist offensichtlich: Wenn wir uns dicht an der Seite von Jesus halten, werden wir feststellen, dass seine Liebe in uns Wurzeln schlägt und zu wachsen beginnt. Wir möchten seinem Beispiel immer stärker folgen. Wir möchten unsere Augen für die Welt um uns her öffnen, unsere Hände zu den Bedürftigen ausstrecken und Beziehungen zu ihnen aufbauen.

Und wir tun all das nicht aus einem vagen humanitären Pflichtgefühl heraus, sondern weil wir wirklich den Geist Gottes erfasst haben und weil dieser Geist der freigiebigen Liebe uns zu anhaltenden, mitfühlenden Taten treibt.

Kapitel 11

Konstruktiv mit Ärger umgehen

Menschen tun die verrücktesten Dinge, wenn ihnen die »Sicherung« durchbrennt. Haben Sie schon einmal ein Kleinkind erlebt, das einen Wutausbruch hatte? Es heult und schreit und kreischt und spuckt, wirft sich auf den Boden, trommelt mit den Fäusten auf die Erde – kurzum, man könnte annehmen, dass es vollkommen durchgedreht ist.

Haben Sie schon einmal einen Teenager bei einem Wutausbruch erlebt? Ich habe einmal beobachtet, wie einer der besten Sportler unserer Schule so fest gegen sein Schließfach geboxt hat, dass er sich die Hand brach und seine sportliche Karriere damit ruinierte. Hätte er die Konsequenzen seines Kontrollverlusts voraussehen können, hätte er sich vermutlich zurückgehalten. Vielleicht aber auch nicht – seine Freundin hatte ihn gerade verlassen und er war wirklich wütend.

Haben Sie schon einmal eine junge Mutter mit zwei Kleinkindern und einem ständig abwesenden Mann bei einem Wutausbruch erlebt? Das ist kein schöner Anblick. Töpfe und Pfannen fliegen durch die Küche, Stühle rutschen über den Boden und, was noch schlimmer ist, kleine Kinder werden dafür angeschrien, dass sie die Dinge tun, die kleine Kinder eben tun. Wenn sie bei sich ist, weiß jede Mutter sich zu beherrschen, doch diese Mutter ist nicht ganz bei sich – sie ist außer sich!

Haben Sie schon einmal einen erwachsenen Mann bei einem Wutausbruch erlebt? Das kann wirklich beängstigend sein, weil seine wild gewordene Kraft Gefahren in sich birgt. Der mögliche Schaden reicht von zerstörten Haushaltsgegenständen über Misshandlung der Partnerin bis hin zu Gewalt gegen die eigenen Kinder. Mit Worten, die von zynischer Stichelei bis hin zu Ausdrücken gehen, die den anderen vernichten können, stellt er sicher, dass jeder mitbekommen hat, dass er wirklich wütend ist.

Vor nicht allzu langer Zeit griff ein Profi-Basketballer seinen Trainer an und verprügelte ihn. Diese Attacke kostete ihn einen millionenschweren Vertrag und eine einjährige Sperre. Warum hat er das getan? Scheinbar ist er eben einfach ausgeflippt.

In Amerika ist in den letzten Jahren etwas sehr Interessantes passiert: Wenn man ausdrücken möchte, dass jemand wirklich wütend ist, verwendet man eigentlich kaum noch das gebräuchliche Wort *angry* (»zornig«), sondern meistens *mad,* was eigentlich »durchgedreht« heißt. Im Grunde ist »zornig« im amerikanischen Sprachgebrauch schon gleichbedeutend mit »durchgedreht« geworden.

Doch muss jemand, der wütend ist, zwangsläufig auch durchdrehen? Muss Ärger sich automatisch in einem verletzenden, destruktiven, gefährlichen, unkontrollierbaren, brutalen und, ja, falschen Verhalten entladen?

Die Bibel legt viel Wert darauf, die beiden Konzepte »Ärger« und »Ausflippen« klar voneinander zu trennen. »Versündigt euch nicht, wenn ihr in Zorn geratet«, sagt Paulus in seinem Brief an die Epheser (Eph 4,26). Mit anderen Worten: Es ist in Ordnung, wenn man über etwas oder jemanden wütend ist; es ist in Ordnung, etwas zu empfinden, das das Lexikon als »starkes Gefühl des Missfallens und der Verstimmtheit« definiert. Aber es ist nicht in Ordnung, diesem Ärger mit einem Verhalten Ausdruck zu verleihen, das falsch, schädlich und verrückt ist; es ist nicht in Ordnung, Schimpfworte, Küchenutensilien oder Fäuste sprechen zu lassen.

Nach den Aussagen der Bibel gibt es einen Weg, Ärger konstruktiv zum Ausdruck zu bringen, doch er ist nicht leicht. In den Sprichwörtern, Kapitel 16, Vers 32 heißt es: »Geduld bringt weiter als Heldentum; sich beherrschen ist besser als Städte erobern.« Der Verfasser dieser Worte kannte ganz offensichtlich unsere Welt mit ihren intensiven Gefühlen und schwierigen Beziehungen und wusste, wie schwer es oftmals ist, besonnen zu sein.

Vor einiger Zeit interviewte ich einen hochdekorierten Vietnam-Veteranen. Nachdem er mir meine Fragen über den Überlebenskampf im Krieg beantwortet hatte, erzählte er mir von der viel größeren Herausforderung, die ihn zu Hause erwartet hatte: seine beinahe zerstörte Ehe wieder aufzubauen. Er sagte, dass es ihn weniger Mut gekostet hatte, ein feindliches Lager in Vietnam zu erstürmen, als seinen Stolz hinunterzuschlucken, einen Eheberater aufzusuchen und sich der Wahrheit über sich und seine Verhaltensmuster gegenüber seiner Frau zu stellen.

Ist kürzlich Ihr Temperament mit Ihnen durchgegangen? Haben Sie Ihre Kinder sinnlos angeschrien oder sie im Zorn sogar geschlagen? Haben Sie Ihren Partner oder Ihren besten Freund unter der Gewalt Ihrer brutalen Worte völlig am Boden zerstört zurückgelassen? Sind Sie der Typ Mensch, der die Bankangestellte anschreit, wenn sie einen Fehler macht? Sind Sie ein Ellenbogentyp? Ertappen Sie sich immer wieder dabei, dass Sie im Feierabendverkehr unnötig oft auf die Hupe drücken? Haben Sie schon einmal eine Familienfeier mit einem Wutausbruch ruiniert? Vergiften Sie öfter die Atmosphäre um sich herum mit Ihrer Erregbarkeit?

Uns zu beherrschen, heißt es im Sprichwort, ist besser, als ein großer Kriegsheld zu sein, der ganze Städte im Alleingang einnimmt. Doch sich zu beherrschen bedeutet auch, Ihren Ärger zu kontrollieren. Ich wünschte, ich könnte das, aber allzu oft versage ich ganz kläglich dabei. Was ist dieser Ärger nur für ein unglaublich großes Gefühl, dass er scheinbar einen so großen Einfluss auf unsere Gedanken, unsere Worte und unsere Taten hat?

Ein verwirrendes Gefühl

Sie und ich sind nicht die Ersten, die sich diese Frage stellen. Aus der Sicht vieler Psychologen ist Ärger unsere verwirrendste Emotion. Gefühle wie Freude, Traurigkeit oder Angst sind eigentlich verhältnismäßig leicht zu durchschauen, aber mit dem Ärger ist es etwas anderes.

Welche Faktoren bestimmen zum Beispiel, wie lange Zorn anhält oder wann er aufflammt? Manche Menschen regen sich schon über die kleinste Irritation furchtbar auf, während andere große Unannehmlichkeiten und Ungerechtigkeiten ertragen, ohne wütend zu werden. Und wer oder was legt die Art fest, wie wir unseren Ärger zum Ausdruck bringen? Manche Menschen fressen alles in sich hinein, während andere ihrer Wut sofort Luft machen. Wer oder was ist verantwortlich für diese unterschiedlichen Ausdrucksformen? Genetische Abweichungen? Erlebnisse in der frühen Kindheit? Geistliche Reife? Schicksal? Eine Kombination all dieser Faktoren?

Aus der Bibel wissen wir nur, dass Gott uns mit der Veranlagung geschaffen hat, wütend zu werden. Er selbst kennt ebenfalls gerechten Zorn; an vielen Stellen lesen wir, dass er wütend wird über Sünde, Rebellion, Böses und Ungerechtigkeit. Doch der Psalmist schreibt, dass uns »nur einen Augenblick« sein Zorn trifft, während uns seine Güte lebenslang umgibt (vgl. Ps 30,5). Obwohl er sicher war, dass Gottes Zorn nicht das Ende der Geschichte ist, verleugnet der Psalmist nicht, dass Gott Zorn empfinden *kann.* Und der Zorn Gottes ist sehr real und intensiv! Als Wesen, die nach seinem Bild geschaffen sind, haben wir dieselbe Fähigkeit, großen Zorn zu empfinden.

Wenn Gott selbst zornig wird, ist Ärger an sich folglich noch kein schlechtes oder sündiges Gefühl, das unausweichlich zu schlechtem oder sündigem Verhalten führt. Genau wie Gottes Zorn gerecht ist, kann auch unser Ärger gerechtfertigt sein und uns die Energie verleihen, etwas zum Positiven zu verändern.

Einige der wichtigsten und besten Entscheidungen, die ich in meinem Leben getroffen habe, sind aus einem Gefühl des Ärgers heraus entstanden. Manchmal bin ich so wütend auf mich selbst gewesen, weil ich einen Fehler immer und immer wieder gemacht habe, dass ich schließlich vor lauter Ärger die notwendigen Schritte unternahm, um eine Veränderung zu bewirken. Zu anderen Zeiten habe ich mich so sehr über Ungerechtigkeiten in unserer Gesellschaft aufgeregt, dass ich etwas dagegen unternommen habe. Ich würde sogar so weit gehen zu behaupten, dass viele wunderbare, Gott Ehre machende Ereignisse und Unternehmungen in der Geschichte vom gerechten Zorn eines Menschen ausgelöst und angetrieben wurden.

Die Tatsache bleibt aber bestehen, dass unser Ärger leider meist zu einem Verhalten führt, das gar nichts Gerechtes an sich hat. Unser Urteilsvermögen und unsere guten Absichten werden unter der Komplexität unserer starken Gefühle begraben, und wir haben nicht die geringste Ahnung, wie wir uns konstruktiv verhalten sollten. Wahrscheinlich *wollen* wir uns nicht einmal mehr konstruktiv verhalten. In unserer Verwirrung und Verständnislosigkeit tun wir Dinge, die uns selbst und anderen schaden. Obwohl ich in diesem Kapitel nicht in die Tiefen der emotionalen und geistlichen Dimensionen des Ärgers vordringen kann, möchte ich einige destruktive Muster aufzeigen, mit denen viele Menschen auf Ärger reagieren, und dann einige hilfreiche Schritte aufzeigen, die mir selbst bei diesem Problem weitergeholfen haben.

Schlucker und Spucker

Weil wir uns nicht klarmachen, dass es bessere Alternativen gibt, reagieren die meisten von uns mit einer der folgenden Verhaltensweisen auf Wut: Entweder schlucken wir sie hinunter oder wir spucken sie aus.

»Schlucker« tendieren dazu, so zu tun, als würden Verletzungen, Enttäuschungen oder Frustrationen sie nicht zutiefst aufregen. Sie sind stolz darauf, dass sie niemals wütend werden. »Schlucker« leiden meist an der verzerrten Auffassung, dass es schlecht ist, Ärger zu empfinden. Vielen wurde schon in ihrer Kindheit beigebracht, solche Gefühle zu verleugnen und zu verdrängen, und als Erwachsene sind sie der Meinung, dieses Verhaltensmuster weiterführen zu müssen; sie denken, es sei gut und gefalle Gott. Außerdem glauben sie allen Ernstes, dass es funktioniert. Sie glauben wirklich, dass die schlechten Gefühle irgendwann von selbst verschwinden, wenn man sie nur tief genug in sich vergräbt. Wenn es um Ärger geht, lautet ihr Motto: »Aus den Augen, aus dem Sinn.«

Doch sie irren sich tödlich. Ärger zu verdrängen ist ein bisschen so, als vergrabe man gefährliche Giftstoffe einfach irgendwo im Boden. Wenn man die Kanister mit dem Totenkopf darauf nicht mehr sieht, scheint das Problem zunächst erledigt zu sein. Doch dann werden Menschen in der Umgebung krank; die Symptome deuten auf eine Vergiftung des Grundwassers hin – das Gift stammt aus den lecken Kanistern.

Vergrabener Ärger »leckt« immer irgendwo hinaus, und wenn er das tut, vergiftet er unseren Körper, unsere Gedanken und unsere Beziehungen. Unser Körper zeigt Symptome wie Kopfschmerzen, Magenprobleme, Schlafstörungen und eine Menge anderer Irritationen. Unsere Köpfe produzieren fehlgeleitete Gedanken, ein schwaches Selbstwertgefühl, Verwirrung, Zynismus, Hoffnungslosigkeit und Verzweiflung; schwere Depressionen können die Folge sein.

Außerdem manifestieren sich verdrängte Ärgergefühle oft in Empfindlichkeiten, Launenhaftigkeit und schlechter Grundstimmung, die wir dann in unsere Beziehungen mit Partner, Kindern, Freunden, Kollegen und Nachbarn hineintragen. Viele Menschen, die versuchen, Ärger zu verdrängen, leiden schließlich permanent unter schlechter Laune. Wenn man sie fragt, was los ist, erhält man die Standardantwort: »Nichts!« Wenn ein solcher Schmoller des Schmollens müde wird, verfällt er oft in ein anderes, ebenso schädliches Verhalten wie zum Beispiel Rückzug in sich selbst oder Manipulationsversuche; er tut alles, um nicht zugeben zu müssen, dass er eigentlich zutiefst sauer ist. »Ich bin nicht wütend!«, sagen sie sich und allen anderen immer wieder, während der Giftgestank sie weiterhin umweht.

Viele Schlucker tun das absichtlich. Sie entscheiden sich dazu, ihren Ärger hinunterzuschlucken, weil sie irrigerweise annehmen, dass das richtig sei. Es gibt aber auch unbewusste Schlucker, die gar nicht bemerken, wenn sie zornig sind. Wenn zum Beispiel ein kleines Mädchen mit einem wütenden, misshandelnden Elternteil aufwächst, der unberechenbar und angsteinflößend handelt, wird dieses

Mädchen mit einem so gut wie ständig vorhandenen Angstgefühl leben; Angst wird zur dominierenden Emotion seines Lebens. Selbst wenn sein Vater oder seine Mutter etwas offensichtlich Falsches tut, das in jedem Erwachsenen oder auch nur einem gesunden Kind Zorn hervorrufen würde, hat das kleine Mädchen zu viel Angst, um Zorn zu empfinden. Vielleicht ist er irgendwo in ihm, aber der Zugang dazu ist durch das Ausmaß seiner Angst versperrt.

Wenn es erwachsen ist, beklagen sich seine Freunde darüber, dass es nie wütend wird, selbst wenn es Ungerechtigkeiten sieht, eindeutig schlecht behandelt wird oder das Wohlergehen der eigenen Kinder bedroht wird. Wie als Kind reagiert nun diese Frau auf bedrohliche Situationen mit Angst und verliert den Zugang zu dem Ärger, der sie in Aktion bringen könnte. Weil sie keinen Anschluss an ihren eigenen Zorn findet, ist sie unfähig, das Leben auf gesunde, verantwortliche und reife Art anzupacken.

Das Gegenteil von einem Schlucker ist ein Spucker. Dieser Typ Mensch hat kein Problem damit, einen Zugang zu seinem Ärger zu finden und schon gar nicht damit, ihn sofort herauszulassen. Wenn es darum geht, Wut zum Ausdruck zu bringen, ähneln Spucker einem geborstenen Damm. Sie achten sehr darauf, dass unterdrückter Ärger ihnen kein Magengeschwür verursacht oder ihnen die Stimmung verdirbt. Wenn es nötig ist, Türen zu knallen, den Hund zu treten oder den besten Freund zu verfluchen, um Dampf abzulassen, tun sie es eben. Es macht ihnen nichts aus, dass sie oft eine Spur von Verletzten hinter sich lassen.

Der Autor der Sprichwörter war sich des Schadens wohl bewusst, den Spucker anrichten können, und zwar sowohl indem sie andere verletzen als auch in Form von destruktiven Verhaltensmustern, die sie in Gang setzen. Darum schreibt er: »Nimm keinen Jähzornigen zum Freund und verkehre nicht mit jemand, der sich nicht beherrschen kann. Sonst gewöhnst du dich an seine Unart und gefährdest dein Leben« (22,24). Wenn wir viel Zeit mit Spuckern verbringen, werden wir nicht nur verletzt, sondern wir nehmen selbst lama-artige Züge an. Und gegenseitiges Bespucken führt dann zu den unschönen und gefährlichen Szenen, die ich am Anfang dieses Kapitels beschrieben habe. In den Sprichwörtern, Kapitel 29, Vers 11 heißt es: »Der Dummkopf gibt seinem Ärger freien Lauf; der Weise kann sich beherrschen.« Spucker sind Menschen, in deren Nähe man sich nicht aufhalten sollte. Wenn wir klug sind, machen wir einen weiten Bogen um sie.

Die Alternativen

Obwohl Schlucker und Spucker scheinbar absolute Gegensätze sind, haben sie ein gemeinsames Problem: Keiner von ihnen kann konstruktiv mit seinem Ärger umgehen oder ihn gar verarbeiten. Sie können ihn ein bisschen verschieben oder ein paar Löcher hinein bohren, aber wenn alles gesagt ist, ist er immer noch da. Denn der einzige Weg, Ärger hinter uns zu lassen, besteht darin, etwas aus ihm zu lernen. Weder Schlucker noch Spucker nehmen sich die Zeit und die Energie, die man dazu braucht, und so bleiben sie in ihrem falschen Verhalten haften. Weil sie die Wurzel ihres Ärgers nicht verstehen, sind sie dazu verurteilt, den immer gleichen Kreislauf zu wiederholen wie ein Hamster im Laufrad.

»Wer im Jähzorn handelt, soll dafür Strafe zahlen«, heißt es im Buch der Sprichwörter. »Wenn du sie ihm erläßt, wird es nur noch schlimmer mit ihm« (19,19). Warum endet der heißblütige Spucker, der seinen Ärger über jeden ausgießt, der sich in seiner Reichweite befindet, immer im selben unbefriedigenden, verstimmten Zustand? Weil dieses Verhaltensmuster ausschließlich negative Auswirkungen hat, wenn die betreffende Person nichts aus ihrer Situation lernt.

Vor einiger Zeit wies mich ein Psychologe aus unserer Gemeinde darauf hin, dass in manchen Seelsorge-Kreisen die ungezügelte Äußerung von Zorn gefördert wird. Menschen, die ihren Ärger loswerden wollen, werden dazu ermuntert, auf Kissen einzuschlagen, Knüppel zu schwingen und Sandsäcke zu boxen. Doch mein psychologisch geschulter Freund erklärte mir: »Studien belegen, dass ein Ausleben von Gefühlen noch längst keine Heilung bringt.« In manchen Fällen kann ein ungebremstes Herauslassen der Wut sogar neuen Zorn hervorbringen. Konstruktiv ist ein solcher Prozess nur, wenn er den Betroffenen zu der Kernfrage zurückführt: »Warum bin ich wütend?«

Wie wir schon gehört haben, ist Ärger an sich weder gut noch schlecht. Er ist einfach ein Anzeichen dafür, dass etwas nicht in Ordnung ist, ähnlich wie eine Warnleuchte am Armaturenbrett, die uns verrät, dass mit dem Motor unseres Wagens etwas nicht stimmt. Wenn wir aber einfach nur da sitzen und das Lämpchen anstarren, verändert sich gar nichts und das Signal nützt uns nicht das Geringste. Doch wenn es uns dazu bringt, die Bedienungsanleitung zu studieren, die Motorhaube zu öffnen und den Fehler zu finden (oder zumindest den Pannendienst anzurufen!), hat das Warnsignal seine Funktion erfüllt.

Genau so ist es mit dem Zorn. Er ist nützlich, wenn er uns dazu bringt, unter die Oberfläche zu sehen und herauszufinden, warum wir wütend sind. Natürlich kann das nur geschehen, wenn wir das Gefühl überhaupt wahrnehmen und erkennen können. Manche Menschen werden die Hilfe eines Therapeuten oder Seelsorgers brauchen, um sich durch die Blockaden vor ihren eigentlichen Gefühlen zu arbeiten. Andere müssen lediglich empfänglicher für die Hinweise werden, die unsere Gedanken, unsere Körper und unser Verhalten uns geben. Vielleicht ist es nur eine kleine Veränderung in der Körperhaltung oder ein Zusammenbeißen der Kiefer. Vielleicht ist es ein in uns aufsteigendes Gefühl von Frustration, Ungeduld oder Irritation. Vielleicht können wir es in unserem Tonfall oder unseren abgehackten Sätzen erkennen. Wie auch immer das Warnzeichen aussieht, wir sollten lernen, uns bewusst zu werden, wenn unsere emotionale Fieberkurve steigt. Je früher wir erkennen, dass das, was da in uns hochkommt, Ärger ist, desto eher können wir daraus lernen.

Wenn wir unseren Zorn erst einmal identifiziert haben, ist der nächste Schritt auf dem Weg, richtig damit umzugehen, die Feststellung, dass wir die Wahl haben, wie wir auf ihn reagieren. Wir müssen ihn nicht verleugnen oder in unserem Inneren vergraben; wir müssen ihn auch nicht destruktiv ausspeien. Wir haben andere Möglichkeiten.

In Filmen und Fernsehserien scheint es oft so zu sein, dass der einzige Weg, seinem Ärger Ausdruck zu verleihen, Türenknallen, Geschrei oder Gewalttätigkeit ist. Doch das ist eben Schauspielerei, nicht das wahre Leben. Die Bibel spricht eine andere Sprache. Denken Sie nur an Sprichwörter, Kapitel 16, Vers 32, wo es um die Beherrschung und die eingenommenen Städte geht. Natürlich ist es nicht so einfach, in aufgebrachtem Zustand die richtigen Entscheidungen zu treffen, aber es ist möglich (mehr dazu aber später).

Der nächste Schritt auf dem Weg zur Beherrschung ist die Frage nach dem Warum. Warum bin ich so aufgebracht? Was ist die Wurzel meines Zorns? Damit meine ich nicht, dass wir einfach nur die äußere Ursache, das Ereignis oder die Situation benennen müssen, die uns verärgert haben. Das ist meist sehr leicht; normalerweise sind wir uns der Beziehungen oder Umstände sehr deutlich bewusst, die uns wütend machen.

Aussagen wie die folgenden bereiten uns keine Magenschmerzen: »Es macht mich wirklich wütend, wenn die alleinerziehenden Mütter unserer Gemeinde ihre Autos in die Werkstatt bringen und dort übers Ohr gehauen werden«; »Ich werde ärgerlich, wenn mein

Partner wichtige finanzielle Entscheidungen trifft, ohne das mit mir abzusprechen«; »Ich bin sauer, weil mein Chef mir Informationen über die Firmenentwicklung vorenthält«; »Es macht mich wütend, dass mein Vater mir nie richtig zuhört« oder: »Ich bin wütend, weil ich schon wieder im Stau stehe«. Solche »äußeren« Auslöser sind normalerweise recht offensichtlich.

Was uns wahrscheinlich nicht sofort ganz klar ist, ist die Frage, warum diese bestimmten Ereignisse, Handlungen oder Situationen den Ärger in uns entflammen. Zorn entzündet sich zwar an äußeren Ereignissen, doch angetrieben wird er von etwas in unserem Inneren, von einer versteckten Einstellung (die auf einer bestimmten Vorstellung, einem Wunsch oder einer Annahme basiert), die durch das äußere Ereignis verletzt worden ist. Um aus unserem Zorn zu lernen, müssen wir diese versteckte Einstellung zu Tage fördern. Erst dann können wir beginnen, eine bewusste und weise Entscheidung über das weitere Vorgehen zu treffen.

Vielleicht entschließen wir uns dann dazu, eine bestimmte Situation zu verändern, für eine Sache zu kämpfen oder eine Ungerechtigkeit zu beheben. Vielleicht entscheiden wir uns auch, endlich einen Lösungsweg für eine Meinungsverschiedenheit zu erarbeiten, eine enttäuschende Situation zu akzeptieren oder eine innere Einstellung abzulegen. Auf dieser Ebene passiert wirklicher Fortschritt im Umgang mit Ärger.

Wie sieht dieser Fortschritt im praktischen Leben aus? Lassen Sie uns zurückgehen zu dem Mann, den es wütend macht zu sehen, wie alleinstehende Mütter von skrupellosen Automechanikern betrogen werden. Das äußere Ereignis, das den Ärger entfacht, ist offensichtlich. Doch welche innere Einstellung treibt den Ärger an? Wahrscheinlich ist es die Wertvorstellung, dass bedürftige Menschen gut und großzügig behandelt werden sollten. Wenn eine solche Einstellung verletzt wird, dann sollten wir uns auch ärgerlich fühlen! Wir sollten ein Gefühl gerechten Zorns empfinden, das uns zur Tat treibt. Wenn Schwache ausgenutzt werden, sollte uns das auf den Plan rufen. Vielleicht benutzt Gott unseren Zorn, um uns dazu zu bringen, uns dieses Falls anzunehmen.

Was ist mit der Person, die ärgerlich wird, wenn ihr Partner ohne ihr Wissen finanzielle Entscheidungen trifft? Auch hier ist das Ereignis, dass Zorn auslöst, offensichtlich. Aber was ist die innere Einstellung, die verletzt wird? Vielleicht ist es eine Vorstellung davon, wer die Finanzen regelt; vielleicht auch ein Wunsch, der sich auf grundsätzliche Kommunikationsmuster bezieht. Vielleicht geht es auch um unterschiedliche Auffassungen davon, wofür Geld ausgegeben werden sollte.

Wenn man das zu Grunde liegende Problem nicht genau festlegen kann, ist es fast unmöglich, ein konstruktives Gespräch zu führen. Doch wenn man es eindeutig herausgearbeitet hat, können sich beide Beteiligten ausschließlich auf die wirklich wichtigen Punkte konzentrieren. Sie werden vielleicht einige Mühe haben, zu einer Einigung zu finden, aber zumindest können sie auf die Quelle des Konflikts eingehen, ohne ständig auf Nebenschauplätzen zu kämpfen.

Welche unterschwelligen Einstellungen werden wohl die Person antreiben, die wütend ist, weil ihr Chef ihr wichtige Informationen vorenthält? Und wie kann sie richtig reagieren? Wenn die hier verletzte innere Haltung ihre Meinung darüber ist, wie eine Firma effektiv geführt werden sollte, gibt es verschiedene Reaktionsmöglichkeiten. Vielleicht sollte sie das Gespräch mit ihrem Chef suchen und ihm vorschlagen, andere Kommunikationswege in der Firma einzurichten. Vielleicht sollte sie sich auch einen neuen Job in einer anderen Firma suchen, mit deren Führungsphilosophie sie einverstanden ist. Oder sie muss die Tatsache akzeptieren, dass Effektivität nicht das Wichtigste im Leben ist und dass sie einfach das Beste aus der gegebenen Situation machen sollte. Wenn sie den Verdacht hat, dass Informationen aus betrügerischen Motiven zurückgehalten werden, wird zweifellos ihre Wertvorstellung in Bezug auf Ehrlichkeit verletzt und sie sollte die betreffende Person auf diese Sache ansprechen. Vielleicht ist sie aber auch nur ärgerlich, weil sie denkt, sie muss alles wissen, um ihren Job richtig zu machen. Wenn das der Fall ist, sollte sie diese innere Überzeugung überprüfen. Trifft dies zu? Oder ist dies eine unangemessene und ichbezogene Einstellung, die sie verändern sollte?

Und wie sieht es mit dem jungen Mann aus, der wütend ist, weil sein Vater ihm nie richtig zuhört? Höchstwahrscheinlich wird hier eine Erwartungshaltung bezüglich der Vater-Sohn-Beziehung verletzt. Welche konstruktiven Möglichkeiten hat der Sohn? Er kann versuchen, ein offenes Gespräch mit seinem Vater zu initiieren. Wenn er dazu Hilfe braucht, kann er einen Seelsorger ansprechen oder vielleicht sogar seinen Vater bitten, mit ihm zusammen zu diesem Seelsorger zu gehen. Wenn der Vater dazu nicht bereit ist, kann es sein, dass er sich damit abfinden muss, dass sein Vater keine echte, tiefe Beziehung zu ihm aufbauen will.

Noch einmal: Ich weiß, dass das alles andere als verlockend klingt, doch wenn wir ablehnen, die Gründe für unsere Wut zu analysieren und aus der gegebenen Situation etwas zu lernen, steuern wir auf ein Leben zu, das von Zorn und seinen destruktiven Konsequenzen bestimmt ist.

Aber ich habe doch ein Recht darauf ...

Was ist mit Menschen, die wütend werden, wenn sie im Stau stecken? Diese letzte Illustration ist ein Beispiel für etwas, das ich »umständebedingten Ärger« nenne. Er hat nichts mit der Ungerechtigkeit der Welt zu tun und entsteht nicht auf Grund eines Fehlverhaltens oder Übervorteilung. Er wird durch nichtpersonifizierte und unvermeidliche Umstände hervorgerufen, die in mehr oder weniger starkem Maß unsere Bequemlichkeit, unser Wohlbefinden, unseren Zeitplan, unsere Ziele, unsere Vorlieben, unsere Rechte oder unser Dasein generell durcheinander bringen. Und diese Irritation macht uns wütend.

Diese Form des Ärgers ist heute so alltäglich geworden, weil in unserer Gesellschaft eine narzisstische Grundeinstellung herrscht. In unzähligen Selbsthilfebüchern und Meditationsübungen findet sich ein attraktives, aber fatales Thema immer wieder: dass das Individuum der Mittelpunkt des Universums ist und dass das, was es will oder braucht, das Allerwichtigste ist, was es gibt. Viel zu oft wird heute die gesunde Zufriedenheit und das Selbstwertgefühl, die Gott für uns im Sinn hat, zu einem ungesunden Egoismus verzerrt. Die gesunden Grenzen, die für ein gelingendes Leben hilfreich sind, und das Anstreben von gottgegebenen Zielen werden zu einer ungesunden Konzentration auf unser eigenes Wohlergehen. Das gesunde Wissen, dass wir als Kinder Gottes und Empfänger seiner Gnade einen unschätzbaren Wert haben, wird zu einem ungesunden Gefühl unserer selbsternannten Wichtigkeit. Mit anderen Worten: Wir sind der Ansicht, dass wir eine Sonderbehandlung verdient haben. Und zwar immer.

Jeder Ausbruch von Zorn zwingt uns dazu, tief in unser Innerstes hineinzuschauen. Aber bei umständebedingtem Ärger, der oft aus Egoismus und der Grundhaltung: »Ich verdiene etwas Besseres« heraus entsteht, ist eine sorgfältige Überprüfung unserer Einstellung absolut lebenswichtig.

Nur wenige Menschen lassen sich niemals zu einem gelegentlichen (oder auch häufigen) Ausrutscher in diese Form von Ärger hinreißen. Ich wünschte, ich könnte von mir behaupten, dass ich nach

30 Jahren als Christ und über 20 Jahren als Leiter einer Gemeinde an einen Punkt gelangt wäre, an dem ich stets weise und reif auf frustrierende Umstände reagiere. Aber das tue ich nicht. Weil ich glaube, dass diese Form von Zorn extrem weit verbreitet ist, möchte ich Ihnen eine ziemlich peinliche Geschichte erzählen, die die Wahrheit über meine höchst unreife Einstellung enthüllt und den Weg aufzeigt, wie Gottes Wahrheit und Weisheit uns durch diese Art von Ärger hindurchbringen kann.

Das Ziel aus den Augen verloren

Es fing alles an, als ich von einer längeren Vortragsreise in Europa zurückkam. Just als das Flugzeug an seinem Platz am Gate in Chicago angekommen war, hörte ich die folgende Durchsage: »Passagier Bill Hybels, bitte begeben Sie sich nach der Landung sofort zum Informationsschalter im Eingangsbereich.«

Was würden Sie denken, wenn Sie einen so dringlich klingenden Aufruf bekommen würden? Würden Sie nicht auch annehmen, es sei etwas passiert? Ich wusste, dass Todd und Shauna während meiner Abwesenheit mit dem Flieger auf dem Weg zurück ins College waren; Lynne hatte eine lange Fahrt von Michigan vor sich gehabt, wo sie ihre Eltern besucht hatte. Sofort befürchtete ich, dass eines meiner Familienmitglieder einen Unfall gehabt hatte. Schon sah ich vor meinem inneren Auge die schrecklichsten Bilder.

Dann fiel mir ein: *Vielleicht ist es gar keine Familientragödie. Vielleicht ist irgendetwas Schreckliches in Willow Creek passiert!* Ich hatte mich sehr auf die friedvolle Vorweihnachtszeit in der Gemeinde gefreut. Was konnte nur geschehen sein?

Ich eilte aus dem Flieger und meldete mich beim Informationsschalter. Der junge Mann dort sagte: »Oh, ja, Mr. Hybels, ich muss Ihnen leider mitteilen, dass uns eines Ihrer Gepäckstücke abhanden gekommen ist. Sie haben zwei Taschen eingecheckt, doch nur eine ist hier angekommen. Sie reisen ja sehr oft mit uns und da ist uns dieser Zwischenfall besonders peinlich. Es tut mir sehr Leid, Ihnen solche Umstände zu machen, aber Sie werden zum Beschwerdeschalter gehen und den Verlust der Tasche melden müssen.«

Nach seinem ersten Satz war mir völlig egal, was der Mann noch sagte. Alles, was ich denken konnte, war: *Es ist bloß eine blöde Tasche. Danke dir, Herr!* Ich kann Ihnen gar nicht sagen, wie erleichtert ich war. Ich hätte von der größten Tragödie meines Lebens erfahren können, doch es war nur eine verlorene Tasche. Ich war so dankbar.

Mit diesem traumatischen Erlebnis im Hinterkopf ließ ich mich von der Menschenmenge durch die Passkontrolle und den Zoll treiben und ging dann zur Gepäckausgabe, um meine verbliebene Tasche abzuholen. Während ich wartete, hatte ich ein wenig Zeit zum Nachdenken. Wie wäre es gewesen, wenn ich wirklich eine Schreckensnachricht erhalten hätte? Was hätte ich getan? Ich habe schon immer gedacht, dass es für mich keine schlimmere Nachricht geben könnte als die Mitteilung, dass einem meiner Lieben etwas zugestoßen sei. Wieder überflutete mich Dankbarkeit. Normalerweise werde ich schnell ungeduldig, wenn ich lange auf mein Gepäck warten muss, doch an diesem Abend machte es mir nicht das Geringste aus, ein bisschen Zeit zum Nachdenken und Erholen zu haben.

Leider stellte sich heraus, dass ich sehr viel Zeit zum Nachdenken haben sollte… und dann sogar noch viel mehr Zeit. Ich begann, mich zu fragen, ob wohl meine beiden Taschen in Europa zurückgeblieben waren.

Während ich langsam wieder zu mir kam, stieg auch das alt bekannte Gefühl der Ungeduld in mir auf. Ich begann, über die Sache mit den Taschen nachzudenken. *Wenn eine von meinen Taschen mitgekommen ist (falls sie mitgekommen ist!), warum ist dann die andere verloren gegangen? Ist es zu viel verlangt, dass beide Taschen nebeneinander aufs Band gestellt und eingeladen werden? Vielleicht hat der Gepäckmensch eine meiner Taschen einfach liegen gelassen, weil er gerade Kaffeepause hatte. War ihm seine Tasse Kaffee wichtiger als meine Sachen?*

Während ich da stand und zusah, wie alle anderen Passagiere ihre Taschen und Koffer vom Band nahmen und zum Ausgang gingen, ritt ich eine weitere Attacke auf den Gepäckverantwortlichen: *Oh Mann, wenn ich diesem Typen einmal über den Weg laufen sollte, werde ich ihm eine Bibelstunde halten, die er nie vergisst!* Dann bogen meine Gedanken auf eine andere negative Seitenstraße ab: *Das war eine voll ausgebuchte 747. Es kann doch wohl nicht wahr sein, dass 300 Passagiere auf diesem Flug waren und ich der Einzige bin, dessen Gepäck nicht mitgekommen ist!? Was habe ich denen denn getan? Warum passiert das ausgerechnet mir? Ich bin in Europa gewesen, um das Reich Gottes voranzubringen, um Himmels willen! Ich war im Auftrag des Herrn unterwegs! Und das ist der Lohn dafür?*

Autsch – verdrehtes Denken. Egoismus. Die Überzeugung, eine Sonderbehandlung verdient zu haben. Ich gebe nur ungern zu, wie weit ich es mit dieser Einstellung trieb. Doch als ich mit ansehen musste, wie die letzten verbliebenen Passagiere ihr Gepäck aufluden und gingen, war meine Tasche immer noch nicht dabei. Je länger ich da stand, desto aufgebrachter wurde ich. Eine ältere Dame neben mir zerrte diverse Taschen vom Band und mühte sich ab, um sie auf ihren Wagen zu hieven. Mein erster Gedanke war: *Stell dich nicht so an, Frau! Zumindest hast du dein Zeug! Worüber beklagst du dich also?* Ich half ihr schließlich doch, aber nicht gerade freudigen Herzens.

Dann zündete sich ein europäisch aussehender Mann neben mir eine Zigarette an. Offensichtlich war ihm nicht bewusst, dass er sich in einer Nichtraucherzone befand. Ich hatte nicht den Mut, ihn anzusprechen (er war doppelt so groß wie ich), aber ich bedachte ihn mit einem äußerst selbstgerechten und verurteilenden Blick. Was ich ihm mitteilen wollte, war etwa Folgendes: »Du elender, unkraut-inhalierender Abhängiger, kapierst du nicht, dass man hier nicht in der Öffentlichkeit herumqualmt? Das kannst du vielleicht auf deiner Seite des Atlantik machen, aber das hier ist Amerika! Hoffentlich wirst du erwischt! Eine Nacht im Knast wird dich schon zur Vernunft bringen!«

Erinnern Sie sich noch daran, dass der erste Schritt, um Ärger in den Griff zu bekommen, der ist, den Grund dafür erst einmal wahrzunehmen? Ungefähr an diesem Punkt der Geschichte bemerkte ich, dass ich die Linie zwischen leichtem Entnervtsein und destruktivem Ärger längst überschritten hatte. Alle Zeichen standen auf Sturm: Mir wurde heiß, mein Puls hämmerte und ich atmete heftig. *Wenn ich nicht aufpasse,* dachte ich, *könnte es am Ende sein, dass ich tatsächlich wütend werde.*

Sobald ich erkannt und zugegeben hatte, dass das, was da in mir passierte, aufkeimender Zorn war, konnte ich innehalten und sagen: *Moment mal. Warum rege ich mich so über eine verlorene Tasche und ein paar Verzögerungen auf? Was ist mit mir los?*

Schließlich kam die eine meiner Taschen doch noch an. Dann erwartete mich das »Vergnügen«, am Beschwerdeschalter ein 17-seitiges Formular auszufüllen, was nicht gerade meine Lieblingsbeschäftigung ist, schon gar nicht, wenn mein Körper noch auf Londoner Ortszeit eingestellt ist, die zu diesem Zeitpunkt ein Uhr morgens Chicagoer Zeit entsprach.

Während ich auf den Schalter zuging, wurde mir klar, dass ich eine wichtige Entscheidung zu treffen hatte und dass mir dazu nur noch wenige Sekunden blieben. Was würde ich mit meinem Ärger machen, wenn ich der Person am Schalter gegenüberstand? Das würde der Moment der Wahrheit sein. Schnell ging ich die möglichen Alternativen durch und legte fest, wie stark ich mich zum Idioten machen wollte.

Die Stimme der Weisheit

Wie schon gesagt, haben wir immer die Wahl, wie wir mit unserem Ärger umgehen. Ich wusste, dass ich mich entscheiden konnte, meinen Zorn herunterzuschlucken; ich konnte vorgeben, ein Superchrist zu sein, der niemals zornig wird. Ich konnte mir ein Lächeln ins Gesicht kleben und alles verdecken, was darunter passierte. Doch ich vermutete, dass meine wahren Gefühle trotzdem herausquellen und die Atmosphäre vergiften würden. Also war das wohl keine echte Alternative.

Ich konnte mich auch entscheiden, meinen Ärger anzuheizen, bis ich soweit war, ihn auszuspucken. Das wäre der Weg des geringsten Widerstands gewesen, denn dazu hatte ich große Lust. Ich könnte das dunkle Verlangen befriedigen, jemanden für meine Unannehmlichkeiten bezahlen zu lassen. Doch mir war klar, dass ich das später bereuen würde.

Die dritte Möglichkeit war, einen Gang zurückzuschalten und weiter nachzudenken. Ich konnte versuchen, die unterschwelligen Einstellungen zu überprüfen, die meinem Ärger zu Grunde lagen. Ich konnte an Bibelstellen denken, die diese Einstellungen ansprachen und vielleicht entlarvten. Ich konnte Gott bitten, mir in dieser Situation zu helfen. Ich konnte mir vor Augen halten, wie reife Christen, die ich kannte, sich jetzt verhalten würden.

Ich hatte verschiedene Möglichkeiten; solche, die Gott entehrten und andere Menschen verletzten, und solche, die Gott ehrten und meinen Charakter verbessern halfen. Die Frage war, welche Möglichkeit ich wählen würde.

Während ich an 1 001 Gepäckbändern vorbei ging, dachte ich über diese Frage nach. Als ich endlich den Beschwerdeschalter erreichte, sah ich eine junge Frau dahinter stehen. Mit jedem Schritt tobte die Schlacht in mir heftiger. Eine Stimme sagte: *Ich möchte all meinen Frust über diese Frau ausgießen. Ich will, dass sie begreift, wie schlimm es ist, mitten in der Nacht nach einem langen Flug ohne Tasche da zu stehen. Ich werde mich besser fühlen, wenn jemand dafür bezahlt hat!*

Doch der andere Teil von mir hörte das leise Flüstern Gottes, das beständig an meiner Einstellung feilte. »Bill«, schien Gott zu sagen, »vor 30 Minuten, als man dich in der Maschine ausgerufen hat, hast du noch gedacht, dass deine Frau oder deine Kinder tot sein könnten. Und als du herausgefunden hast, dass es nur eine verlorene Tasche war, warst du voller Dankbarkeit. Du hast mir zugeflüstert: ›Danke dir, Herr!‹ Bill, du musst das wieder in der richtigen Perspektive sehen; es ist nur eine verlorene Tasche! Und denk dran, die Airline war auch rücksichtsvoll genug, dich darauf aufmerksam zu machen, dass die Tasche weg ist. Sie haben sich bei dir für die Umstände entschuldigt. Sie haben versucht, dir zu helfen. Und, Bill, diese Frau kann nun gar nichts dafür. Sie hat mit der Sache nichts zu tun. Tatsächlich steht sie stundenlang an diesem Schalter und muss sich Unverschämtheiten von frustrierten Fluggästen anhören, die nie gelernt haben, mit ihrem Ärger umzugehen. Sie braucht wirklich nicht noch eine kalte Dusche von dir.«

Als ich an den Schalter trat, hörte ich noch einen abschließenden Gedanken: »Du hast noch nie einem Menschen in die Augen gesehen, der mir nicht unendlich viel bedeutet. Du bist noch nie einem Menschen begegnet, für den mein Sohn nicht sein Leben gelassen hat. Du selbst glaubst und predigst seit Jahren, dass mir alle Menschen wichtig sind. ALLE, ohne Ausnahme. Und deshalb solltest du sie auch so behandeln. Ganz egal, wie frustriert du im Moment bist – du solltest Menschen so begegnen, als wären sie das, was sie sind: nämlich meine Schätze.«

Das war hart. Wie hatte ich mich nur so in meine albernen Zipperlein vertiefen können, dass ich völlig vergessen hatte, dass die Schlacht in mir sich nicht nur um mich drehte? In diesem wie in fast jedem Fall betreffen die Äußerungen unseres Ärgers mindestens eine andere Person, die Gott unendlich wichtig ist. Es stimmte, die Frau hinter dem Schalter konnte nicht das Geringste für meine Unannehmlichkeiten. Doch selbst wenn sie sie persönlich verschuldet hätte, wäre sie immer noch eines von Gottes Kindern, das es verdiente, mit Respekt, Gnade und Freundlichkeit behandelt zu werden. Wie hatte ich das vergessen können?

Ich glaube, dass Gott jedem von uns in solchen Entscheidungssituationen zuflüstert: »Komm schon, diesmal machst du es richtig. Denk daran, dass du es mit einem meiner geliebten Kinder zu tun hast. Tu das Richtige!«

Ich trat also an den Schalter. Mit Gottes Worten im Hinterkopf traf ich die Entscheidung, diese Frau nicht anzuschreien. Ich stellte ruhig meine Tasche ab. Trotzdem musste die Frau mir etwas angemerkt haben, denn ohne dass ich ein Wort geäußert hatte, sagte sie sehr sanft und freundlich: »Schlechten Tag gehabt?«

Oh Mann, dachte ich, *diese Frau beschämt mich aber wirklich. Sie hat heute wahrscheinlich schon tausend Beschimpfungen und jede Menge Gezeter über sich ergehen lassen und jetzt steht wieder jemand mit einer Beschwerde vor ihr. Und doch begrüßt sie mich so mitfühlend. Das beweist doch echte Größe!*

Der Autor der Sprichwörter schreibt: »Eine Frau kommt durch Liebenswürdigkeit zu Ansehen« (11,16) – und er hat Recht! Weiter schreibt er: »Eine versöhnliche Antwort kühlt den Zorn ab, ein verletzendes Wort heizt ihn an« (15,1). Und auch da hat er Recht. Diese Frau konnte nichts von dem Kampf wissen, der in den letzten 20 Minuten in mir stattgefunden hatte. Doch sie empfing mich in einem liebenswürdigen Ton und mit versöhnlichen Worten.

Ich weiß nicht, was ich getan hätte, wenn sie gesagt hätte: »Und was haben Sie zu meckern, Mister?« Ich hoffe, dass ich mich noch mehr an Gottes Worte gehalten und ihm mit meiner Reaktion Ehre gemacht hätte. Aber sicher bin ich mir da keineswegs. Auf jeden Fall hat ihre Freundlichkeit mir geholfen, auf dem richtigen Weg zu bleiben. Das sollten wir uns unbedingt merken, wenn wir Konflikte mit unserem Partner, unseren Kindern oder Kollegen haben. Wir haben die Möglichkeit, einem zornigen Menschen mit versöhnlichen Worten den Wind aus den Segeln zu nehmen.

Ich konnte förmlich spüren, wie das in mir geschah, als ich antwortete: »Ja, kann man sagen.« Doch nicht einmal das konnte ich so stehen lassen, weil ihre Freundlichkeit zusammen mit Gottes Hinweisen mein vernebeltes Blickfeld weiter aufklarte. »Ach, eigentlich war es ein guter Tag, nur das Ende war nicht so erfreulich, weil eine meiner Taschen abhanden gekommen ist.«

Sie sagte: »Na ja, dann haben Sie jetzt einige Arbeit vor sich. Sie müssen ein paar Formulare ausfüllen.«

»Ich weiß«, sagte ich. »Ich habe das schon ein paar Mal gemacht.« Also nahm ich den Zettel und beschrieb genau die Form und Farbe meiner Tasche und gab ihr alle anderen verlangten Informationen. Sie sah mich an und sagte mit einem kleinen Lächeln: »Wenn die Tasche gefunden wird, soll sie dann zu Ihnen nach Hause oder nach *Willow Creek* geschickt werden?« Sie grinste und fügte hinzu: »Ich bin dort Mitglied.«

Wow!, dachte ich. *Gott sei Dank habe ich das nicht verbockt!* Wenn ich meinem Ärger freien Lauf gelassen hätte … na ja, Sie wissen schon. Wir unterhielten uns kurz, und als ich ging, wünschten wir uns eine schöne Weihnachtszeit.

Dinge richtig einordnen

Ich bin Gott sehr dankbar für diese ganze Geschichte, weil ich daraus so viel über mich selbst gelernt habe. Ich habe zum Beispiel festgestellt, dass ich in 20 Minuten von tiefer Dankbarkeit zu rasendem Zorn überwechseln kann und bereit bin, eine unschuldige Person wegen eines abhanden gekommenen Gepäckstücks fertig zu machen.

Ich bin so fehlerhaft! Unter den richtigen Bedingungen kann ich immer noch ganz schnell vom Licht in die Dunkelheit rutschen. Nach beinahe 30 Jahren als Christ braucht mein Herz immer noch so viel Veränderung. Es ist schon erschreckend!

Doch die Erfahrung hat mich auch etwas Positives gelehrt. Ich habe begriffen, welchen Unterschied es macht, wenn ich auf Gott höre und ihn meine falsche Einstellung und meine verdrehte Perspektive korrigieren lasse. Ohne sein Eingreifen werde ich unweigerlich Fehler machen, wenn ich wütend bin; diese Tatsache kann ich nicht verleugnen. Doch wenn ich mich seinem Eingreifen ausliefere und ihm auf dem Weg zum konstruktiven Umgang mit Ärger folge, kann ich meine Reaktionen und Aktionen beherrschen und es richtig machen.

Die gute Nachricht ist, dass wir alte Verhaltensmuster überwinden können. Jedes Mal, wenn wir uns in einer Situation wiederfinden, in der wir mit Ärger umgehen müssen, haben wir die Chance, geistlich zu wachsen, unseren Charakter zu entwickeln und Gott zu ehren. Es ist nicht einfach; das zählt definitiv zu den herausfordernden Übungen des Lebens. Doch mit Gottes Hilfe müssen wir »uns nicht versündigen, wenn wir in Zorn geraten«.

Kapitel 12

Gott völlig vertrauen

Die Grundaussage des Buches der Sprichwörter kann in einem Satz zusammengefasst werden, den sich wahrscheinlich mehr Christen eingeprägt haben als jede andere Bibelstelle. Wenn Sie aus einem christlichen Elternhaus kommen, können Sie die beiden kurzen Verse vermutlich schneller zitieren, als ich sie niederschreiben kann. Es handelt sich um Sprichwörter, Kapitel 3, Verse 5–6: »Verlaß dich nicht auf deinen Verstand, sondern setze dein Vertrauen ungeteilt auf den Herrn! Denk an ihn bei allem, was du tust; er wird dir den richtigen Weg zeigen.« Für mich ist dies der krönende Vers aller Sprichwörter; nicht nur, weil er so vielen Menschen vertraut ist, sondern weil er einen so weit reichenden Einfluss auf mein eigenes Leben hat.

Kurze Zeit nach meiner Umkehr tat ich, was die meisten Gläubigen tun: Ich dachte darüber nach, wie ernst es mir mit meinem neu gefundenen Glauben war. Mir war klar geworden, dass Jesus für mich persönlich gestorben war, und ich wollte Gott meine Dankbarkeit zeigen, indem ich ihm folgte und gehorchte. Aber wie weit würde ich gehen? Ich wusste, dass ich die Bibel lesen, hin und wieder beten und mich irgendwie in die Gemeinde einbringen sollte. Aber wie weit würde ich all das treiben?

Ich kannte ein paar Leute, die nach ihrer Umkehr völlig hingebungsvolle, überzeugte und (aus meiner Sicht) etwas überdrehte Christen geworden waren. Praktisch über Nacht hatte ihr Glaube scheinbar alles verändert: ihre Moralauffassung, ihre Beziehungen, ihre Art, mit Geld umzugehen, und in manchen Fällen sogar ihre Karriere. Das schien mir dann doch ein wenig extrem. Ich war mir ziemlich sicher, dass ich nicht so weit gehen wollte. Doch wie weit *wollte* ich gehen? Wie weit würde ich es meinem Glauben gestatten, mein Leben zu beeinflussen?

Ein erfahrener Christ, der meinen inneren Kampf zu spüren schien, sagte mir: »Bill, ich habe eine Herausforderung für dich. Warum legst du nicht dein ganzes Leben in Gottes Hand? Lass ihn zumindest so lange in jedem Bereich deines Lebens die Führung übernehmen, wie er sich als vertrauenswürdig erweist. Wenn er sich in irgendeiner Weise als deines Vertrauens nicht würdig zeigt, kannst du immer noch einen Rückzieher machen, doch gib ihm erst eine Gelegenheit, dir zu beweisen, dass du ihm vertrauen kannst.«

Dieser Mann kannte mich gut genug, um zu wissen, dass ich einer echten Herausforderung nie widerstehen kann. Ich denke, dass er außerdem wusste, was mir tief in mir ebenfalls klar war: dass ich nie zufrieden sein würde, so lange ich nicht das Risiko eingegangen war, Gott alles anzuvertrauen. Wenn Gott der war, der er zu sein behauptete, wusste er ganz bestimmt mehr über mich und meine Zukunft als ich selbst. Wie dumm wäre es von mir, die Chance zu verpassen, Zugang zu diesem Wissen und seiner Leitung und Weisheit zu bekommen!

Was hatte Gott wohl mit meinem Leben vor? Wohin wollte er mich schicken? Was sollte ich aus seiner Sicht tun oder werden? Was, wenn er ganz außergewöhnliche Pläne mit diesem 17-jährigen Jungen aus Kalamazoo hatte? Was, wenn er faszinierende Leute parat hatte, die ich kennen lernen sollte? Vielleicht standen mir Abenteuer bevor, die ich mir noch nicht einmal vorstellen konnte! Was, wenn ich all das verpasste, weil ich seiner Weisheit und Leitung keine Chance geben wollte?

Das klingt nicht gerade nach einer besonders »heiligen« Überlegung, nicht wahr? War es auch nicht. Es war eher eine Wette. Auf der Verlustseite sah es ziemlich gut aus; das Risiko schien nicht sehr hoch. Wie mein Ratgeber mir gesagt hatte, konnte ich jederzeit aussteigen, wenn Gott sich als nicht vertrauenswürdig erwies. Halb erwartete ich, dass genau das passieren würde, doch ich sah auch auf die Gewinnchancen und beschloss, es zu wagen. Warum auch nicht? Also sagte ich: »Okay, Gott, ich treffe heute eine wichtige Entscheidung. Ich werde deinem Konzept eine Chance geben. Ich bin ganz Ohr.«

Ich weiß, wie arrogant das klingt – ein 17-jähriger Grünschnabel, der Gott großzügig verkündet, er gedenke ihm eine Chance zu geben, als ob er ihm damit einen Gefallen tun würde. Doch so sah ich die Sache in meinem jugendlichen Leichtsinn. Ich bin sehr dankbar, dass Gott das Herz und die Seele hinter diesem großspurigen Gehabe sah, die ihn dringend brauchten. Und ich danke ihm, dass er auf mein lächerliches, berechnendes Angebot eingegangen ist und mich mit seiner Leitung und Liebe beschenkt hat.

Denn der Tag, an dem ich meine kleine Transaktion mit Gott einleitete, war der Beginn eines wundervollen Abenteuers. Mir läuft es kalt den Rücken herunter, wenn ich mir vorstelle, was ich versäumt hätte, wenn meine Entscheidung anders ausgefallen wäre.

Dieselbe Gelegenheit bietet sich uns allen. Jeder Mensch kann die Entscheidung treffen, »Gott eine Chance zu geben«. Er geht auf uns ein, wie wir sind, und kommt uns entgegen, wo wir stehen, mit all unseren Zweifeln und Vorbehalten – genau, wie er es bei mir getan hat. Wir müssen ihm immer nur einen Tag nach dem anderen unser Vertrauen schenken. Wie mein Freund sagte: Wir müssen ihm nur so lange vertrauen, wie er sich als vertrauenswürdig erweist.

Grenzenloses Vertrauen

Vielleicht sind Sie schon fast bereit, diese Entscheidung zu treffen, doch Sie haben noch ein paar Fragen. Vielleicht schauen Sie sich die Passage in Sprichwörter, Kapitel 3, Vers 5 an und denken, dass Sie das gern probieren würden, wenn Sie nur wüssten, was es konkret bedeutet. Wie sieht das aus, wenn man Gott jeden Tag anvertraut?

Vielleicht hilft es, wenn Sie sich eine Liebesbeziehung aus Ihrer Vergangenheit in Erinnerung rufen. Denken Sie an einen jungen Mann oder eine junge Frau, die Ihr Herz höher schlagen ließ. Können Sie sich noch an den Tag erinnern, als Sie den Mut zusammengekratzt hatten, diese Person um eine Verabredung zu bitten? In der ersten Zeit haben Sie sicher sehr sorgfältig beobachtet, wie vertrauenswürdig das Objekt Ihrer Begierde war. Ob das nun bewusst oder eher unbewusst geschehen ist, Sie haben die verschiedenen Eindrücke und Erfahrungen mit dieser Person einzuordnen versucht, um festzustellen, ob sie jemand war, der Sie Ihr Vertrauen schenken konnten.

Wenn Ihr neuer Schwarm sagte, dass er Sie um 19:00 Uhr zu Hause abholen würde, waren Sie ein wenig erleichtert, wenn er pünktlich kam. Wenn er eine Stunde zu spät gekommen wäre und nicht einmal eine richtige Entschuldigung über die Lippen gebracht hätte, wären Sie zumindest innerlich ein wenig vorsichtig geworden. Pünktlichkeit mag eine Nebensache sein, aber irgendwie wussten Sie, dass dies einen Hinweis auf die Zuverlässigkeit und Vertrauenswürdigkeit dieses Menschen gab. Wie könnten Sie einem Mann Ihr Innerstes anvertrauen, der nicht einmal zuverlässig genug war, sich an Vereinbarungen zu halten?

Doch gehen wir davon aus, Ihr Bekannter war pünktlich und erwies sich auch in anderen, scheinbar wenig wichtigen Dingen als zuverlässig. Der nächste Schritt auf dem Weg zur Vertrauensbildung sah vermutlich so aus, dass Sie miteinander über Herzensangelegenheiten zu sprechen begannen. Aufmerksam hörten Sie auf das, was Ihr Gegenüber sagte, und versuchten herauszufinden, wie ehrlich er dabei war. Schienen die Gedanken, Ideen und Aussagen Ihres neuen Bekannten begründet und glaubwürdig oder klangen sie weit hergeholt und ein bisschen fernab der Realität?

Und als Sie ehrlich und offen über sich sprachen, hat er da aufmerksam zugehört und angemessen reagiert? Hat er Ihnen kluge Einsichten, echtes Mitgefühl, Bestätigung oder notwendige Herausforderungen gegeben? Der Verlauf dieses Gesprächs und aller weiteren bestärkte oder verminderte Ihr Vertrauen in diese Person.

Wenn Sie in dem Gefühl bestätigt wurden, diesem Menschen vertrauen zu können, wurde Ihre Beziehung vermutlich enger und der Vertrauens-Test spielte sich auf einer tieferen Ebene ab. Das war notwendig, denn je stärker die Bindung an eine Person wird, desto mehr muss das Vertrauen zu dieser Person wachsen. Nun standen Themen wie Loyalität, Treue und tiefe Überzeugungen im Mittelpunkt Ihrer Gespräche und Ihrer Aufmerksamkeit. Genau wie die Dimensionen der Bindung an die Person sich erweitern, musste auch Ihr gegenseitiges Vertrauen tiefer werden und sich auf andere Bereiche ausbreiten. Das ist ein Teil dessen, was es ausmacht, eine funktionierende Beziehung zu haben. Wir können nicht einfach passiv dasitzen und darauf warten, dass das Vertrauen von selbst wächst. Vertrauen aufzubauen erfordert aktiven Einsatz. Wir müssen kleine Schritte machen und dann den Fortschritt beurteilen. Wir müssen kleine Risiken eingehen und dann die Konsequenzen abschätzen.

Nachdem Sie sich diesem Prozess einige Monate oder vielleicht sogar Jahre hingegeben hatten, kamen Sie an den Punkt, an dem Sie sagten: »Ich kann diesem Menschen ohne Zweifel voll und ganz vertrauen. Ich hatte die Gelegenheit, seine oder ihre Vertrauenswürdigkeit immer wieder in den verschiedensten Situationen zu überprüfen. Soweit es mich betrifft, ist diese Person absolut vertrauenswürdig.« Vielleicht lehren uns Zeit und Erfahrung aber auch, dass wir dieser bestimmten Person nicht vertrauen können. Wir haben zu viele Unstimmigkeiten im Charakter dieses Menschen bemerkt und ihn oder sie zu oft unverantwortlich handeln sehen. In der Beziehung zu ihm oder ihr sind wir zu oft enttäuscht worden. Alle Anzeichen sprechen dafür, dass eine Bindung an diesen Menschen ein großes Risiko darstellt.

Vertrauen oder nicht vertrauen, das ist hier die Frage. Das ist keine einfache Entscheidung und auch keine, die man schnell und leichtfertig treffen sollte. Vielmehr ist es ein langsamer Prozess, der auf Hunderten von persönlichen Erfahrungen und vielen Stunden konzentrierten Nachdenkens beruht.

Der große Schritt

Unsere Beziehung zu Gott gestaltet sich ähnlich. »Setze dein Vertrauen ungeteilt auf den Herrn!« (3,5). Doch das ist gar nicht so einfach; zum Vertrauen gibt es keine Abkürzung. Obwohl wir viele Gründe finden können, Gott zu vertrauen, wenn wir den biblischen Bericht von seinem Verhalten im Verlauf der Menschheitsgeschichte lesen, gibt es eine persönlichere Dimension der Vertrauens. Und diese können wir nur entwickeln, wenn wir uns Gott so ähnlich annähern, wie wir das bei einer Beziehung mit Freunden oder potenziellen Ehepartnern tun: Wir müssen uns über einen langen Zeitraum hinweg auf diese Person einlassen, alltägliche Situationen zusammen erleben und sorgfältig beobachten. Das ist der einzige Weg, auf dem wir für uns persönlich zu dem Schluss kommen können, dass es sicher und weise ist, uns Gott anzuvertrauen.

Während Sie dieses Buch lasen, haben Sie wahrscheinlich Ihren inneren »Vertrauensmonitor« ausgefahren und ständig überprüft. Als Sie die Bibelzitate und Geschichten von anderen Menschen und mir selbst gelesen haben, haben Sie sich unweigerlich veranlasst gesehen, Gott mehr oder auch weniger Vertrauen zu schenken. Ich hoffe natürlich, dass Sie eher zur »Mehr«-Seite tendieren. Wenn Sie noch kein Christ sind, hoffe ich, dass Sie langsam zu dem Schluss kommen, dass die Bibel wahr ist, dass Gott der ist, der er zu sein behauptet, und dass Jesus der Weg zu ihm ist.

Vielleicht haben Sie eine leise Stimme gehört, während Sie lasen. Sie sind vielleicht noch nicht so weit, um das glauben zu können, aber der Geist Gottes ist »berüchtigt« dafür, zu uns zu sprechen, wenn wir still genug sind, um auf ihn zu hören. »Mich gibt es wirklich«, scheint er zu sagen. »Diese ganze Geschichte ist wahr. Ich liebe dich. Wenn du einen kleinen Vertrauensschritt auf mich zu machst, werde ich dir beweisen, dass ich dieses Vertrauens würdig bin. Wie sieht's aus?«

Wo befinden Sie sich auf Ihrer geistlichen Reise? Hat Gott sich Ihnen gegenüber als so vertrauenswürdig erwiesen, dass Sie bereit sind, den nächsten Schritt zu unternehmen? Wenn Sie ein Neuling sind, könnte der nächste Schritt ein sehr großer sein, doch es ist eine Tatsache, dass Sie in Ihrer Beziehung mit Gott nicht weiterkommen werden, wenn Sie diesen Schritt nicht tun. Johannes-Evangelium, Kapitel 1, Vers 12 besagt, dass Gott »allen, die ihn aufnahmen und ihm Glauben schenkten«, das Recht verlieh, seine Kinder zu werden. Früher oder später muss jeder, der sich mit dem christlichen Glauben beschäftigt und Gott vertrauenswürdig findet, den großen Schritt tun und sich persönlich auf diese ganze Geschichte einlassen – in die Familie Gottes hinein adoptiert werden.

Im Brief an die Römer, Kapitel 10, Vers 13 schreibt Paulus: »Alle, die sich zum Herrn bekennen und seinen Namen anrufen, werden gerettet.« Das Wörtchen »alle« offenbart Gottes Grundanliegen, wirklich jeden Menschen anzusprechen. Doch die Schlüsselworte »bekennen« und »anrufen« erinnern uns daran, dass wir vorher etwas tun müssen. Er bietet uns Vergebung an, doch wir müssen zugeben, dass wir sie nötig haben, und sie dann bereitwillig annehmen. Er möchte uns mit seiner Weisheit und Liebe durchs Leben leiten, aber wir müssen ihn wissen lassen, dass wir das wollen. Er hält uns das Geschenk hin, aber wir müssen die Hände danach ausstrecken und es ergreifen.

Viele Menschen kommen an diesen Punkt und denken dann: *Was, wenn ich Gott bitte, mir meine Fehler zu verzeihen und mein Leben in die Hand zu nehmen – und dann merke ich, dass im Himmel niemand zu Hause ist? Was, wenn einfach nichts passiert? Wenn da nur Schweigen ist?* Meine einzige Antwort darauf ist, dass es nur einen Weg gibt, das herauszufinden: Machen Sie den Schritt und sehen Sie selbst, was passiert. Wenn nichts passiert, haben Sie auch eine Antwort. Scheinbar war alles nur Einbildung. Dann können Sie beruhigt weitergehen und müssen nie zurückblicken.

Das könnte passieren. Sie können ernstlich Gott suchen und zu dem Schluss kommen, dass es ihn nicht gibt. Obwohl die Versprechen der Bibel und die Erfahrungen von vielen Millionen Menschen etwas anderes sagen und uns auch einen Anhaltspunkt dafür geben, dass Gott da ist, bieten sie keinen ultimativen Beweis. Den Schritt auf Gott zu zu machen, schließt immer einen Akt des Glaubens mit ein. Doch betrachten Sie es mal so: Ein lebenswertes Leben erfordert viele Glaubensschritte ohne Garantien.

Als ich das erste Mal Fallschirmspringen war, drehte ich mich zu meinem Lehrmeister um, klopfte auf meinen Fallschirm und fragte: »Kann ich wirklich darauf vertrauen, dass das Ding sich öffnet?« Er sagte: »Es gibt nur einen Weg, um das herauszufinden.« Dann fügte er grinsend hinzu: »Alles, was ich Ihnen sagen kann, ist, dass meiner mich noch nie im Stich gelassen hat.« Kurz darauf fielen wir beide mit Höchstgeschwindigkeit in Richtung Erde. Offensichtlich öffnete sich mein Schirm programmgemäß und seiner auch.

Obwohl das Risiko beim Fallschirmspringen ausgesprochen hoch ist – Leben und Tod hängen von einer kleinen Schnur ab – und der Adrenalinausstoß gewaltig, ist es eine Erfahrung, die man machen kann, aber nicht muss. Wenn es uns zu gefährlich erscheint, lassen wir es sein. Wenn uns die Herausforderung und der Kick nicht reizen, gibt es eigentlich keinen vernünftigen Grund, sich in mehreren Kilometern Höhe aus einem Flugzeug zu stürzen.

Doch wenn es darum geht, wie wir auf Gottes Rettungsangebot reagieren, gibt es kein »Kann man, muss man aber nicht«. Es geht um die Ewigkeit und wir müssen entscheiden. Egal, welche Wahl wir treffen, sie erfordert Glauben. Wenn wir beschließen, unser Vertrauen auf Gott zu setzen, müssen wir dazu an einen Schöpfer, Versorger, Retter und Herrn glauben, den wir nicht sehen oder mit einem unserer anderen Sinne wahrnehmen können. Wenn wir uns von Gott abwenden, bedeutet das, dass wir auf unsere eigene Fähigkeit vertrauen, in dieser Welt zu bestehen. Welchen Weg wollen Sie mit Ihrem Glauben einschlagen?

Ich könnte Ihnen tausend Geschichten von Leuten erzählen, die sich dazu entschieden haben, ihr Vertrauen auf Gott zu setzen, und die eine tiefe Veränderung ihres Lebens erfahren haben. Für manche Menschen ist diese Erfahrung sehr emotional; für andere nicht so sehr. Ein Geschäftsmann, der erst vor kurzem Gottes ausgestreckte Hand ergriffen hat, erzählte mir: »Es fühlt sich an, als ob eine Gerichtsverhandlung gegen mich eingestellt wurde. Das Damoklesschwert der Verurteilung, das jahrelang über meinem Kopf geschwebt hat, ist weg, und ich wurde freigesprochen.« Andere Menschen berichten von einem tiefen Gefühl inneren Friedens oder einer neuen Gelassenheit, die mit nichts zu vergleichen waren, das sie je zuvor erlebt hatten.

Ich habe eine solche lebensverändernde Erfahrung gemacht, als ich mit 17 Jahren auf einer christlichen Jugendfreizeit war. Ich bin kein besonders gefühlsbetonter Mensch und war es als Teenager schon gar nicht. Doch als ich den Schöpfer der Welt bat, in mein Leben zu kommen, passierte etwas völlig Unerwartetes mit mir. Ich wurde nicht von Gefühlen überflutet; ich habe auch nicht geweint oder geschrien oder gelacht, wie es manche Leute tun, wenn sie ihre

Empfindungen in diesem Moment ehrlich ausdrücken. Doch ich fühlte, wie mich Gottes reine, reiche, tiefe Liebe so sehr ausfüllte, dass ich zu platzen glaubte. Ich musste unbedingt jemandem davon erzählen, und so weckte ich mitten in der Nacht einen meiner Freunde und berichtete ihm, was geschehen war: »Ich habe eben Jesus in mein Leben eingeladen und ich fühle mich ganz komisch. Toll. Anders. Ich kann keine Worte finden, um das zu erklären, aber ich weiß, dass es real ist!«

Jesus sagte: »Ich sage euch, genauso freuen sich die Engel Gottes über einen einzigen Sünder, der ein neues Leben anfängt« (Lk 15,10). Mir war nicht bewusst, dass es an diesem Abend ein Fest im Himmel gab, aber die freudige Erregung meines Freundes über meine Mitteilung war nicht zu übersehen. Ich hatte gar nicht mitbekommen, dass viele meiner Freunde schon lange dafür gebetet hatten, dass ich diesen Schritt tat. Ich muss wohl nicht erwähnen, dass bald alle auf den Beinen waren, mich beglückwünschten und ermutigten und noch bis tief in die Nacht mit mir feierten.

Wie steht es mit Ihnen? Sind Sie bereit für den großen Schritt? Sie müssen dazu nur ein ganz einfaches Gebet sprechen: »Gott, ich schäme mich, dass ich mein Leben bislang selbst bestimmt habe und dass ich schon so manchen Fehler begangen und oft schuldig geworden bin. Vergib mir bitte. Ich nehme es als Geschenk an, dass Jesus für mich gestorben ist, und danke dir dafür. Durch Jesus Christus hast du schon ›ja‹ zu mir gesagt. Ich antworte jetzt darauf und sage auch ›ja‹ zu dir. Übernimm du jetzt die Regie in meinem Leben und bleib immer bei mir.«

Vielleicht haben Sie ein solches Gebet schon vor langer Zeit gesprochen, doch dann haben Sie sich – aus welchen Gründen auch immer – von Gottes »Kurs« entfernt und es auf eigene Faust versucht. Doch nun sind Sie wieder bereit, Gott um Vergebung zu bitten und noch einmal Ihr Vertrauen auf ihn zu setzen. Wenn das so ist, zögern Sie nicht länger! Sagen Sie Gott gleich jetzt, dass Sie seine Führung und Hilfe brauchen und dass Sie ihm wieder ganz vertrauen wollen. Er wartet nur darauf, diese Worte von Ihnen zu hören!

Mentale Aktenordner

Ich bin ganz sicher, dass jeder, der diesen großen Schritt wagt, auf Gottes Vertrauenswürdigkeit und auf seine Rettung zählen kann. Doch das ist erst der Anfang. Der nächste Schritt ist, Gott in den vielen Entscheidungen des täglichen Lebens zu vertrauen. In diesem Buch habe ich immer wieder zwei Wege beschrieben: den einen, der auf menschlicher Weisheit basiert, und den anderen, der von Gottes Weisheit geprägt ist. Und ich hoffe, ich habe die Überlegenheit von Gottes Weisheit deutlich machen können.

Ich habe Sie davon zu überzeugen versucht, dass es besser ist, die Initiative zu ergreifen, statt passiv, faul oder fatalistisch abzuwarten; dass Gutes zu tun die seelenzerstörende Konzentration auf das eigene Ich bei Weitem übertrifft; dass Selbstdisziplin zwar schwierig zu entwickeln ist, sich aber überreich auszahlt; dass Ehrlichkeit besser ist als Lügen und Verrat; dass eine kluge Auswahl der Freunde ein wichtiger Schritt in unserer Persönlichkeitsentwicklung ist; dass eine kluge Wahl des Ehepartners das Fundament einer gelingenden Ehe ist; dass der Aufbau einer stabilen Familie der beste Weg ist, ein positives Erbe an die nächste Generation weiterzugeben; dass Mitgefühl ein kraftvolles Mittel ist, um die Welt zu verändern, und dass ein konstruktiver Umgang mit Ärger lebenswichtig für unser persönliches Glück und für Harmonie in unseren Beziehungen ist.

Das Buch der Sprichwörter hat mich so viel darüber gelehrt, wie mein Leben gelingen kann, und ich hoffe, dass ich Ihnen vermitteln konnte, was ich gelernt habe. Doch eine Frage bleibt: Werden wir an den vielen Kreuzungen des täglichen Lebens Gottes Weg wählen? Vertrauen wir ihm genug, um seinen Weg zu unserem zu machen?

Es ist fast 30 Jahre her, dass ich die Entscheidung getroffen habe, mein Leben Gott anzuvertrauen (zumindest habe ich es versucht). Und heute bin ich überzeugter von Gottes Vertrauenswürdigkeit, als ich es je gewesen bin. Wenn ich auf mein Leben zurückblicke, bereue ich keine einzige Gelegenheit, bei der ich mich für Gottes Weg entschieden habe. Nicht eine einzige. Manchmal war es sehr schwer; manchmal völlig verwirrend. Doch am Ende war ich immer froh, dass ich mich für Gottes Weisheit entschieden hatte.

Andererseits könnte ich Bücher mit der Reue füllen, die ich für die vielen Entscheidungen verspüre, bei denen ich mich Gott widersetzt habe. In meinem Gedächtnis gibt es einen Ordner mit der Aufschrift: »Sehr dumme Entscheidungen«. Darin stehen all die Gelegenheiten, bei denen ich in meinem Leben an kritische Kreuzungen kam und mich für den falschen Weg entschieden habe. Jedes Mal sagte ich hinterher: »Wie konnte ich nur so dumm sein? Wie konnte ich die Konsequenzen übersehen, die Menschen, die ich verletzt habe, die Zeit, die ich verloren habe, und die Schuld, die ich auf mich geladen habe? Es war einfach dumm, nicht Gottes Weg zu folgen.«

Wie ich im ersten Kapitel schon sagte, kommen wir nicht weise zur Welt; Dummheiten sind uns angeboren. Eine der Hauptaufgaben, die wir im Leben machen müssen, ist, diesen Dummheiten zu entwachsen und weise zu werden. Ein Teil dieses Wachstumsprozesses schließt das Lernen aus Fehlern ein. Wenn ich also etwas aus einer dummen Entscheidung gelernt hatte und mich das nächste Mal in einer ähnlichen Situation für den richtigen Weg entschied, legte ich dieses Erlebnis in dem Ordner »Sehr kluge Entscheidungen« ab. Diese Ordner immer wieder durchzusehen und zu vergleichen, war eine sehr effektive Methode, um mein Vertrauen in Gott zu stärken. Es war offensichtlich, dass mein Leben einfach besser lief, wenn ich mich für seinen Weg entschied. Jedes Mal, wenn ich ihm Vertrauen erwies, indem ich seinen Geboten gehorchte, seine Weisheit praktisch anwendete oder mich von ihm leiten ließ, zeigte er sich als absolut vertrauenswürdig. Seine Methode funktionierte. Seine Gebote waren gerecht und seine Leitung brachte ausnahmslos Vorteile. Schließlich konnte ich ohne Vorbehalte sagen: »Ich vertraue Gott von ganzem Herzen, weil er sich mir als vertrauenswürdig gezeigt hat.«

»Verlaß dich nicht auf deinen Verstand ...«

Wenn die Passage aus den Sprichwörtern, Kapitel 3, Vers 5 uns rät, uns nicht auf unseren Verstand zu verlassen, bedeutet das dann, dass wir unser Gehirn ausschalten sollen? Heißt es, dass wir nach unserer Umkehr plötzlich unsere Einsichten vernachlässigen und davon ausgehen sollen, dass wir keine Ahnung von irgendetwas haben und auch im Laufe unseres Lebens nichts mehr dazulernen können? Natürlich nicht. Aber es sensibilisiert uns dafür, unsere typisch menschlichen Reaktionen auf komplexe Lebenssituationen genau zu beobachten. Ob wir es zugeben wollen oder nicht, der menschliche Blickwinkel ist immer eingeschränkt und unsere Intuition nicht immer verlässlich. Wahrscheinlich würden wir alle unser Leben zu einem gewissen Grad auf den Kopf stellen, wenn wir immer nur unseren eigenen Ansichten und Einsichten folgen. Wir brauchen Gottes Einfluss bei den Entscheidungsprozessen des Alltags.

Neulich habe ich einen Artikel mit der Überschrift »Noch 178 Sekunden zu leben« gelesen. In dem Bericht ging es um 20 Piloten, die bei gutem Wetter ihre Maschinen ausgezeichnet beherrschten, jedoch nie ein richtiges Instrumententraining absolviert hatten. Man steckte sie nacheinander in einen Flugsimulator und instruierte sie, das Flugzeug während eines schweren Gewitters durch eine dicke Wolkenschicht zu bringen. Der Artikel berichtete, dass alle 20 Piloten innerhalb von durchschnittlich 178 Sekunden »abstürzten und ums Leben kamen« – zum Glück nur im Simulator. Es brauchte also weniger als 3 Minuten, um diese geübten Piloten, die alle schon zahlreiche Flugstunden absolviert hatten, vom Himmel zu holen – und das nur, weil sie ihre Orientierungspunkte verloren hatten!

Vor noch nicht allzu langer Zeit flog ich als Copilot in einer Privatmaschine von der Ostküste zurück nach Chicago. Während der Pilot die Flugdaten in den Computer eingab, führte ich den Start durch und brachte die Maschine auf Reiseflughöhe. Alles ging gut, bis wir plötzlich in eine dicke Wolkenschicht gerieten. Da ich mich nicht mehr mit meinen Augen orientieren konnte, schaute ich auf die Instrumente und nahm alle Korrekturen vor, die sie mir nahelegten. Doch als wir schon einige Minuten durch diese »Suppe« flogen, sollte ich plötzlich eine Kursänderung vornehmen, die mir vollkommen falsch erschien; die Instrumente gaben an, dass wir nach links abdrifteten. Ich war mir aber ganz sicher, dass ich den Kurs nicht verändert hatte und dass auch keine starken Seitenwinde oder Turbulenzen uns von ihm abgebracht haben konnten. Also sagte ich mir: »Es kann nicht sein, dass wir nach links abdriften.« Und ich führte die Kurskorrektur nicht durch.

Mein Gedankengang dabei war ganz einfach: Ich flog schon, seit ich 15 Jahre alt war, die verschiedensten Flugzeuge, ohne dass es zu dem geringsten Zwischenfall gekommen war. Offensichtlich hatte ich in dieser Zeit meine Erfahrungen gesammelt und meine Intuition geschärft. Also traf ich an diesem Abend die Entscheidung, meiner eigenen Intuition mehr zu vertrauen als den Instrumenten auf dem Armaturenbrett. Ich dachte: *Ich weiß es besser.*

Eine sehr dumme Entscheidung. Zum Glück schaute der Pilot in diesem Moment von seiner Arbeit auf, sah sich die Instrumente an und führte die Kurskorrektur durch. Dann warf er mir einen Seitenblick zu, der besagte: »Sind Sie verrückt?« Er deutete auf das Armaturenbrett und grinste. »Glauben Sie diesen Dingern, dann leben wir beide länger.« Den Rest der Strecke hielt ich meine Augen fest auf die Instrumente gerichtet, und glauben Sie mir, ich tat alles, was sie mir anzeigten.

Wenn der Autor der Sprichwörter uns rät, uns nicht auf unseren Verstand zu verlassen, will er damit sagen, dass wir noch so schlau sein und umfangreiche Lebenserfahrung besitzen können – wir müssen trotzdem erkennen, dass menschliches Urteilsvermögen immer begrenzt ist und manchmal sogar falsch. Manchmal sind unsere besten Einschätzungen davon, was in einer Situation gesagt oder getan werden sollte, völlig verkehrt, gefährlich oder sogar zerstörerisch. Wenn es um grundsätzliche Entscheidungen in unserem Leben geht, brauchen wir höhere Einsichten und eine weitere Perspektive, als uns menschliche Weisheit bieten kann.

Was wir brauchen, ist Gottes Einschätzung der wirklich wichtigen Dinge im Leben. Er bietet sie uns durch sein Wort und die innere Leitung des Heiligen Geistes an. Unsere Aufgabe ist es, seine Empfehlungen nicht in Frage zu stellen oder anzunehmen, dass wir es besser wissen. Wir sollten darauf vertrauen, dass Gott den besseren Überblick hat.

»Denk an ihn in allem, was du tust ...«

Im Zusammenhang betrachtet, bedeutet der Ausdruck »denk an ihn ...«, dass wir uns in jeder Situation Gottes Weisheit, Einsicht und Verständnis der Dinge vor Augen halten sollen.

»In allem, was du tust« können wir wörtlich nehmen: immer, jederzeit, in jeder Situation. Ich denke, die Wahrscheinlichkeit ist sehr groß, dass wir in jedem Lebensbereich, in dem wir ohne Gottes Weisheit, Einsicht und Verständnis auszukommen versuchen, früher oder später ein Problem bekommen werden, das wir ohne Hilfe nicht mehr in den Griff bekommen. Der Bereich, von dem wir Gott ausschließen, kann zur Hauptursache von Beziehungsproblemen oder verringerter Lebensqualität werden. Es sind nicht viele Lecks nötig, um ein Schiff zum Sinken zu bringen. Eines genügt. Und es muss noch nicht einmal besonders groß sein.

Manche Menschen betrachten ihre Karriereziele, ihre Sexualität, ihr Geld oder ihren Freundeskreis und sagen: »Ich kenne deine Ansichten zu diesem Thema, Gott. Aber meine Antwort lautet Nein. Ich will deine Empfehlungen und auch deine Ratschläge nicht. Ich mache das auf meine Art.«

Erinnern Sie sich noch an das 2. Kapitel, in dem es um das Aktivwerden ging? Haben Sie noch die Leute vor Augen, die sich selbst auf die Schulter klopfen, weil sie fast jeden Bereich ihres Lebens im Griff haben, dabei aber nicht den Schaden bemerken, den ein einziger außer Kontrolle geratener Bereich anrichten kann? Neun von zehn ist nicht genug, egal, ob es darum geht, die Initiative zu ergreifen oder um eine andere Form der Charakterbildung oder des Gehorsams. Eine einzige nichtdurchleuchtete »Kammer« in Ihrem Leben kann weitreichende negative Konsequenzen haben.

Jeder Bereich unseres Lebens, den wir nicht Gottes Führung und Weisheit unterstellt haben, kann eines Tages zur Quelle von großen Frustrationen und Leid werden.

Der Autor der Sprichwörter rät uns, uns nicht diesem Risiko auszusetzen. Wenn wir Gott in allem berücksichtigen, was wir tun, können wir unser Leben viel ruhiger angehen, denn er allein weiß, was noch auf uns zukommt.

Gibt es Bereiche in Ihrem Leben, die Sie noch ohne Gottes Hilfe und Unterstützung bewältigen wollen? Dann nehmen Sie jetzt das »Zutritt verboten«-Schild herunter und lassen Sie Gott hinein. Ich habe noch nie jemanden kennen gelernt, der diesen Schritt bereut hätte. Es liegt ganz bei Ihnen, und ich möchte Sie ermutigen, den Schritt zu tun.

»Er wird dir den richtigen Weg zeigen ...«

Zunächst einmal möchte ich ganz klarmachen, was dieser Vers *nicht* bedeutet: Er bedeutet nicht, dass Gott uns automatisch gesund, reich und glücklich macht, wenn wir ihm unser Leben anvertrauen. Er bedeutet auch nicht, dass wir uns von nun an nur noch wohl fühlen, beliebt und schlank sind. Er bedeutet auch nicht, dass Gott all unsere Wünsche und Begehrlichkeiten befriedigt.

Der Vers bedeutet, dass Gott unserem Leben Richtung, Sinn, Ziel und Erfüllung verleihen will. Gott möchte uns um die Schlaglöcher und Fallgruben herum dirigieren und uns auf dem richtigen Weg halten. Er möchte in uns arbeiten und unsere Herzen und Seelen verändern. Er möchte durch uns wirken und positiven Einfluss auf andere Menschen nehmen. Und wenn wir sterben, möchte er uns im Himmel willkommen heißen. Können wir uns noch mehr wünschen?

Als ich vor einer Weile wieder in der Kirche war, in der ich aufgewachsen bin, musste ich an den älteren Mann denken, der mich hier herausgefordert hatte, Gott von ganzem Herzen zu vertrauen und seine Führung zu suchen. Als ich mir überlegte, was diese Entscheidung in den letzten 30 Jahren meines Lebens bewirkt hatte, machte mich das nachdenklich. Ich musste bei dem Gedanken lächeln, dass ich in all diesen Jahren nie auch nur eine schlaflose

Nacht mit dem quälenden Wissen verbracht hatte, dass in meinem Leben der Sinn, die Erfüllung oder das Abenteuer fehlte.

Ich musste die Tränen zurückdrängen, als ich daran dachte, was ich alles verpasst hätte, wenn ich mich entschieden hätte, mein Leben allein zu meistern. Ich hätte nicht meinen Beruf, der mich so begeistert, dass ich es kaum erwarten kann, morgens aus dem Bett zu springen. Ich hätte nicht meine Freunde, die für mich wie Brüder und Schwestern sind. Ich hätte keine sich ständig weiter entwickelnde und lebendige Ehe und nicht diese wundervollen Kinder, die mir so viel Freude bereiten.

Mitten in der Predigt betete ich: »Gott, mein Leben ist vermutlich zur Hälfte vorbei, doch egal, wie viel Zeit mir noch bleibt, für diese Zeit möchte ich den Pakt erneuern, den ich damals mit dir geschlossen habe. Ich möchte dir von ganzem Herzen vertrauen und mich nicht auf meinen Verstand verlassen. Ich möchte in allem, was ich tue, an dich denken, und ich will dir vertrauen, dass du mir den richtigen Weg zeigst.« Ich kann das Gefühl von Frieden und Hoffnung kaum beschreiben, das mich erfüllte. Wenn meine Zukunft auch nur halb so großartig wird wie die letzten 30 Jahre, dann steht mir ein Fest bevor!

Verpassen Sie nicht das Abenteuer Ihres Lebens!

Ich liebe die Bibelstelle in Jeremia, Kapitel 29, Vers 11: »Denn mein Plan mit euch steht fest: Ich will euer Glück und nicht euer Unglück. Ich habe im Sinn, euch eine Zukunft zu schenken, wie ihr sie erhofft.« Ich liebe es, über diesen Vers nachzudenken und mir Gott vorzustellen, wie er einen Plan ganz speziell für mein Leben entwirft.

Gott hat einen Plan, eine Zukunft und eine Hoffnung für jeden von uns, die er eigens für diese spezielle Person entworfen hat. Gott verspricht uns nie ein Leben ohne Probleme oder Schmerzen – aber eines, das zu toll ist, um es zu verpassen! Doch dieses abenteuerliche, aufregende Leben werden wir nie entdecken, wenn wir uns nicht ganz seiner Leitung anvertrauen. Gott kennt uns besser als wir selbst; er weiß um unsere Möglichkeiten und Begrenzungen. Er weiß genau, welche Fallen wir umgehen müssen, und sieht die ganze Breite unseres Potenzials. Er hat sich hohe Ziele für uns gesteckt und ist bereit, uns jede Form von Hilfe zukommen zu lassen, die wir brauchen, um seinen perfekten Plan zu leben. Doch wir müssen uns ihm zuwenden und ihm von ganzem Herzen vertrauen.

Wie auch immer der Glaubensschritt aussieht, der vor Ihnen liegt, ich hoffe und bete, dass Sie ihn tun. Ich weiß nicht, was Gott für Sie als Nächstes geplant hat, aber ich bin ganz sicher, dass es ein Abenteuer ist, das Sie nicht verpassen sollten!

Fragen zum Nachdenken und Diskutieren

Einleitung und Kapitel 1: Nach Weisheit streben

1. Wie würden Sie »Weisheit« definieren?
2. Bill Hybels schreibt, dass die Sprichwörter keine Sammlung von Zusagen oder strengen Lebensregeln sind, sondern eher ein Kommentar dazu, wie das Leben normalerweise läuft. Wie beeinflusst diese Sichtweise unsere Auffassung der Sprichwörter?
3. Was kann es für jemanden bedeuten, weise Eltern, Kinder, Arbeitgeber oder Angestellte zu haben?
4. Das Gegenteil eines Weisen ist nach Aussage der Sprichwörter ein Dummkopf. Welche Beispiele für dumme Entscheidungen und ihre Folgen haben Sie bei sich, in Ihrer Umgebung oder der Gesellschaft in der letzten Zeit beobachten können?
5. Zu Weisheit gehört zu wissen, dass jedes Handeln Konsequenzen hat. Warum scheinen sich nur wenige Menschen dessen bewusst zu sein?
6. Das Buch der Sprichwörter beginnt mit der berühmten Aussage: »Den Herrn ernst nehmen ist der Anfang aller Erkenntnis« (1,7). Was bedeutet das?
7. Denken Sie an die Beispiele, die Bill Hybels angeführt hat. Das Buch der Sprichwörter hat ihm in schwierigen Beziehungen und Situationen geholfen, zum Beispiel was den richtigen Umgang mit Geld am Anfang seiner Ehe anging. Was hat Sie an diesen Beispielen am meisten berührt und warum?
8. Was möchten Sie gern aus dem Buch der Sprichwörter lernen?

Kapitel 2: Die Initiative ergreifen

1. Das Gleichnis, das Jesus über den Geldverwalter erzählt (vgl. Lk 16), ist ausgesprochen beunruhigend. Denken Sie, dass es Jesus darum ging, uns zur Eigeninitiative zu ermuntern? Erläutern Sie Ihre Antwort.

2. Warum ergreifen Menschen so oft nicht die Initiative, um ihre Probleme zu lösen? Warum bleiben sie in ihrem Trott stecken?
3. Bill Hybels spricht von der »Aufschieberitis«-Krankheit. In welchen Bereichen neigen Sie dazu, Dinge vor sich her zu schieben?
4. Warum ergeben wir uns manchmal der »selektiven Faulheit«?
5. Wenn wir bei uns einen Bereich erkannt haben, der Einsatz und Initiative erfordert, kann das manchmal bedeuten, dass wir etwas anderes aufgeben müssen, um diesem Bereich »selektiver Faulheit« die nötige Aufmerksamkeit widmen zu können. Wie können wir entscheiden, was in diesem Moment wichtig ist und was in den Hintergrund treten kann?
6. Ein Bereich, den wir uns genau ansehen sollten, sind schwierige oder zerrüttete Beziehungen. Was hilft Ihnen, in einer solchen Situation den ersten Schritt zum Frieden zu machen?
7. In Bezug auf unsere Arbeit zitiert Bill Hybels Kolosser, Kapitel 3, Vers 23: »Alles, was ihr tut, tut von Herzen, als etwas, das ihr für den Herrn tut und nicht für Menschen.« Was könnte es bedeuten, für Gott zu arbeiten?
8. Der dritte Bereich, den wir uns genauer ansehen sollten, ist unser körperliches Wohlergehen. Was heißt es, Gott mit unserem Körper zu ehren?
9. Bill Hybels schreibt, dass man mit Geld unverantwortlich umgehen kann, egal, ob man nun viel hat oder wenig. Stimmen Sie dem zu? Erläutern Sie Ihre Ansicht.
10. Was heißt es, reich im Sinne Gottes zu sein?
11. Wie können Sie diese Art von Reichtum vermehren?
12. Welche Schritte könnte Gott in Bezug auf die in diesem Kapitel angesprochenen Themen als Nächstes mit Ihnen vorhaben?

Kapitel 3: Gutes tun

1. Haben Sie sich gut gefühlt, nachdem Sie jemandem geholfen haben, der in Not war? Wie verlief die Erfahrung?
2. In den Sprichwörtern, Kapitel 3, Vers 27 lesen wir, dass wir denen, die in Not sind, unsere Hilfe nicht vorenthalten sollten. Wie können wir feststellen, ob jemand unsere Unterstützung wirklich nötig hat?
3. Wann kann es mehr schaden als nutzen, jemandem zu helfen?
4. Wie können Sie im Voraus feststellen, ob diese Gefahr in einer bestimmten Situation besteht?

5. Bill Hybels schreibt, dass man nicht wirklich Gutes tut, wenn man das Ganze als eine Art »Austausch-von-Gefallen-Programm« betreibt. Sehen Sie das auch so?
6. Inwiefern deutet die Geschichte vom barmherzigen Samariter an, dass es Grenzen in unserem Engagement für andere gibt?
7. Wenn wir in eine Gemeinschaft eingebettet sind und in diesem Kontext Gutes tun, kann es uns vor totaler Erschöpfung bewahren. Warum?
8. Warum ist die geistliche »Nahrung« eine so wichtige Kraftquelle, um unsere Reserven zu erhalten und neu aufzutanken?
9. Haben Sie das schon selbst erlebt?
10. Inwiefern sollten Sie sich selbst in Ihrer Hilfsbereitschaft Grenzen setzen oder aber im Rahmen Ihrer Möglichkeiten mehr Gutes tun als bisher?

Kapitel 4: Disziplin lernen

1. Haben Sie in Ihrem Leben (oder dem anderer Menschen) schon einmal erfahren, welchen positiven Effekt Disziplin haben kann?
2. Gehen Sie davon aus, dass Disziplin notwendig ist, um hoch gesteckte Ziele zu erreichen? Warum?
3. Inwiefern kann ein hoch gestecktes Ziel uns motivieren, die Disziplin zu entwickeln, die wir für seine Erreichung brauchen?
4. »Ohne Fleiß kein Preis« heißt ein Sprichwort. Stimmen Sie dieser Aussage zu?
5. Haben Sie schon einmal das Prinzip der verzögerten Belohnung angewandt und so ein Ziel erreicht? Bei welcher Gelegenheit?
6. Die dritte Komponente der Disziplin ist weitsichtige Planung. Bei welchen Entscheidungen würde Ihnen dieses Prinzip helfen?
7. Warum ist es so wichtig, eine weitsichtige Planung zu besitzen?
8. Der Autor betont, dass Disziplin ein wichtiger Faktor beim Aufbau von Beziehungen sein kann. Doch Disziplin klingt kalt und berechnend. Denken Sie, dass er trotzdem Recht hat? Warum oder warum nicht?
9. Die letzte Komponente der Disziplin sind die sogenannten »Mini-Feste«. Welche kleinen Freuden und Glücksmomente feiern Sie in Ihrem Leben?
10. Wenn Sie sich die fünf Komponenten der Disziplin anschauen, welche brauchen Sie am dringendsten und in welchem Bereich Ihres Lebens?

11. Inwiefern könnte es positive Auswirkungen auf die Menschen Ihrer Umgebung haben, wenn Sie mehr Disziplin entwickeln würden?

Kapitel 5: Die Wahrheit sagen

1. Warum verletzt und verwirrt es uns so sehr, wenn der Partner, Freunde, Mitarbeiter oder Menschen, die im Licht der Öffentlichkeit stehen, nicht die Wahrheit sagen?
2. Wie kann Unehrlichkeit das Fundament einer Beziehung untergraben?
3. Bill Hybels behauptet, dass »harmlose« Halbwahrheiten, Übertreibungen oder Notlügen in Wirklichkeit alles andere als harmlos sind und unter Umständen genau so problematisch sein können wie handfester Betrug. Stimmen Sie dem zu? Warum oder warum nicht?
4. Die Empfehlung, weniger zu reden, um weniger zu lügen, steht in den Sprichwörtern, Kapitel 10, Vers 19. Ist dies ein sinnvoller und realistischer Vorschlag? Warum oder warum nicht?
5. Wie würden Sie es anfangen, weniger zu reden? In welchen Situationen würden Sie versuchen, den Mund zu halten, und welche Themen würden Sie vermeiden?
6. Die andere Seite der Ehrlichkeit ist es, dass man manchmal auch eine unangenehme, aber wichtige Wahrheit aussprechen muss. Warum scheuen wir oft davor zurück, das zu tun?
7. Haben Sie schon einmal versucht, mit jemandem über eine schwierige, aber sehr wichtige Angelegenheit zu sprechen? Was war das Ergebnis?
8. Was haben Sie aus dem gelernt, was bei dieser Unterhaltung gut oder falsch lief?
9. Konnten Sie schon einmal beobachten, dass jemand Wahrheit und Liebe harmonisch miteinander kombinierte?
10. Denken Sie, dass Sie härter daran arbeiten sollten, Ihren Worten mehr Liebe beizumischen, oder sind Sie eher der Typ, der öfter die Wahrheit sagen müsste, statt um des lieben Friedens Willen zu schweigen?
11. Welche Schritte können Sie unternehmen, um sich in diesem Bereich weiterzuentwickeln?

Kapitel 6: Echte Freunde finden

1. Beschreiben Sie die Beziehung zu Ihrem besten Freund/Ihrer besten Freundin.
2. Wie hat diese Beziehung Sie beeinflusst und verändert?
3. Bill Hybels schreibt, dass es Menschen gibt, die wir besser nicht in unser persönliches »Entwicklungshelfer-Team« aufnehmen sollten. Sehen Sie das auch so? Warum oder warum nicht?
4. In Sprichwörter, Kapitel 6, Verse 16–19 werden 7 Charaktermerkmale beschrieben, die Menschen kennzeichnen, die wir nicht zu nah an uns heran lassen sollten – Menschen, die arrogant sind, die lügen, die die Schwachen übervorteilen, die Ränke schmieden, andere verleumden und Zwietracht säen. Inwiefern können solche Menschen einen negativen Einfluss auf uns haben?
5. Theoretisch würden die meisten von uns sagen, dass sie solche Leute ohnehin meiden. Doch manchmal fühlen wir uns unbewusst genau zu diesen Menschen hingezogen. Warum ist dies wohl der Fall?
6. Glauben Sie, dass die eben genannten Eigenschaften bei anderen Menschen leicht zu erkennen sind, oder werden sie eher auf subtile Weise ausgedrückt?
7. Kommen wir noch einmal auf Ihren besten Freund oder Ihre beste Freundin von Frage 1 zurück. Wie hat diese Freundschaft begonnen?
8. Überlegen Sie sich, welche Art von Mensch Sie werden und welche Charakterzüge Sie entwickeln wollen. Kennen Sie jemanden, der eine oder mehrere dieser Eigenschaften in besonderem Maße besitzt?
9. Was können Sie tun, um diese Person besser kennen zu lernen?

Kapitel 7: Den Ehepartner klug auswählen

1. Führen Sie sich einige Paare aus Ihrem Bekanntenkreis vor Augen, die schon seit einigen Jahre glücklich verheiratet sind. Was sind einige der »Zutaten« zu ihrer guten Beziehung?
2. Welche Vorteile kann es haben, wenn man es mit der Eheschließung langsam angehen lässt?
3. Wenn Sie nicht verheiratet sind – haben Sie schon Kommentare oder eindeutige Winke von anderen Menschen in Bezug auf eine Heirat zu hören bekommen? Inwiefern hat Sie das beeinflusst?

4. Was halten Sie für den besten Weg, um jemanden wirklich gut kennen zu lernen, bevor man ihn oder sie heiratet?
5. Wenn Sie verheiratet sind: Inwiefern ist das Eheleben anders, als Sie gedacht hatten?
6. Warum ist geistliche Übereinstimmung ein so wichtiger Faktor in der Ehe?
7. Sind Sie der Meinung, dass ein Christ niemals einen Nichtchristen heiraten sollte, auch wenn alle anderen in diesem Kapitel beschriebenen Faktoren übereinstimmen? Warum oder warum nicht?
8. Der Autor sagt, dass Wunden und Verletzungen aus der Vergangenheit sehr starke Auswirkungen auf unsere Ehe haben können. Sehen Sie das auch so? Begründen Sie Ihre Antwort.
9. Wenn ein Paar diese Themen noch nicht aufgearbeitet hat, welche Schritte sollten die Partner unbedingt unternehmen?
10. Wenn Sie über eine Heirat nachdenken, welche Menschen könnten Ihnen dabei behilflich sein, zu einer guten Entscheidung zu finden?
11. Wenn Sie verheiratet sind: Welche Menschen könnten Ihre geistliche Familie bilden und wie können sie Ihnen dabei helfen, Ihr gemeinsames Leben zu bewältigen?

Kapitel 8: Starke Familien aufbauen (Teil I: Stabile Ehen)

1. Wie war die Ehe Ihrer Eltern?
2. Was haben Sie gelernt, indem Sie Ihre Eltern und deren Verhalten beobachtet haben?
3. Inwiefern möchten Sie Ihre Ehe ähnlich gestalten und was würden Sie ganz anders machen?
4. Eine Ehe bedeutet oft harte Arbeit. Warum ist das wohl so?
5. Was halten Sie für die besten Möglichkeiten, eine Ehe zu stärken, und warum?
6. Warum ist eine lebenslange Festlegung so wichtig für die Stabilität einer Beziehung?
7. Der Autor schreibt, dass Paare nicht nur Stabilität, sondern auch tiefe Freude an ihrer Beziehung gewinnen können, wenn sie jede nur mögliche Gemeinsamkeit mit dem Partner suchen und bestärken. Haben Sie die positiven Auswirkungen solcher geförderten Gemeinsamkeiten schon in Ihrer Ehe oder der anderer Menschen erleben dürfen?

8. Warum ziehen sich gegensätzliche Menschen oft so sehr an und stoßen sich andererseits auch extrem ab?
9. Wenn Sie verheiratet sind: Wie kann Ihr Partner Ihnen dabei helfen, heil zu werden?
10. Warum ist Fremdgehen niemals eine Lösung bei Eheproblemen?
11. Welche Strategien und Vorsichtsmaßnahmen können Sie ergreifen, um sexuelle Versuchungen zu umgehen?
12. Inwiefern bewirkt eine stabile Ehebeziehung ein Sicherheitsgefühl bei den Kindern des Paares?

Kapitel 9: Starke Familien aufbauen (Teil II: Effektive Erziehung)

1. Wie wurden Sie erzogen?
2. Was haben Ihre Eltern aus Ihrer Sicht gut gemacht? Was nicht?
3. Es ist nicht ungewöhnlich, dass Kinder ihre Eltern nicht respektieren. Wie sah/sieht das bei Ihnen und Ihren Eltern aus und warum?
4. Kinder sollten ihre Eltern schon einfach deshalb ehren, weil sie ihre Eltern sind. Doch Eltern sollten sich den Respekt ihrer Kinder auch verdienen. Wie kann das geschehen?
5. Wie kann eine Mutter oder ein Vater einem Kind bedingungslose Liebe zeigen?
6. In den Sprichwörtern, Kapitel 22, Vers 15 finden wir die Behauptung, dass alle Menschen schon mit einer Neigung zu Rebellion geboren werden. Stimmen Sie dieser Aussage zu?
7. »Wer den Stock schont, haßt seinen Sohn« (13,24) ist leider ein bekanntes Sprichwort. Denken Sie, dass es Erziehungssituationen gibt, in denen körperliche Strafen gerechtfertigt sind? Wenn ja, wann?
8. Welche anderen Arten der Bestrafung können unter Umständen effektiver sein und warum?
9. Bill Hybels schreibt, dass Kinder sowohl Liebe als auch Grenzen brauchen. Warum sind beide Elemente nur zusammen wirklich effektiv?
10. Wie können Eltern entscheiden, wann sie in den Entscheidungsfindungsprozess ihres Kindes eingreifen sollten, um es vor schmerzlichen oder schädlichen Konsequenzen zu bewahren? Wann sollten sie sich zurückhalten und das Kind aus den Folgen seiner Entscheidung lernen lassen?

11. Ein großes Geschenk, das Eltern ihren Kindern machen können, ist, ihnen bei der Entdeckung und Weiterentwicklung ihrer ganz individuellen Begabungen zu helfen. Wer hat in Ihnen etwas ganz Besonderes gesehen und wie hat diese Person Sie ermutigt und bei der Entdeckung Ihrer Interessen und Fähigkeiten gefördert?
12. Wenn Sie Kinder haben – welche Begabungen sehen Sie in ihnen und wie können Sie diese fördern? Wenn Sie keine eigenen Kinder haben: Welche besonderen Talente sehen Sie in den Kindern in Ihrer Umgebung (Nichten, Neffen, Nachbarskinder, Patenkinder, Nachwuchs von Freunden …) und wie können Sie diese Kinder in Ihrer Entwicklung ermutigen?

Kapitel 10: Mitgefühl entwickeln

1. Haben Sie schon einmal die Erfahrung gemacht, Außenseiter zu sein oder von anderen verlacht oder gequält zu werden?
2. Ist Ihnen jemand zu Hilfe gekommen? Wie haben Sie sich dabei gefühlt?
3. Immer wieder heißt es in der Bibel, dass Gott besonders viel an den Ausgestoßenen, Schwachen und Armen liegt. Warum ist das wohl so?
4. Was kann geschehen, wenn wir unsere Augen für die Nöte dieser Menschen öffnen?
5. Welche Art von Kontakt haben Sie bislang mit Menschen, die am Rand der Gesellschaft leben?
6. Was hätten Sie bisher für diese Menschen tun können?
7. Eine Möglichkeit, um Mitgefühl für die Schwachen zu entwickeln, ist die aktive Hilfeleistung. Haben Sie auf diesem Gebiet schon Erfahrungen gesammelt? Welche Gelegenheiten könnten sich Ihnen hierzu in der Zukunft bieten?
8. Wenn Sie einmal von einem Einsatz in einer großen Organisation absehen, welche kleinen Handreichungen könnten Sie tun?
9. Es fällt uns oft am schwersten, Geld zu opfern. Warum?
10. Bill Hybels schreibt, dass man mindestens 10 % des Einkommens für kirchliche oder soziale Zwecke spenden sollte. Sehen Sie das auch so?
11. Beziehungen zu Bedürftigen aufzubauen ist der letzte Schritt zur »Herzerweiterung«. Haben Sie schon solche Beziehungen und wie könnten Sie sie aufbauen oder erweitern?

Kapitel 11: Konstruktiv mit Ärger umgehen

1. Paulus schreibt an die Gemeinde in Ephesus, dass wir uns ärgern können, ohne uns automatisch falsch oder destruktiv zu verhalten (vgl. Eph 4,26). Wie sehen Sie das?
2. Wann und auf welche Weise kann Wut positive Auswirkungen haben?
3. Warum ist es oft so schwierig, unseren Ärger zu kontrollieren?
4. Würden Sie sich selbst eher als »Schlucker« oder als »Spucker« bezeichnen, also als jemanden, der seinen Ärger eher verdrängt, oder jemand, der ihn sofort und ungefiltert äußert?
5. Warum ist Verdrängung kein gesunder Umgang mit Zorn? Welche Probleme entstehen, wenn man seinen Ärger verdrängt?
6. Warum ist auch das Äußern unter Umständen kein gesunder Umgang mit Zorn? Welche Probleme kann es hervorrufen?
7. Warum fällt es uns manchmal schwer zuzugeben, dass wir wütend sind?
8. Der Autor empfiehlt, unter die Oberfläche des unmittelbaren Ereignisses zu blicken, das den Ärger verursacht hat, und die (unbewusste) Einstellung herauszufinden, deren Verletzung die Wurzel unserer Empörung ist. Wie kann uns das helfen, konstruktiv mit unseren Gefühlen umzugehen?
9. Wenn Sie diese zugrunde liegenden Ursachen für Ihren Ärger erkannt haben, welche Möglichkeiten gibt es dann, damit umzugehen (ohne ihn hinunterzuschlucken oder auszuspucken)?
10. Wie die Geschichte mit der verloren gegangenen Tasche illustriert, wird Zorn oft durch Unannehmlichkeiten oder unvermeidliche äußere Umstände hervorgerufen. Warum belasten uns solche Situationen oft so stark?
11. Was wäre eine geeignete Strategie, um in einer solchen Situation konstruktiv mit unseren Gefühlen umzugehen?

Kapitel 12: Gott völlig vertrauen

1. Der Autor schildert, wie man einem neuen Bekannten langsam immer mehr vertraut. Inwiefern hilft dieser Vergleich Ihnen, das Vertrauensverhältnis zu Gott zu verstehen?
2. Was bedeutet es, Gott in jeder Lebenssituation voll und ganz zu vertrauen?
3. Warum ist das so schwierig?

4. Warum ist es so verlockend, unserem eigenen Urteilsvermögen mehr zu trauen als Gott?
5. Welche Erfahrungen haben Sie gemacht, als Sie Gott Ihr Vertrauen schenkten?
6. Halten Sie sich ein paar Akten aus dem Ordner »Sehr dumme Entscheidungen« und ein paar aus dem »Sehr weise Entscheidungen« vor Augen. Was haben Sie aus diesen Erfahrungen gelernt?
7. Worin besteht das Risiko, wenn man sein ganzes Leben Gottes Führung anvertraut?
8. Welche Vorteile kann es haben, wenn man Gott so viel Vertrauen schenkt?
9. Bill Hybels schreibt, Gott sein Leben anzuvertrauen sei ein wenig wie ein Fallschirmsprung und beinhalte immer auch einen Glaubensschritt. Stimmen Sie dem zu?
10. Viele solcher Schritte auf Gott zu sind möglich, von der ersten großen Entscheidung über eine spätere Rückbesinnung bis zu dem Punkt, an dem man Gott auch den Zutritt zu solchen Bereichen gewährt, die eigentlich mit dem Schild »Zutritt verboten« versehen waren. Welchen Schritt sollten Sie in Ihrer Beziehung zu Gott als Nächstes tun?

Weitere Bestseller von Bill Hybels im Projektion J Verlag

Ein Buch, das vielen Christen aus dem Herzen spricht: Christsein ist dann »ansteckend«, wenn Christen anderen Menschen so begegnen, wie sie sind. »Leben statt reden« ist die Devise.

Bekehre nicht – lebe!
(mit Mark Mittelberg)
Pb., 260 Seiten
Bestell-Nr. 657 065

Der Autor räumt mit alten Vorstellungen auf. Ein Buch für jeden, der meint, in den Konflikt zu geraten zwischen seinem Beruf und seinem Leben als Christ.

Machen Sie mehr aus Ihrem Job
Pb., 176 Seiten
Bestell-Nr. 657 109

Bill Hybels und seine Frau Lynne erzählen sehr persönlich die Geschichte von *Willow Creek*. Sie berichten von den Niederlagen und den Siegen und stellen das Konzept dieser Chicagoer Gemeinde vor.

Ins Kino gegangen und Gott getroffen
(mit Lynne Hybels)
Pb., 260 Seiten
Bestell-Nr. 657 112

Wenn es darauf ankommt, geben wir alle unser Bestes. Doch wie verhalten wir uns, wenn wir uns unbeobachtet wissen? Hier kommt Charakter ins Spiel – in diesen Momenten offenbart es sich, wer wir wirklich sind. Mit Studienleitfaden.

Entfalte deinen Charakter
Pb., 172 Seiten
Bestell-Nr. 657 111